MARKETING
PARA SERVIÇOS DE SAÚDE
UM GUIA INDISPENSÁVEL PARA GESTORES DAS ÁREAS MÉDICAS

ROBERTO MINADEO

MARKETING
PARA SERVIÇOS DE SAÚDE
UM GUIA INDISPENSÁVEL PARA GESTORES DAS ÁREAS MÉDICAS

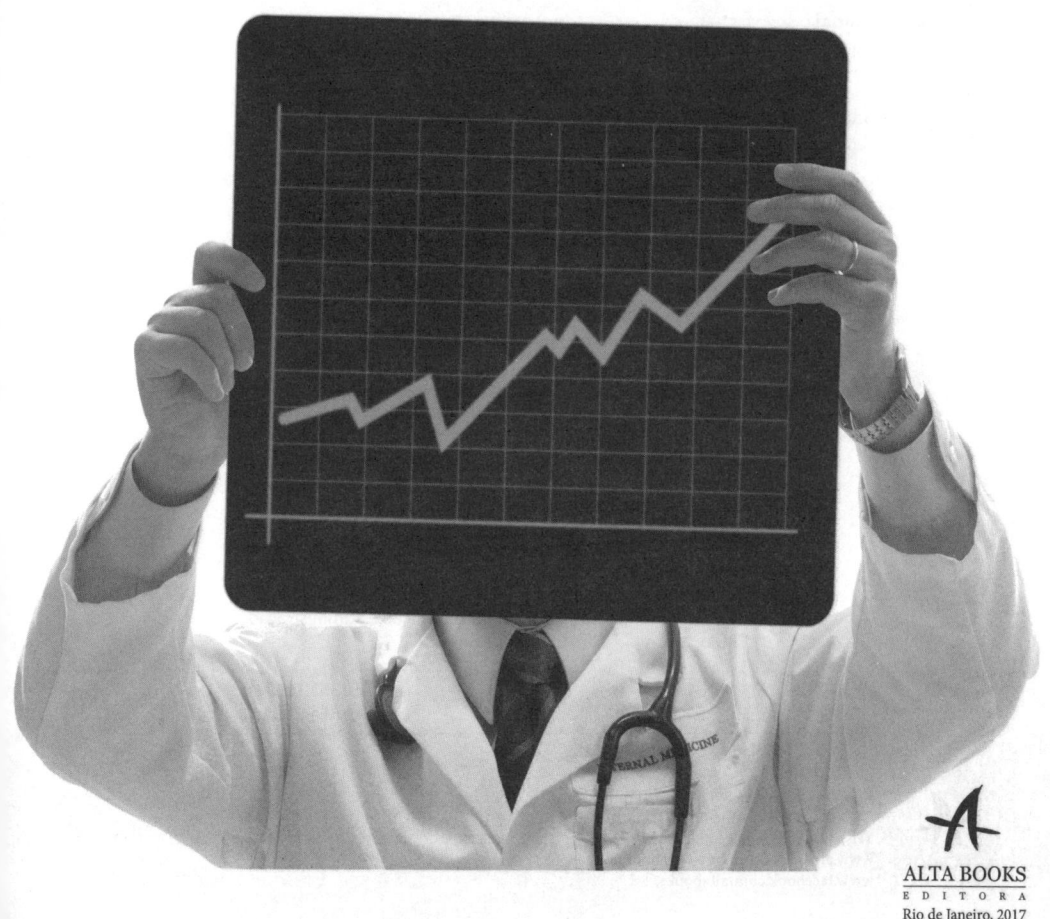

ALTA BOOKS
EDITORA
Rio de Janeiro, 2017

Marketing para Serviços de Saúde — Um Guia Indispensável Para Gestores Das Áreas Médicas
Copyright © 2017 da Starlin Alta Editora e Consultoria Eireli. ISBN: 978-85-508-0136-0

Todos os direitos estão reservados e protegidos por Lei. Nenhuma parte deste livro, sem autorização prévia por escrito da editora, poderá ser reproduzida ou transmitida. A violação dos Direitos Autorais é crime estabelecido na Lei nº 9.610/98 e com punição de acordo com o artigo 184 do Código Penal.

A editora não se responsabiliza pelo conteúdo da obra, formulada exclusivamente pelo(s) autor(es).

Marcas Registradas: Todos os termos mencionados e reconhecidos como Marca Registrada e/ou Comercial são de responsabilidade de seus proprietários. A editora informa não estar associada a nenhum produto e/ou fornecedor apresentado no livro.

Impresso no Brasil.

Obra disponível para venda corporativa e/ou personalizada. Para mais informações, fale com projetos@altabooks.com.br

Copidesque
Andréa Campos Bivar | Jussara Bivar

Editoração Eletrônica
Estúdio Castellani

Revisão
Edna Cavalcanti | Roberta Borges

Produção Editorial
Elsevier Editora - CNPJ: 42.546.531./0001-24

Erratas e arquivos de apoio: No site da editora relatamos, com a devida correção, qualquer erro encontrado em nossos livros, bem como disponibilizamos arquivos de apoio se aplicáveis à obra em questão.

Acesse o site www.altabooks.com.br e procure pelo título do livro desejado para ter acesso às erratas, aos arquivos de apoio e/ou a outros conteúdos aplicáveis à obra.

Suporte Técnico: A obra é comercializada na forma em que está, sem direito a suporte técnico ou orientação pessoal/exclusiva ao leitor.

A editora não se responsabiliza pela manutenção, atualização e idioma dos sites referidos pelos autores nesta obra.

CIP-Brasil. Catalogação-na-fonte
Sindicato Nacional dos Editores de Livros, RJ

M614h   Minadeo, Roberto, 1962-
           Marketing para serviços de saúde : um guia indispensável para gestores das áreas médicas / Roberto Minadeo. – Rio de Janeiro : Alta Books, 2017.

           ISBN: 978-85-508-0136-0

           1. Marketing para serviços de saúde. 2. Cuidados médicos – Marketing. 3. Empresas médicas – Organização e administração. I. Título.

10-2124.   CDD: 362.10688
                                                                   CDU: 614.21:658.8

Rua Viúva Cláudio, 291 — Bairro Industrial do Jacaré
CEP: 20970-031 — Rio de Janeiro - RJ
Tels.: (21) 3278-8069 / 3278-8419
www.altabooks.com.br — altabooks@altabooks.com.br
www.facebook.com/altabooks

Agradecimentos

Às assistentes Andressa e Anne Marie – ambas de inigualável paciência.

À Juliana Wolff Bueno Maddarena – mestranda de Administração da Unieuro – por suas contribuições sobre atendimento odontológico de baixo custo e atendimento diferencial de maternidade oferecido por uma prestadora de serviços de Brasília.

Aos drs. Galileu Galilei Pio Ferreira e Luís Felipe Ravic de Miranda, pelo apoio e pelas numerosas dúvidas equacionadas ao longo de meses.

Ao dr. Vinícius Rossinol, pelas constantes conversas sobre temas médicos - sua paciência e habilidade em traduzir os conceitos foram de valor incalculável.

À dra. Marcia Regina Hurtado Dias, pelas importantes elucidações nos temas ligados à Psicologia.

NOTA DA EDITORA

O conteúdo online direcionado nesta obra para www.elsevier.com.br/marketingparaservicosdesaude encontra-se no site www.altabooks.com.br (busque pelo título da obra).

Apresentação

No ESTUDO DE MARKETING, ao lado de textos acadêmicos de periódicos e congressos, também são importantes as reportagens da mídia especializada, notadamente: a) impressa: *O Estado de S. Paulo, Folha de S.Paulo* e revista *Encontro* (Belo Horizonte) e *Estado de Minas*; e b) on-line: Business Week, The New York Times, Valor Econômico, Los Angeles Times, Chicago Tribune, Folha de S.Paulo, Estado de S.Paulo, Monitor Mercantil e Correio Braziliense. Isso se deve ao acelerado dinamismo do setor: a) crescente volatilidade da economia; b) rápido surgimento de novos negócios; e c) deterioração acelerada de empresas que foram líderes. A crise imobiliária norte-americana, iniciada em 2007 e globalmente alastrada em 2008, é exemplo dessa rápida mutação das condições ambientais: em pouco tempo, trouxe bruscas variações de preços das *commodities*, das taxas de juros e do câmbio – e levou à lona algumas empresas centenárias, consideradas verdadeiros exemplos de boa gestão.

Ora, os textos acadêmicos – pela própria natureza – são mais lentos no processamento, análise e comparação desses dados com as diversas teorias existentes e na extração de importantes conclusões. Desse modo, não se pode pensar na elaboração deste estudo sem um forte paralelismo entre esses dois tipos de fonte – como empreendido em *Gestão de marketing – fundamentos e aplicações*, lançado em 2008 pela Editora Atlas.

Porém, houve cuidadoso empenho no sentido de serem evitados temas ocasionais ou episódicos – típicos de periódicos –, mas que não seriam adequados em um livro didático na área de gestão. Outro especial empenho se refere à busca de fontes paralelas – que corroborem e tornem, portanto, mais robustas as assertivas do texto. Outro motivo para o uso de periódicos é o fato de permitir – além da atualidade – uma facilidade de ilustração dos textos teóricos mediante exemplos, o que amplia consideravelmente o espectro dos leitores que podem ter plena compreensão do conteúdo. Isso se deve ao fato de a obra ser focada em profissionais envolvidos na gestão de serviços de saúde, que não necessariamente possuem uma formação específica em Medicina, Odontologia ou Enfermagem. Por outro lado, esses profissionais encontram no uso desses textos de negócios um meio tranquila de complementar sua formação técnica e adquirir as ferramentas de gestão que provavelmente procuram no texto.

A edição anterior de *Marketing para serviços de saúde*, lançada em 2006, com uma ex-aluna do mestrado, surgiu após eu lecionar o módulo de Marketing em um MBA para médicos do Hospital Souza Aguiar, no Rio de Janeiro.

Esta edição representa uma reflexão mais aprofundada, especialmente no que tange à busca de ideias e aos exemplos ligados diretamente ao setor da saúde e ao cotidiano de seus profissionais, além de significar, portanto, uma segunda publicação nesse importante setor.

Cabe apontar uma vantagem da tão propalada Era da Informação na qual nos encontramos: numerosos jornais e revistas publicam reportagens ligadas à saúde – o que mostra o interesse direto de milhões de pessoas numa vida de melhor qualidade, na prática de esportes, na busca de uma alimentação mais saudável e em informações sobre medicamentos – em especial os naturais. Além disso, vários temas se tornaram de conhecimento comum, como a importância do consumo de fibras para facilitar a digestão – ideia que, há algumas décadas, não era tão difundida como hoje, até porque não havia os inúmeros produtos industrializados nas prateleiras dos supermercados voltados para pessoas com preocupação dietética. Cabe acrescentar que os rótulos dos produtos trazem várias informações, e os consumidores mostram mais consciência sobre o conteúdo alimentar de suas refeições. Um particular esmero foi aplicado no sentido de procurar corroborar as ideias com mais de uma fonte, de modo a dar mais consistência ao texto.

Sumário

CAPÍTULO 1	**CONCEITOS BÁSICOS DE MARKETING**	1
	1.1 Introdução	1
	1.2 Panorama da saúde no país	10

CAPÍTULO 2	**PROFISSIONALIZAÇÃO DOS PRESTADORES DE SERVIÇOS EM SAÚDE**	31
	2.1 Introdução	31
	2.2 Profissionalização dos serviços de saúde	37
	2.3 Situações que ilustram práticas empresariais na saúde	40
	2.4 Alimentos funcionais: os alimentos passam a oferecer nutrição e saúde	43
	2.5 Equipamentos que profissionalizam o diagnóstico	44

CAPÍTULO 3	**AMBIENTE MERCADOLÓGICO DO SETOR DE SAÚDE**	46
	3.1 Ambiente governamental	48
	3.2 Ambiente legal	52
	3.3 Ambiente econômico	59
	3.4 Ambiente demográfico	62
	3.5 Ambiente tecnológico	67
	3.6 Ambiente cultural	76

CAPÍTULO 4	**O CONSUMIDOR DE SERVIÇOS DE SAÚDE**	81
	4.1 Introdução: o comportamento do consumidor	81
	4.2 Uma tentativa de desbravar o perfil do consumidor	90
	4.3 Dificuldades ligadas à mudança ou à introdução de novos hábitos	92
	4.4 Esforço para compreender as necessidades do consumidor	95

CAPÍTULO 5	**COMPOSTO MERCADOLÓGICO EM SERVIÇOS**	100
	5.1 Introdução	100
	5.2 Definição	101
	5.3 Marketing mix	103
	5.4 Estratégias de gestão de serviços	104

CAPÍTULO 6	**PECULIARIDADES DOS SERVIÇOS EM SAÚDE**	107
	6.1 Planos de saúde	107
	6.2 Hospitais	117
	6.3 Atendimento público	119
	6.4 Medicina familiar	128
	6.5 Fabricantes de medicamentos	128
	6.6 Varejo de medicamentos	131
	6.7 Produtores de bens e serviços hospitalares/odontológicos	133
	6.8 Academias e spas	133
	6.9 Atividades de P&D – Pesquisa & Desenvolvimento	135
CAPÍTULO 7	**ATENDIMENTO E ENDOMARKETING**	150
	7.1 O triângulo na prestação de serviços	157
	7.2 Marketing de relacionamento	159
	7.3 Endomarketing	162
	7.4 Satisfação, valor e retenção do cliente	164
CAPÍTULO 8	**ATIVIDADES PUBLICITÁRIAS NO SETOR**	171
	8.1 Propaganda	171
	8.2 Posicionamento	176
	8.3 Relações públicas	177
	8.4 Apoio a causas sociais	183
	8.5 Promoções	185
CAPÍTULO 9	**IMPORTÂNCIA DA CONSTRUÇÃO DA MARCA**	187
	9.1 Introdução	187
	9.2 Marca: definição da identidade empresarial	189
	9.3 Processos de construção da marca	190
CAPÍTULO 10	**PRECIFICAÇÃO EM SERVIÇOS DE SAÚDE**	192
	10.1 Introdução	192
	10.2 Variáveis que influem na precificação	196
CAPÍTULO 11	**IMPORTÂNCIA DA REDE DE DISTRIBUIÇÃO**	198
	11.1 Panorama do setor varejista	198
CAPÍTULO 12	**IMPORTÂNCIA DAS ALIANÇAS ESTRATÉGICAS**	201
	12.1 Alguns conceitos básicos de estratégia empresarial	201
	12.2 As alianças no contexto da estratégia de uma empresa	203
CAPÍTULO 13	**MARKETING PESSOAL E CARREIRA**	208
	13.1 Características e objetivos	208
	13.2 Desenvolvimento do marketing pessoal	209
	ÍNDICE	213

CAPÍTULO 1

CONCEITOS BÁSICOS DE MARKETING

1.1 INTRODUÇÃO

Uma definição bastante simples de marketing, quanto à sua finalidade para a organização: conquistar e manter clientes. Outra definição vem da raiz do termo: marketing, em sua língua original, é um verbo no gerúndio, que se tentou inutilmente traduzir por mercadologia, mercadização ou outros termos que não soam bem. Mas em vez de se criar sinônimos para marketing, uma definição surgida da própria raiz é: Mercado em Movimento. Assim, se existe qualquer tipo de cartel, acordo artificial (ainda que sob as bênçãos governamentais, como a divisão das rotas aéreas antes dos processos de desregulamentação), não há mercado, e, por conseguinte, não existe marketing nem a necessidade de práticas mercadológicas genuínas porque não há concorrência.

Bastante ilustrativo é o fato de que ao ingressar no mercado, a Gol enfrentava quatro concorrentes com décadas de existência, porém, nada menos que três delas quebraram – porque não praticavam marketing, mas dividiam amigavelmente uma fatia do bolo da aviação, com preços elevados e sem grande pressão competitiva, com a notável exceção da empresa remanescente.

Desse modo, todas as organizações, quaisquer que sejam suas finalidades, precisam focar sua atuação no cliente – mesmo que sejam instituições filantrópicas, pois estas possuem clientes de diversas formas: os que recebem seus serviços e os que patrocinam seus programas. A sobrevivência de todos os tipos de instituição depende, em última instância, do grau de consecução da resolução de problemas dos clientes.

Objetivos empresariais

Os objetivos de uma empresa são três e devem ser perseguidos em conjunto, em condições de concorrência com outras empresas e em respeito ao meio ambiente e às normas vigentes na sociedade. São eles:

A) Gerar lucro, ou seja, remunerar o capital investido pelos acionistas – pois não se pode perder de vista que as empresas fazem parte da atividade econômica e devem ser produtivas. O lucro é uma importante medida de desempenho, e é justo que os acionistas invistam seus limitados recursos em atividades que propiciem retorno. Assim, uma empresa deficitária não deve continuar existindo – para o bem de toda a sociedade, pois se ela é deficitária significa que o valor que ela agrega à sociedade é negativo –, como as recentes falências de grandes montadoras norte-americanas representam graficamente. Em 1916, a Suprema Corte de Michigan tomou uma decisão histórica em uma ação dos irmãos Dodge contra Henry Ford, na qual afirmava que uma corporação de negócios é gerida primordialmente para o benefício de seus acionistas, pois Ford fora sócio dos irmãos, porém sem qualquer preocupação em distribuir dividendos.
B) Satisfazer às necessidades reais dos consumidores. Há um falso pressuposto de que qualquer compra é fruto de uma análise custo-benefício do consumidor. Mas uma compra é um ato humano como qualquer outro, sujeito a todas as variáveis que influem sobre o comportamento pessoal – como as paixões.
C) Propiciar condições de crescimento e desenvolvimento profissional a seu pessoal (MINADEO, 2008).

Dificuldades para a compreensão do conceito de marketing

As atividades ligadas à saúde apresentam, muitas vezes, o caráter filantrópico, ou são realizadas por organismos públicos ou instituições sem fins lucrativos. Desse modo, existe resistência na adoção de práticas mercadológicas nessas organizações – vistas por muitos profissionais como desvinculadas de suas finalidades ou até mesmo contrárias a elas.

Assim, existe um viés negativo, normalmente refletido na expressão "angariar" clientes. O natural é que se um prestador de serviços oferece algo de qualidade e com preços compatíveis, naturalmente pode chamar a atenção, a ponto de ampliar o número de clientes – alguns dos quais eram atendidos por concorrentes. É o mercado: imperfeito, porém ainda não se criou nada melhor no que tange à distribuição de bens e serviços. Finalmente, sem a possibilidade de escolha, não há espaço para inovações, criatividade, nem atividades mercadológicas. Basta pensar em qualquer monopólio ou em setores cartelizados: das quatro companhias de aviação comercial do Brasil atuantes até o início dos anos 1990, apenas uma sobreviveu com a abertura do mercado, portanto as outras três não estavam em condições de competir – e, na verdade, sobreviviam em função de lhes ser dada artificialmente uma parcela do mercado e de não haver qualquer preocupação do governo com preços baixos e ampliação da demanda.

A atividade mercadológica em nenhum momento se propõe realizar algo que contrarie os princípios éticos, e o fato de a imprensa rotular de "marqueteiros" alguns profissionais mais ligados à divulgação de ideias de candidatos a cargos políticos, não quer dizer que eles entendam de marketing – no sentido que as empresas e as instituições devam praticá-lo. O fenômeno pode ser entendido de maneira mais ampla, em função das idas e vindas do processo político nacional: apresentadores de televisão, radialistas e artistas se tornaram importantes caçadores de votos para os atuais partidos políticos – daí a propensão a identificar com marketing quaisquer atividades ligadas a aparições públicas, muitas vezes sem propósitos definidos, e com conotações claramente demagógicas ou falsas. Os deputados federais ligados ao mundo da mídia são 35 e os senadores são três. Apenas em 2006, foram eleitos 13 comunicadores que exerceram mandatos pela primeira vez, o que poderia estar associado a um momento de crise de popularidade do Congresso. Marta Suplicy tornou-se nacionalmente conhecida em um programa de televisão que tratava de sexo; após ganhar uma eleição, foi derrotada em 2008. Garotinho, ex-governador fluminense, até hoje mantém um programa de rádio (LOPES, 2008). Portanto, cabe uma definição básica: "aparecer" pode ser algo importante para algumas pessoas, com vistas a carreiras políticas ou artísticas; porém, não guarda relação com a atividade de marketing – que deve reduzir as aparições às necessárias, de modo a causar a impressão desejada no público-alvo, visando um duradouro processo de construção da marca.

Cabe expor a importância da publicidade na visão do próprio público: foi a carreira mais procurada na USP para o vestibular de 2009, com 40,6 candidatos por vaga (FUVEST..., 2008).

Fatores-chave a reconhecer e atender no esforço mercadológico

A) O processo de compra envolve mais de um comprador; assim, as decisões não são isoladas.
B) A decisão de compra envolve muitos fatores.
C) O processo de venda envolve diversas áreas dentro da empresa.
D) O tempo é um recurso escasso – o que se reflete na decisão e no ato das próprias compras.
E) Os fatores ambientais influem no processo de compra (COBRA, 2009).

> **Necessidade de atividades mercadológicas ligadas aos serviços de saúde**
>
> O número de adultos norte-americanos obesos ultrapassou o dos que estão simplesmente com sobrepeso. Segundo o NCHS (National Center for Health Statistics), mais de 34% da população adulta é obesa, enquanto 32,7% está acima do peso. Além disso, há cerca de 6% que são extremamente obesos. Os números são de 2005 e 2006, baseados em uma pesquisa feita com 4.356 pessoas com mais de 20 anos. Assim, enquanto a obesidade mais que dobrou desde 1980, o sobrepeso se manteve estável. Esse valor de um terço de adultos obesos corresponde a mais de 72 milhões de pessoas. Uma alimentação com fibras é uma fórmula simples e eficaz de reduzir a absorção de gorduras e facilita a ação do intestino.
>
> O IBGE apontou que em 30 anos o número de crianças e adolescentes acima do peso subiu de 1% para 18% nos meninos e de 7,5% para 15,5% nas meninas. Os hábitos alimentares apresentam parte da culpa: os brasileiros consomem muitos alimentos com elevado teor de açúcar e poucas frutas e hortaliças. Menos de 5% desses casos de sobrepeso estão ligados a problemas de disfunções, como alterações hormonais. O Hospital das Clínicas fez um recrutamento de crianças obesas, de 9 a 11 anos, para tratamento ambulatorial, para oferecer assistência psicológica, nutricional e esportiva por cinco meses. (MAURICIO, 2009; NÚMERO..., 2009; OBESIDADE..., 2009; ROCHE..., 2009). Assim, o elevado número de pessoas com problemas de obesidade – que, futuramente, pode vir a causar problemas de saúde – enseja ações de comunicação pública, visando informar e persuadir as pessoas a tomarem medidas que representem ao menos algum grau de mudança em seus comportamentos. Em outras palavras, atividades mercadológicas estão entrando em cena.

O que marketing não é

"Há muita dificuldade na compreensão do que seja a atividade de marketing. O conceito é muito usado nos meios de comunicação de forma confusa. Afirmações como 'Isso é puro marketing', 'Tal firma fez uma grande jogada de marketing' e outras do tipo contribuem para a confusão. Uma empresa não pode esperar sucessos milagrosos com a implantação de técnicas mercadológicas. Alguns autores prometem coisas que simplesmente não podem ser cumpridas, aumentando a confusão em torno do conceito. Finalmente, não existem atalhos ao crescimento de uma empresa: é preciso apresentar bons produtos e serviços, caminho que não apresenta atalhos; em outras palavras, deve-se praticar uma atitude profissional, sem nenhum tipo de 'jogada', no sentido de tomada de decisões de elevado risco, das quais se esperam resultados imediatos e de grande visibilidade, derivados de sorte ou de contatos políticos. Isso simplesmente não é marketing, sequer um comportamento empresarial aceitável" (MINADEO, 2005: 17).

Assim, existe uma falsa identificação entre marketing e propaganda, vendas ou até mesmo eventos – elementos que até podem fazer parte de ações mercadológicas, porém não as esgotam nem servem como definições para o que é marketing. Inclusive, algumas empresas podem se valer mais de um desses elementos ou sequer necessitar de algum dos outros; o que ilustra a necessidade de se compreender melhor a raiz do conceito.

Tem havido crescente ênfase no estudo de temas como comportamento do consumidor, posicionamento de marketing, patrimônio da marca, segmentação de mercado, diferenciação competitiva e assim por diante. No entanto, isso tudo não está necessariamente na direção da correta compreensão da atividade de marketing em uma empresa – alinhada com suas estratégias, e não relegada a uma simples área funcional. Existem dois agravantes: a) as pessoas ligadas à estratégia se isolam em feudos: enquanto esses temas não forem de domínio comum de todos os gestores, os planos serão apenas letra morta, de difícil implementação pelas equipes operacionais; e b) muitas decisões estratégicas – como o portfólio de produtos da companhia – são tomadas pela área financeira, cuja preocupação com o consumidor pode não ser perceptível, além de priorizar lucros de curto prazo (PIERCY, 1995).

Outra confusão a respeito dos conceitos mercadológicos se deve ao fato de que as empresas possuem suas habilidades técnicas específicas que as identificam. Assim, naturalmente, em uma empresa química, os cargos diretivos tendem a ser ocupados por pessoas que possuem formação nessa área. E, de fato, os oriundos de cursos de marketing ou de administração de empresas podem sentir dificuldades em compreender os macroprocessos envolvidos nessa determinada companhia, e, desse modo, ficar restritos em suas atuações. Por outro lado, por não possuírem formação específica em gestão nem em marketing, os egressos dos cursos técnicos não entendem alguns conceitos ligados ao relacionamento intrapessoal, ao atendimento com os clientes e à visão do mercado como um todo. Finalmente, existem profissionais de marketing que depõem contra – ao insistir em fórmulas padronizadas para quaisquer tipos de produto ou serviço, sem se darem conta da importância de um conhecimento aprofundado a respeito das necessidades dos consumidores e das vantagens e desvantagens dos produtos das companhias em que atuam e dos respectivos concorrentes. Esse último aspecto pode levar algumas empresas a preferir investir na formação de seus quadros técnicos para os cargos de gestão e de marketing.

Necessidades e desejos

As necessidades apresentam exigências humanas básicas: alimentação, bebida, agasalho ou abrigo. Uma necessidade como a de saciar a sede, pode se transformar em desejo, ao se buscar um refrigerante. As atividades de marketing estão focadas na realização de desejos; estes podem apresentar duas partes: o explícito – que pode ser verbalizado – e o oculto, que está no inconsciente, sendo, portanto, mais difícil que o próprio consumidor saiba o que se passa com ele (COBRA, 2009).

Importância e atualidade do tema

Diversas escolas de Nova York estão substituindo os tradicionais esportes competitivos por atividades de *fitness*, para aprimorar a saúde dos alunos e criar o hábito de práticas esportivas que mantenham não apenas a forma física, mas que criem gosto pela atividade esportiva e auxiliem na manutenção de índices saudáveis (SASLOW, 2009). Parece uma simples troca, porém, apoiada nas demandas dos alunos – afinal, poucos serão esportistas profissionais, embora sejam constantemente pressionados por manter uma boa forma física e evitar a obesidade.

Em 2008, foi lançado o Sensa, nos Estados Unidos, pelo dr. Alan Hirsch, um produto que se apoia fortemente no olfato. Basta acrescentar um pouco do Sensa aos alimentos durante sua elaboração. "Cerca de 80% do que se percebe por sabor, na prática apenas se trata de cheiro", diz Christopher Adams, biólogo molecular (ELLIN, 2009).

Produto amplamente usado, porém sem qualquer estudo que mostre seus benefícios

Uma pesquisa publicada, em janeiro de 2009, no periódico da Sociedade Americana de Pneumologistas, *Chest*, mostra que o uso de Vick Vaporub próximo às narinas pode aumentar a produção de muco e inflamar as vias aéreas, com efeitos

> maléficos no sistema respiratório de crianças pequenas. O produto é usado para descongestionar as vias respiratórias e tem como ingredientes cânfora, mentol e óleo de eucalipto.
>
> Os pesquisadores iniciaram o estudo depois de uma menina de 18 meses sofrer de problemas respiratórios sérios por receber aplicações do produto próximo às narinas. O estudo foi realizado com furões, animais que, de acordo com os pesquisadores, têm composição anatômica e celular semelhante à de humanos. Nos testes *in vivo*, o aumento da secreção foi de 14% em vias aéreas normais e de 8% em vias inflamadas. Marcus Jones, pneumopediatra e presidente da Comissão de Pneumopediatria da Sociedade Brasileira de Pneumologia e Tisiologia, afirmou não haver nenhum artigo que fale de eventuais benefícios do produto. Wellington Borges, presidente do Departamento de Alergia e Imunologia da Sociedade Brasileira de Pediatria, afirmou existirem outras substâncias de uso comprovado, não valendo a pena, portanto, correr riscos (SILVEIRA, 2009a). Porém, trata-se de um produto amplamente difundido, utilizado por inúmeras famílias. Caso realmente não haja qualquer comprovação de que faça bem, as autoridades governamentais devem regulá-lo adequadamente.

Organizações lançam programas sociais que auxiliam na consolidação de sua imagem

O Hospital Samaritano patrocina atividades físicas na Praça Esther Mesquita, em São Paulo, nas quais cerca de 45 pessoas participam por dia, dos quais 99% são idosos. Também há programação gratuita da Secretaria Municipal da Saúde, por meio das Unidades Básicas de Saúde, e da Secretaria de Estado da Saúde, por meio dos Centros de Referência do Idoso.

Em função da gripe suína (Influenza H1N1), a Roche fez uma doação de 5,65 milhões de doses do antigripal Tamiflu à Organização Mundial da Saúde (OMS), uma ação típica de relações públicas, porém com o objetivo de associar a marca a ações socialmente responsáveis.

Também a Sanofi-Aventis anunciou uma doação do mesmo medicamento a países de menor renda, com potencial de atingir 100 milhões de doses. Além disso, essa companhia mantém um acordo por meio do qual montou 18 brinquedotecas em hospitais espalhados por 10 estados (HOSPITAL..., 2009; JOHNSON, 2009; MORAIS, 2009; SILVEIRA, 2009c).

Complexos dilemas éticos na saúde

Em tempos de escândalos empresariais (Enron, Andersen, vários bancos internacionais) cabe destacar alguns fatos marcantes que não podem ser desconsiderados no contexto de marketing. A Gerber Products deixou de fabricar, em 1985, uma fórmula baseada em carne, porém um adolescente, com agudo retardamento mental, poderia apenas ser alimentado com ela. A empresa, cujo foco são os bebês, produziu vários lotes ao longo do tempo apenas para atender a essa pessoa. Ou seja, não se considerou um mercado inviável ou outros questionamentos, apenas o valor incomensurável de uma vida – e, evidentemente, a importância de uma empresa na área de nutrição ter esse comportamento.

A Procter & Gamble começou a dar descanso remunerado a seu pessoal nas tardes de sábado. Em 1887, deu início ao primeiro plano de participação de lucros nos Estados Unidos; em 1915 adotou programas de saúde, invalidez e pecúlio por morte para empregados (PENNINGTON; BOCKMON, 1995).

A ética *versus* o patrocínio das empresas farmacêuticas

Um pesquisador do Baystate Medical Center admitiu fraudes em pelo menos 21 artigos científicos publicados ao longo de vários anos. Dado que várias pesquisas são financiadas por companhias farmacêuticas para produtos recém-aprovados, a chance de os médicos encontrarem resultados clínicos positivos pode ser acima do razoável, sem contar fatos como a fraude admitida pelo pesquisador, que afirmou ter forjado dados, isto é, ter incluído resultados estatísticos que nunca existiram. Assim, além de possíveis fraudes, que são um problema grave e pontual, deve-se alertar a comunidade médica para conflitos de interesses, quando a pesquisa é financiada por empresas farmacêuticas.

Um recém-egresso de Medicina em Harvard descobriu que um professor *full-time* também era consultor de nada menos que 10 companhias farmacêuticas, sendo natural que promovesse os medicamentos dessas companhias sem enfatizar detalhes como os efeitos colaterais. Nessa época foi criado um movimento que em quatro anos atingiu 200 alunos, visando conter o impacto da indústria na faculdade, cujo conceito, aliás, passara a ser inferior ao de outras escolas. Essas ações forçaram Harvard a rever determinadas práticas de professores que pudessem gerar conflitos de interesses. Assim, em março de 2009, três pesquisadores de Harvard foram acusados de conflito de interesses ao defenderem o uso de antipsicóticos para crianças, ao mesmo tempo que prestavam consultoria para fabricantes desses medicamentos, além de eventual falha na comunicação dessas receitas à universidade. Um deles suspendeu seu trabalho com a indústria. Em 2009, a GlaxoSmithKline (GSK) prometeu tornar mais transparentes os resultados de suas pesquisas clínicas, publicando os resultados após seu encerramento; além disso, passou a publicar uma relação dos profissionais contratados para prestar serviços de consultoria para dificultar a existência de conflitos de interesse (HARRIS, 2009a; HARRIS, 2009b; JACK, 2009; WILSON, 2009a).

CONCEITOS BÁSICOS DE MARKETING

Veja em www.elsevier.com.br/ marketingparaservicosdesaude

Volatilidade: 2008 certamente não deixou saudades...
Um setor industrial se acomodou, e as receitas ficaram estagnadas...
O líder cochilou... e caiu
Ações de marketing realizadas por instituições não lucrativas
Além das mortes "morridas" existem as mortes "matadas"...
O importante papel do Terceiro Setor
Em número de dentistas, a liderança mundial é nossa!
Os chocólatras possuem menor risco de sofrer infarto...
Problemas ligados à obesidade
Minimizando riscos de AVC com a vitamina D
A ética e a propaganda dos laboratórios farmacêuticos
Outros dilemas éticos

A Philips foca na saúde ao considerar o envelhecimento da população mundial

Do ano 2000 a 2007, as receitas da Philips caíram 30%, chegando a €26,8 bilhões. Em 2006, vendeu sua participação de 80,1% da LG Philips LCD à coreana LG Electronics. Em 2008, a Philips vendeu seus negócios de aparelhos de televisão nos Estados Unidos e Canadá e licenciou a marca à japonesa Funai; fez o mesmo com aparelhos de DVD, Blu-ray e *home theaters* nos Estados Unidos. Em 2006, 50% de sua receita provinha de produtos eletrônicos de consumo, índice que caiu a 43% em 2008. Nesses dois anos, adquiriu 16 empresas, sendo 11 nos Estados Unidos, focando iluminação e cuidados com a saúde – como a Lifeline (produtora de sistemas de monitoração e provedora de serviços) e a Respironics (produtora de equipamento para combater distúrbios ligados ao sono). A Lifeline acompanha 720 mil pacientes idosos nos Estados Unidos: os pacientes pagam de US$35 a US$45 ao mês para contar com um monitor conectado à empresa; se houver algum problema médico, basta apertar um botão para solicitar auxílio. Muitos assinantes abandonam o serviço anualmente, principalmente por falecimento. Mas a base de pacientes tem crescido 10% ao ano. A Lifeline afirma deter 60% do mercado de monitoramento doméstico de saúde dos Estados Unidos. Estabeleceu seu *core business* com duas premissas: a população mundial está ficando mais velha e mais preocupada com as questões ecológicas. Assim, além da área da saúde, seu outro foco é a iluminação, porém, com tecnologia superior à das atuais lâmpadas: adquiriu a Color Kinetics, que desenvolve produtos de iluminação com LEDs, e a Genlyte – que detém a marca Lightolier, da área de estruturas de iluminação. Lâmpadas à base de LEDs consomem 10% menos que as tradicionais e podem durar até 20 vezes mais (TAUB, 2008).

Uma realidade inevitável

Os médicos, tratamentos e medicamentos progrediram muito: aliviaram as dores dos pacientes, prolongaram a vida e ampliaram a qualidade dessa vida. Porém, há uma realidade inescapável. Assim, o Hospital das Clínicas de São Paulo criou um serviço de cuidados paliativos, voltado para pacientes com doenças avançadas e sem possibilidade de cura. O tratamento começa no diagnóstico e se estende para as fases mais críticas, para que depois da morte do doente haja apoio aos familiares.

Um estudo feito no HC mostrou que, na cardiologia, 60% dos doentes morrem na UTI e 25%, no pronto-socorro ou nas enfermarias. A estimativa é que 70% dos doentes da UTI e cerca de 50% dos que estão em enfermarias poderiam estar sob cuidados paliativos. O conceito de cuidados paliativos existe desde 1967. Vinte anos depois, tornou-se especialidade médica no Reino Unido. O objetivo do serviço é oferecer tratamentos tradicionais para diminuir os sintomas (como remédios para aliviar a dor), além da assistência psicossocial e espiritual. Entre os pacientes que poderão receber esses cuidados estão os que sofrem de cânceres avançados e que não respondem às terapias e os que têm doenças crônicas no coração, nos rins e no pulmão, com perda lenta e progressiva das capacidades. Também existem pesquisas que mostram que o paciente sob cuidados paliativos pode viver mais e melhor do que aqueles que não recebem essa atenção. O serviço do HC também pretende servir de escola para estudantes de Medicina e de outras áreas da saúde, além de subsidiar pesquisas; afinal, existe muito preconceito em discutir questões ligadas à morte (COLLUCCI, 2009c).

1.2 PANORAMA DA SAÚDE NO PAÍS

Como nasce o brasileiro

De 2004 a 2008, apesar dos esforços do governo, a taxa de partos por cesariana na rede coberta por planos de saúde aumentou de 79% para 84,5%. A razão apontada é que esse parto é normalmente feito pelo mesmo médico que acompanha a paciente por toda a gestação. No Sistema Único de Saúde (SUS), esse índice é de 31%. A OMS preconiza um máximo de 15%. Além disso, o número de nascimentos prematuros no país cresceu 27% em 10 anos (entre 1997 e 2006), segundo o Ministério da Saúde, saltando de 153.333 (5,3% do total) para 194.783 (6,7%) (NÚMERO DE PREMATUROS..., 2009; TAXA DE... 2009).

Uma boa notícia para as crianças: o tempo médio de aleitamento materno dobrou

O tempo médio de aleitamento materno exclusivo no Brasil passou de 23,4 dias para 54,1 dias de 1999 a 2008, segundo o Ministério da Saúde. O aleitamento não exclusivo subiu de 296 para 342 dias, no mesmo período. A OMS preconiza aleitamento exclusivo de 180 dias e parcial até os dois anos de vida. A segunda pesquisa foi feita em outubro de 2008, nas capitais e mais 239 municípios, durante a Campanha Nacional de Vacinação, com dados de 118 mil bebês. A pesquisa comprovou a relação entre chupeta e tempo de amamentação: com maior aleitamento, diminui o uso do acessório (BASSETTE, 2009f).

O que está matando o brasileiro

De 2000 a 2004, o derrame – ou AVC, acidente vascular cerebral – respondeu por 317.998 óbitos, ganhando do infarto, com 308.944 casos. Quanto maior a demora no atendimento em casos de AVC menor a chance de sobrevivência e maiores as sequelas. Há dois tipos de AVC: isquêmico e hemorrágico, ambos causados por problemas nos vasos sanguíneos que irrigam o encéfalo. O primeiro ocorre com a obstrução de uma artéria por um coágulo de sangue ou pelo acúmulo de gordura, daí os cuidados com a alimentação e o controle do colesterol. A pressão alta crônica é a principal causa do derrame hemorrágico, pois atua ao longo do tempo, sem apresentar grandes sintomas, sendo, às vezes, o AVC a primeira manifestação. Outras causas: diabetes, tabagismo, sedentarismo e alcoolismo. Os sintomas mais comuns de um derrame são: a) fraqueza ou dormência na face, nos braços ou pernas – geralmente, afetando apenas um dos lados do corpo; b) dificuldade para articular as palavras ou compreender o que se diz; c) dificuldade súbita e passageira de enxergar com um ou os dois olhos; d) dificuldade de caminhar, tontura, perda do equilíbrio; e e) dor de cabeça súbita e intensa.

Segundo dados do SUS de 2005-2006, as doenças ligadas à circulação são as que mais matam, respondendo por 32,2% dos óbitos. Em 2005, foram 90.006 mortes por AVC, o equivalente a 10% das mortes do país e a 31,7% dos óbitos devidos a problemas circulatórios. Em segundo lugar, vem o câncer, com 16,7% dos casos; de 2000 a 2005, o número de mortes provocadas por câncer em cada 100 mil pessoas cresceu 14,5% nas mulheres e 11,4% nos homens. Em terceiro lugar estão as causas externas, com 14,5%, que incluem acidentes de trânsito e homicídios. As doenças respiratórias surgem em quarto lugar, com 11,1% dos óbitos. Por outro lado, as doenças infecciosas – que eram a maior causa de mortes em 1930 – passaram a responder por apenas 5,3%.

O número de mortes por complicações no atendimento médico após internação no SUS no Estado de São Paulo era de uma em 473 mortes em 1998, tendo passado para uma em 147 mortes em 2008. Essas complicações incluem itens como a anestesia responsável pelo óbito, e não a doença que estava sendo atacada, ou outros erros médicos. Porém, houve a introdução de um número maior de procedimentos complexos, como transplantes. Assim, amputações, implantes de próteses internas ou transplantes tiveram 184 mortes por complicações tardias em 2008, diante de 73, 10 anos antes. No caso das crianças, os acidentes domésticos representam a maior causa das mortes; entre 2000 e 2005, queimaduras, afogamentos e quedas vitimaram 493 crianças de modo fatal. A pediatra Vera Lúcia Gaspar aponta que esses eventos seriam relativamente fáceis de serem evitados.

O número de transplantes no Brasil em 2008 foi de 19.125, crescendo 9,74% sobre 2007, porém, há ainda 58.634 pacientes na fila aguardando doadores. Em 2008, segundo a Sociedade Brasileira de Hemodinâmica e Cardiologia Intervencionista, 44.123 pacientes receberam implantes de *stents* não farmacológicos pelo SUS, e pode haver ainda um número estimado em 30% feito por convênios. A Sociedade Brasileira de Cirurgia Cardíaca aponta 35 mil pontes de safena ou mamária pelo SUS e mais 12 mil realizadas por instituições particulares (PADILLA, 2006; QUEIRÓS, 2006; MARTINEZ, 2008; MELO, 2008; SORANO, 2008; BASSETTE, 2009b; COUTO, 2009a; COUTO, 2009b; PINTO, 2009).

Estudo aponta possíveis tratamentos que reduzem as chances do AVC

Pacientes que tomam estatinas (utilizadas para redução do colesterol ruim) depois de sofrer um AVC apresentam 35% menos riscos de sofrer outro AVC e 57% menos chances de morrer nos próximos 10 anos, segundo pesquisadores gregos, em estudo publicado em maio na revista científica *Neurology*. Foram acompanhadas, por 10 anos, 794 pessoas que sofreram AVC isquêmico. Nesse período, 112 foram vítimas de um segundo AVC e 224 morreram. De acordo com a pesquisa, 16% dos pacientes que não tomavam estatinas tiveram outro evento cerebral no período, contra apenas 7% daqueles que usavam a substância constantemente. Além disso, o estudo aponta que a extensão e a gravidade do AVC entre aqueles que tomavam estatinas foi menor do que os que não tomavam (BASSETTE, 2009d).

Surpreendente vida saudável apesar de graves danos cerebrais

A ciência ainda tem muito a aprender. Uma mulher de 35 anos sofreu grave acidente de automóvel, em 2004, entrando em coma profundo. Os médicos foram unânimes: caso sobrevivesse, apenas teria vida vegetativa. A mãe não se deu por vencida: fazia massagens com remédios homeopáticos, levou cremes e perfumes de que ela gostava, colou fotos nas paredes das fases de sua vida e da logomarca de sua empresa. Quando não estava presente, deixava músicas e mensagens gravadas. Em dois meses, nada mudou, aos poucos, porém, começou a dar sinais de vida, com movimentos involuntários. Após quatro meses, os médicos diziam não haver nada mais a fazer no hospital: a paciente teria vida vegetativa. Porém, atendida por profissionais, foi retomando a vida como um bebê: aprendendo a falar com uma fonoaudióloga, reaprendeu a andar, ler, escrever e reconhecer os objetos mais básicos. Apesar de seu cérebro deixar os médicos desconcertados pelos danos, a paciente leva uma vida normal, prova que os neurônios encontraram novos caminhos para se comunicarem (CUPANI, 2009b).

Redução dos problemas cardiovasculares – em parte porque o cigarro saiu de moda

De 1996 a 2006, problemas cardiovasculares passaram de 187,9 por 100 mil habitantes para 149,4 mortes, apesar de continuarem como as principais causas de morte (29,4% das conhecidas). A queda é atribuída a tecnologias mais avançadas, à ampliação do acesso à saúde e, em grande parte, à redução do tabagismo. Em 1989, uma pesquisa nacional apontou que 31% dos brasileiros eram fumantes; em 2008, uma pesquisa com moradores de capitais apontou apenas 16,1% de fumantes. Entre as doenças cardiovasculares, o AVC (acidente vascular cerebral), a obstrução arterial e o infarto do miocárdio são as principais causas. O câncer foi a segunda maior razão de morte registrada, responsável por 15% dos óbitos no país em 2006. Em terceiro lugar, vieram os motivos externos, como homicídios e acidentes de trânsito (12,4%). O *ranking* repete os últimos dados disponíveis até então, relativos a 2005.

Em 2008, 24,6 milhões de brasileiros, com 15 anos ou mais, eram fumantes – ou 17,6% da população, pouco abaixo dos 18% do Canadá, um país exemplar no combate ao tabagismo. Os fumantes se concentram nas camadas mais pobres. A proporção nos homens é maior: 21,6%, contra os 13,1% das mulheres. Os dados são de uma pesquisa do IBGE, que ouviu 39,8 mil residentes (MENCHEN, 2009; MORTES POR DIABETES..., 2009).

> **As mulheres possuem uma chance de diminuir o risco de problemas cardíacos**
>
> Uma pesquisa publicada em maio de 2009 na *Obstetrics and Gynecology*, envolvendo 139.681 mulheres dos Estados Unidos após a menopausa, revelou que o grupo que amamentou durante ao menos um mês apresentava pressão arterial e colesterol mais baixos e menor índice de diabetes – fatores de risco cardíaco. As mulheres que amamentaram durante mais de um ano tiveram uma redução de 10% em seu risco cardíaco. O estudo é parte da iniciativa do governo federal, desde 1994, para investigar as doenças crônicas femininas (MULHERES..., 2009).

> **Às vezes é mais difícil diagnosticar o câncer do que tratar...**
>
> Três em cada quatro tumores de cabeça e pescoço no país são descobertos em estágio avançado, quando as chances de cura são menores e os tratamentos, mais agressivos. O dado é de um estudo do Hospital A. C. Camargo, de São Paulo, que analisou mais de 16 mil pacientes entre 2000 e 2006, diagnosticados com tumores de lábio, cavidade oral, faringe, amígdala e glândulas salivares, entre outros. Estima-se que os cânceres de boca e de orofaringe sejam os tipos mais frequentes dessa categoria, somando aproximadamente 390 mil novos casos a cada ano no Brasil. Segundo o artigo, o Brasil se destaca como um dos países com maior incidência desses tumores, devido à exposição aos fatores de risco: exposição excessiva ao sol (que causa a doença na pele e nos lábios), tabagismo e consumo abusivo de álcool (CUPANI, 2009c).
>
> Uma universitária do Recife estava com fortes dores nas costas, ao longo de um ano foi a oito médicos diferentes, até uma ressonância magnética mostrar que possuía dois tumores na coluna – um linfoma, proliferação desordenada das células de defesa do organismo. Após iniciar sessões de quimioterapia, sem sucesso, se submeteu ao autotransplante de medula óssea, seguido de radioterapia, com o que retornou à vida normal (BIDERMAN, 2009).

A quimioterapia já não assusta mais como antes

A ministra Dilma Rousseff manteve sua agenda de candidata à Presidência. A novelista Glória Perez continuou escrevendo sua novela. O vice-presidente da República, José Alencar, continuou a trabalhar. Essa atitude é cada vez mais comum em pacientes que passam pela quimioterapia, antes ou depois da cirurgia de retirada de um tumor ou mesmo quando não há cirurgia. Os motivos para as mudanças de atitude estão ligados ao avanço dos medicamentos que aliviam os efeitos colaterais (como náuseas, vômitos e fadiga), ocorrido nos últimos 10 anos, à maior difusão de informações sobre o câncer e a quimioterapia, ao acesso mais amplo aos serviços de saúde, o que propicia que o diagnóstico seja feito mais cedo e com maior possibilidade de cura. Até a melhoria das perucas contribui, já que a perda de cabelo por causa dos quimioterápicos provoca forte abalo, em especial nas mulheres (PENNAFORT, 2009).

Melhor prevenir do que remediar...

O Vigitel – Sistema de Vigilância de Fatores de Risco e Proteção para Doenças Crônicas por Inquérito Telefônico – foi aplicado no país pela primeira vez em 2006. No ano seguinte, foram ouvidos 54 mil pessoas, de 26 capitais e do Distrito Federal. A pesquisa mostrou que os homens subestimam, em geral mais que as mulheres, os comportamentos ligados à prevenção de doenças: de 16 itens, apenas em dois apontam maior cuidado – decisão de parar de fumar (25,8% dos homens entrevistados abandonaram o vício contra 18,6% das mulheres) e a prática de exercícios físicos (19,3% dos homens dizem fazer alguma atividade física regular, contra 12,3% das mulheres). O número de jovens fumantes no país sofreu redução de cerca de 50% nos últimos 20 anos: em 2008, 14,8% das pessoas dos 18 aos 24 anos tinha esse hábito, enquanto o índice em 1989 era de 29%. Porém, o consumo de bebidas alcoólicas apresenta crescimento – sendo o grupo dos 18 aos 24 anos de idade o que mais consome álcool. O consumo nacional de leite, de 130 litros *per capita* ao ano, representa um copo ao dia e deveria ser três vezes maior, pois o leite é a principal fonte de cálcio. Mais de 30% dos entrevistados afirmou consumir carne vermelha com gordura exposta e frango sem retirar a pele – que são muito ricos em colesterol (LOPES, BUCHALLA e MAGALHÃES, 2008; PENNAFORT, 2009).

Um estudo do Northwest Cardiovascular Institute (Estados Unidos) com mais de 13 mil pessoas (homens e mulheres com mais de 65 anos), publicado em maio de 2009 no *International Journal of Clinical Practice*, mostrou que apenas 19% dos portadores de doenças cardíacas descobrem que têm o problema durante exames de rotina antes de os sintomas aparecerem – normalmente, em situações extremas, como o infarto. Entre os entrevistados com problemas cardiovasculares (como angina, insuficiência cardíaca ou que haviam sido submetidos a angioplastia ou ponte de safena), quase a metade (48%) só identificou sua condição ao sofrer sintomas como dores fortes ou um ataque cardíaco e 15% descobriram o problema durante o tratamento de outras doenças. Os diabéticos formam um grupo de alto risco para doenças cardiovasculares porque a taxa elevada de glicose no sangue predispõe a infartos e derrames; 54%

dos entrevistados desse grupo foram diagnosticados após sintomas e 22%, ao tratar outra doença. Normalmente, a doença cardiovascular é assintomática: quando os primeiros sinais surgem, o problema já está em estágio avançado. Assim, pela falta de sintomas, a melhor forma de prevenção é avaliar a presença de fatores de risco (tabagismo, hipertensão, altos níveis de colesterol, diabetes, obesidade e sedentarismo) e o histórico familiar. Estudo da Universidade Federal de São Paulo (Unifesp), junto com a Fiocruz da Bahia, com 6.671 diabéticos, mostrou que 75% não acompanham a doença e apresentam níveis inadequados de glicemia. Foram examinados pacientes dos 18 aos 98 anos, de 22 centros clínicos de 10 cidades do país, e foi demonstrado que somente 10% dos 679 portadores do tipo 1 a controlam e somente 27% dos 5.692 pacientes com o tipo 2 mantêm os índices glicêmicos normais (BASSETTE, 2009e; CUPANI, 2009a).

Os riscos das hepatites B e C

Segundo a Organização Mundial da Saúde, 1 em cada 30 pessoas no Brasil (cerca de 4 milhões de pessoas) tem o fígado atacado pelo vírus da hepatite B ou C. O quadro mundial é pior: 1 em cada 12 pessoas pode estar infectada (520 milhões de pessoas). Os números são alarmantes por refletirem doenças que agem silenciosamente, de modo que a maioria dos portadores não sabe que está doente e não busca auxílio médico. Sem diagnóstico e tratamento adequados, os casos podem evoluir para insuficiência hepática, cirrose ou câncer hepático. A busca por exames diagnósticos é fundamental para impedir a evolução da doença.

A transmissão da hepatite B ocorre quando o sangue ou fluidos orgânicos contaminados pelo vírus penetram na corrente sanguínea. Isso pode acontecer de mãe para filho, na hora do parto, por contato sexual, compartilhamento de seringas ou agulhas e transplante de órgão ou tecidos contaminados. A principal forma de transmissão do HCV (vírus da hepatite C) é pelo contato com sangue e secreções contaminadas. Na hepatite B há apenas um estado semelhante ao de um resfriado. Na forma crônica surgem: febre, mal-estar, urina escura, fezes esbranquiçadas e amarelão, podendo evoluir para quadros graves, como cirrose ou câncer. A hepatite C raramente provoca sintomas e pode evoluir para quadros graves sem alterações aparentes (UM EM..., 2009). Dessa forma, além de ações governamentais para alertar a população para a realização de testes ou para a proteção em relação a esses males, cabem ações preventivas dos planos de saúde, para proteger seus associados.

Hábitos nutricionais de risco

O brasileiro consome duas vezes e meia a quantidade de sódio diária preconizada pela OMS (Organização Mundial da Saúde), especialmente nos temperos, segundo pesquisa realizada na Faculdade de Saúde Pública da Universidade de São Paulo e publicada na *Revista de Saúde Pública*. O consumo nacional é de 4,5 gramas ao dia, sendo o ideal de apenas 2 gramas ao dia. Usaram-se como referência os dados da última Pesquisa de Orçamentos Familiares (POF), feita pelo Instituto Brasileiro de Geografia e Estatística em 2003, que analisou 969.989 registros de aquisição de alimentos em uma amostra de 48.470 domicílios (BASSETTE, 2009a).

Os excessos são perigosos, até do inocente refrigerante...

Os que consomem refrigerante em excesso podem ter problemas musculares e cardíacos em razão da queda do nível de potássio no sangue, segundo estudo publicado no *International Journal of Clinical Practice*. A ingestão exagerada reduz o nível da substância no sangue, o que causa transtornos do ritmo cardíaco, que podem provocar debilidade muscular, palpitações, enjoos e até óbito, segundo Moses Elisaf, da Universidade de Ioannina, na Grécia. O estudo foi realizado com pessoas que bebiam entre dois e nove litros diários de refrigerante, incluindo mulheres grávidas internadas. Uma gestante que bebia três litros de refrigerante por dia apresentava cansaço, perda de apetite e vômitos, enquanto outra, que consumia até sete litros diários (antes da internação), sofria de debilidade muscular. Após deixar de beber refrigerante e tomar potássio, as duas pacientes se recuperaram. A redução do potássio é provocada por três componentes muito presentes em alguns refrigerantes: glicose, frutose e cafeína (REFRIGERANTE..., 2009).

Aquela maravilhosa picanha...

Um estudo publicado em março de 2009 no *Jama* (revista da Associação Médica Americana) apontou relação entre o consumo de carne vermelha e carnes processadas e maior número de mortes por câncer e problemas do coração; as carnes saturadas apresentam mais sal e gorduras. A pesquisa acompanhou 500 mil norte-americanos de 50 a 71 anos por 10 anos, dos quais morreram 47.976 homens e 23.276 mulheres. Para os pesquisadores, 11% das mortes em homens e 16% das mortes em mulheres poderiam ser adiadas se houvesse redução do consumo de carne vermelha. O grupo que mais ingeriu carne vermelha (68 gramas a cada 1.000 calorias) foi o que apresentou maior incidência de morte. Nas doenças cardiovasculares, a diminuição dos riscos chegaria a 21% nas mulheres se houvesse redução. Além disso, um bife à milanesa ou com ovo frito eleva, e muito, o colesterol. O cirurgião oncológico Benedito Mauro Rossi, do Hospital A. C. Camargo, corrobora: a distribuição geográfica do câncer do intestino, no Amapá, é de 1,51 caso por 100 mil habitantes, enquanto no Rio Grande do Sul – a terra do churrasco – é de 28,5 por 100 mil habitantes (SILVEIRA; COLLUCCI, 2009).

Falando em churrasco, novo alerta dos médicos aos gaúchos: a erva-mate mata... e o chimarrão fervendo também mata...

Um estudo com cerca de mil adultos uruguaios publicado em 1996 no *Cancer Epidemiology Biomarkers & Prevention* apontou que o risco de câncer de pulmão é 60% superior entre os que tomam erva-mate. Outro estudo desse país, publicado em 2003 no mesmo periódico, descobriu que em um grupo de cerca de 800 adultos, a erva-mate triplicou o risco de câncer de esôfago. Um estudo publicado na *Epidemiology* em 1994 descobriu que beber mate regularmente aumenta o risco de câncer respiratório ou digestivo em cerca de 60%, e a bebida responde por 20% desses tipos de câncer nos países onde seu consumo é elevado. Para piorar as coisas, consumir chá quente aumenta o risco de câncer no esôfago, doença que mata mais de 500 mil pessoas ao ano em todo o mundo. Na Europa e alguns países da América, essa doença está relacionada a fumo e álcool, mas o Golestão, província ao norte do Irã, apresenta as maiores taxas mundiais da doença. Segundo estudo da Universidade de Teerã publicado no *British Medical Journal*, o consumo de cigarro e álcool é baixo, porém bebe-se muito chá. A ingestão do líquido a 65 graus dobra o risco de desenvolver câncer e acima dos 70 graus, o risco é oito vezes maior; os pesquisadores mediram a temperatura em 50 mil consumidores e os acompanharam em relação ao desenvolvimento da doença (BEBIDAS..., 2009; CONIS, 2009).

O infarto é mais bem combatido, mas a falha do coração não foi aprimorada...

Cada vez mais norte-americanos vivem com hipertensão, diabete e sobrevivência a múltiplos ataques cardíacos. Porém, a falha do coração ainda apresenta poucas melhoras, pois trata-se de uma fibrose muscular, que leva o coração a bombear sangue e oxigênio com menor força. Menos da metade dos pacientes sobrevive cinco anos após esse diagnóstico de cansaço do coração e apenas 25% chegam a conviver 10 anos com a doença. Desde os anos 1990, surgiram VADs (Ventricular Assist Devices – equipamentos de assistência ventricular), que são como bombas que auxiliam o cansado do coração em sua tarefa (COUZENS, 2009).

As UTIs aumentam a sobrevida dos pacientes

A sobrevida de pacientes internados em Unidades de Terapia Intensiva (UTIs) com complicações graves causadas pelo câncer aumentou no Brasil, segundo pesquisa coordenada pelos médicos do Instituto Nacional de Câncer (Inca) Marcio Soares e Jorge Salluh, que coletaram dados em 28 UTIs, acompanhando a evolução de 746 pacientes na internação e após a alta por até 90 dias. A sobrevida passou de 40%, nos anos 1980, para 70% em 2008 – taxa semelhante às de centros de excelência da França e da Suíça. Entre os resultados, descobriu-se que 21% dos leitos de UTI são de pacientes com câncer. Metade é internada por causa de procedimentos

> ligados ao tratamento, como pós-operatório de grandes cirurgias, e o restante por complicações agudas decorrentes do tratamento (quimioterapia ou radioterapia) ou por motivos não ligados à doença, como enfarte e diabete. A sobrevida foi maior no primeiro grupo. Enquanto nos anos 1980 a mortalidade era de pelo menos 60%, agora é de cerca de 30%. Nas internações por complicações agudas, a mortalidade chegava a 95% e caiu a 43% (CIMIERI, 2009).

Checklist: medida simples que diminui a mortalidade nas cirurgias

Segundo estudo publicado no *New England Journal of Medicine*, a adoção de um *checklist* antes das cirurgias reduz a mortalidade e as complicações pós-operatórias. Foram testadas 19 recomendações da OMS que fazem parte de uma campanha mundial para cirurgias mais seguras. A pesquisa foi feita de outubro de 2007 a setembro de 2008 e analisou dados clínicos de mais de 3 mil pacientes cirúrgicos – antes e depois da adoção das orientações da OMS – em oito hospitais de diferentes países (Canadá, Índia, Jordânia, Filipinas, Nova Zelândia, Tanzânia, Inglaterra e Estados Unidos). No Brasil, ao menos 11 hospitais já adotam essas orientações. Após o *checklist*, a mortalidade operatória caiu de 1,5% para 0,8%; e as complicações pós-operatórias, de 11% para 7%. A lista inclui itens simples, como cada pessoa saber o nome dos colegas na sala cirúrgica, de modo a poder acioná-lo caso ocorra algo, antes que seja tarde demais (COLLUCCI, 2009a; PORTO, 2010).

O câncer mais ativo no Brasil

Um estudo publicado em janeiro de 2009 no *British Journal of Cancer* aponta que ter tido câncer de pele dobra o risco de desenvolver outros tumores. Foram avaliados mais de 22 mil casos na Irlanda do Norte entre 1993 e 2002, que mostraram que as chances de um novo câncer, especialmente os ligados ao fumo, duplicam nas pessoas que tiveram um melanoma (mais agressivo) e são até 57% maiores em quem teve um tumor do tipo não melanoma. O câncer de pele é o mais incidente no Brasil, com mais de 115 mil novos casos de não melanoma em 2008 e quase 6 mil casos do tipo melanoma, segundo dados do Inca (Instituto Nacional do Câncer) (SILVEIRA, 2009b).

O crescimento do diabetes

Cada vez mais pessoas morrem de diabetes, o que, pelo Ministério da Saúde, é atribuído ao aumento de pessoas com excesso de peso. Em 1996, as mortes pela doença eram de 16,3 habitantes em cada 100 mil, taxa que passou para 24 a cada 100 mil em 2006. Os dados se referem à população entre 20 e 74 anos. O aumento ocorre principalmente entre os homens com mais de 40 anos: 2,3% ao ano, em média, no período. Nas mulheres da mesma faixa etária, o crescimento foi de 1% ao ano. Porém, o retrato é tímido, já que se refere somente às mortes que tiveram o diabetes como principal causa (assim apontadas no atestado de óbito), não levando em consideração as doenças dele decorrentes (MORTES POR DIABETES..., 2009).

O diabetes apresenta um número de doentes em torno de 285 milhões em todo o mundo. Por ano, 7 milhões de pessoas desenvolvem a doença, outros 4 milhões acabam morrendo e a cada 30 segundos um indivíduo sofre uma amputação. A doença já é a quarta causa de mortes no planeta. A FID (Federação Internacional de Diabetes) estima em US$376 bilhões o custo desse mal para a economia mundial para 2010, o que equivale a 11,6% da despesa mundial com saúde. A FID trabalha na prevenção. Entre as recomendações, estão exames periódicos para identificar a doença e principalmente exercícios regulares, como uma caminhada diária de 30 minutos, que segundo os estudos reduzem o diabetes tipo 2 entre 35% e 40% (DIABETES PROVOCA..., 2009).

Antes de matar, o que faz o brasileiro sofrer...

Uma pesquisa feita em parceria entre o Ibope e a Pfizer, em 2008, com 1.400 pessoas de nove capitais do país, apontou que 69% consideram a dor nas costas uma dor crônica, pois sofrem dela há mais de um ano; porém, foi a segunda mais frequentemente citada: a primeira foi a famosa dor de cabeça. Ao sentir uma dor reincidente, 64% afirmaram que se automedicam. A dor nas costas é provocada por maus hábitos, como postura inadequada ou carregar muito peso (DOR NAS..., 2008).

Talvez não mate, mas faz sofrer bastante as candidatas a modelos ou atrizes...

Pesquisa com 80 pacientes do Programa da Mulher Dependente Química (Promud/IPq) mostrou que 56% das mulheres dependentes de álcool ou de drogas que estavam em tratamento tinham algum tipo de transtorno alimentar. Desse total, 41% tinham transtorno do comer compulsivo, 30% tinham bulimia e 8% eram anoréxicas. A droga mais procurada por quem sofre dos transtornos é o álcool, mas são comuns os casos de uso de anfetamina, cocaína e crack, que também ajudam a aplacar a fome. As anoréxicas recusam a comida, mas aceitam essas substâncias. As compulsivas tentam substituir a comida por alguma delas. As bulímicas juntam à compulsão formas de compensar a ingestão de calorias, como vomitar ou usar laxantes e diuréticos. Dirce de Sá, da PUC-RJ, aponta que esse tipo de comportamento talvez esteja ligado à dificuldade de estabelecer e obedecer limites, pois a sociedade é marcada pela ausência de limites e pelo seu excesso – vivendo-se no tênue equilíbrio do fio da navalha. A isso se soma a busca da imagem ideal apontada nos meios de comunicação, inatingível para a maioria das pessoas. "A mídia vê a magreza como padrão-ouro de beleza. Há um estímulo para viver perigosamente", afirma o psiquiatra Hamer Nastasy Palhares, do Núcleo Einstein de Álcool e Drogas, do Hospital Albert Einstein (CALDERARI, 2009).

Fazendo sofrer menos: nova técnica para tratar da velha sinusite

Uma nova técnica trata a sinusite sem cortes nem sangramento. Em São Paulo, ao menos três hospitais – Edmundo Vasconcellos, Albert Einstein e Hospital das Clínicas – oferecem o tratamento, autorizado em 2009 pela Agência Nacional de Vigilância Sanitária (Anvisa). A sinusite é uma inflamação das mucosas dos seios paranasais e da cavidade nasal, que aumentam de volume e obstruem a comunicação entre os canais do nariz, favorecendo a proliferação de germes e fungos e, como consequência, congestão nasal, secreção, redução do olfato e dor. A nova técnica, sinuplastia, é inspirada na angioplastia, que desobstrui as artérias: mediante um cateter, se insere um dispositivo com um balão flexível até a entrada do seio da face. Ao ser inflado, o balão causa microfraturas na cavidade óssea, moldando a região; as narinas ficam desobstruídas, facilitando a drenagem das secreções. O novo procedimento dura, em média, 20 minutos – a cirurgia tradicional demora quatro horas (COLLUCI, 2009b).

Importante *causa mortis* de uma população delicada

De 2000 a 2008, o número de pacientes que faz diálise no Brasil cresceu 84%, segundo censo da SBN (Sociedade Brasileira de Nefrologia), feito com metade das 684 unidades de nefrologia do país. Isso reflete o aumento no número de casos de doença renal crônica decorrentes da maior incidência de hipertensão e diabetes. Quando não controlados, os dois problemas danificam os vasos sanguíneos, o que é especialmente prejudicial ao rim. Segundo o estudo, 87 mil pessoas fizeram o procedimento em 2008, enquanto em 2000 eram 42,7 mil. Em 35,8% dos casos, o que levou à insuficiência renal foi a hipertensão. O diabetes está em segundo lugar, com 25,7% dos casos. Roberto Pecoits-Filho, da PUC-PR, aponta que o número de pessoas que necessitam de diálise cresce 8% ao ano e afirma que as alterações cardiovasculares são as principais causas de morte nessa população, em torno de 75% dos óbitos.

A progressão da falência dos rins é quase imperceptível, sem dor ou outro sintoma de fácil identificação. Quando eles surgem, geralmente os rins estão danificados ao extremo, algo que, em casos mais graves, exige a diálise – processo artificial que substitui a filtração dos rins. Os rins filtram as toxinas na forma de creatinina e de excesso de água no organismo, que são levados à bexiga para excreção. Cerca de 150 litros de líquido são filtrados diariamente, dos quais 148 litros são reabsorvidos. Os rins também trabalham no equilíbrio de eletrólitos (potássio, cloro e sódio), reguladores das funções celulares, e produzem hormônios que controlam a produção de hemácias (glóbulos vermelhos) e mantêm os níveis normais de cálcio nos ossos e no sangue (FADEL, 2009; LANG, 2009; MANTOVANI, 2009a).

A febre amarela ataca novamente

De dezembro de 2007 a julho de 2008, foram registrados 45 casos de febre amarela no país e 25 mortes. Em janeiro de 2009, o país contava com 10 milhões de doses do concentrado viral, 30 milhões a menos do que o recomendado. Diante desses casos, a Bio-Manguinhos suspendeu as exportações para priorizar o atendimento nacional (FORMENTI, 2009a).

As varizes não são mais exclusivas de mulheres nem de idosos...

Um dos mitos que rondam as varizes é: doença de mulher de meia-idade que já teve filhos. Apesar de atingirem quatro vezes mais as mulheres e surgirem quase sempre durante a gravidez, as varizes estão presentes em 20% a 30% da população, incluindo os homens. Segundo os médicos, a idade dos pacientes vem caindo. Hoje, 80% dos pacientes do angiologista e cirurgião vascular Fernando Moreira têm entre 15 e 27 anos. O dado é alarmante, já que a doença piora com o tempo. Fatores evitáveis, como uso precoce de anticoncepcionais, ficar sentado no trabalho e o sedentarismo, são os culpados pela diminuição da faixa etária (GIANINI, 2008).

Dificuldade objetiva da Medicina: 35 anos até se chegar ao diagnóstico...

Uma senhora conviveu 35 anos com diversos sintomas, principalmente gastrointestinais. O que a acompanhou por mais tempo foi a anemia – o que a levou a tomar injeções de ferro e a obrigou a uma transfusão de sangue aos 6 anos. A melhora era só temporária. Aos 10 anos, foi diagnosticada colite crônica; tomou corticoides, mas os sintomas continuaram. Tinha diarreias, falta de apetite e perda de peso. Passou toda a infância e a adolescência assim e não melhorou no início da vida adulta. Trabalhava na área de marketing, e sempre que ficava mais nervosa, ia direto ao banheiro.

Ninguém podia fazer comida em casa – o cheiro a enjoava; ela se alimentava das refeições da vizinha. Em 1996, aos 35 anos, a situação saiu do controle. As crises de diarreia ficaram constantes, ela se debilitou e passou a ser internada com frequencia. Seu problema continuava incógnito: inúmeros exames e nenhum diagnóstico. Chegou a pesar 32 quilos, mas a barriga ficava estufada. No fim de 2008, teve que andar por cerca de um mês com uma sonda no pescoço para repor os nutrientes. Uma enfermeira foi contratada por sua empresa para ajudá-la. Também fazia tratamento psiquiátrico contra depressão. Como não se alimentava bem, os médicos passaram a suspeitar de anorexia, mas havia vontade de comer, só não conseguia. Quando se internou para substituir a sonda, trocou de médico. Uma gastroenterologista cogitou, pelos sintomas, que ela tivesse doença celíaca. Pediu uma biópsia do intestino delgado, que confirmou a suspeita: seu organismo era intolerante ao glúten, uma proteína encontrada no trigo, na aveia, na cevada, no centeio e no malte. A solução foi cortar todo o glúten. A nova alimentação começou no hospital – com um mês, ela ganhara dois quilos; em seis meses, estava recuperada; após perder o emprego, começou a produzir alimentos sem glúten. Sua empresa chegou a ter 10 funcionários e vende bolos, biscoitos, massa de pizza, salgadinhos, macarrão, alfajores. Para substituir o glúten, usa creme de arroz, fécula de batata e de mandioca. Enfim, sua doença se transformou em uma empresa. Uma a cada 214 pessoas tem doença celíaca em São Paulo, segundo levantamento com 3 mil doadores de sangue; o índice é elevado e semelhante ao europeu (MANTOVANI, 2009c).

> **Hábitos de automedicação**
>
> Estudo global da Nielsen, de outubro de 2007, revelou que consumidores de todo o mundo são adeptos da automedicação. A pesquisa envolveu 26.486 pessoas, pela internet, de 47 mercados da Europa, da Ásia-Pacífico, das Américas e do Oriente Médio. Os entrevistados foram perguntados sobre quais doenças haviam sofrido no mês anterior e quais ações haviam tomado. Dores de cabeça, resfriados, distúrbios do sono e problemas de coluna foram as mais citadas; 42% das pessoas declararam ter recorrido a medicamentos que tinham em casa ou que usam com frequência. Um em cada três visitou um médico ou foi a uma farmácia em busca de apoio.
>
> Os hábitos em relação à postura são os maiores causadores dos problemas de coluna – ou seja, as pessoas normalmente desconhecem as causas e atacam os sintomas com analgésicos, e sem a orientação adequada, ou seja, o que pode ser resolvido de modo definitivo desde o início se transforma em um problema de maior vulto (ESTUDO..., 2007; TURRA, 2008).

> **Os médicos estão concentrados nas capitais e são os profissionais mais bem pagos do país**
>
> Segundo dados de 2005 do Centro de Políticas da FGV, há 280 mil médicos no país. O Estado de São Paulo concentra mais de 44% do total, ou 125 mil profissionais, e tem 31 mil clínicas, sendo 14 mil na capital, segundo estatística atual do Conselho Regional de Medicina (Cremesp-SP) (TREVISAN, 2008). Em São Paulo, há um médico por 264 habitantes; em Belo Horizonte, um por 250 e no Rio, um por 177. A média nacional é um por 606 pessoas. A OMS preconiza um por mil. Em 2008, o país contava com 1,15 médicos por mil habitantes; enquanto isso, 455 municípios brasileiros não contavam com nenhum médico, sendo o Ministério da Saúde obrigado a gastar com o transporte do profissional para essas localidades e custeio do tratamento em cidades vizinhas (EXAME, 19/1/2005; FRANCO, 2008). Segundo pesquisa da Fiocruz, 6% dos médicos tinham cinco empregos, 28%, dois; 31%, três; 16%, quatro; 2%, mais de cinco. Apenas 17% tinham um só emprego. Além disso, 18% trabalham em plantões mais de 48 horas direto; 27% trabalham de 25 a 48 horas e 49%, de 12 a 24 horas (MADIA, 2000). Segundo a FGV, os médicos formam a categoria mais bem remunerada do país: 1) Medicina (mestrado ou doutorado); salário médio: R$ 8.966,07; 2) Administração (mestrado ou doutorado); salário médio: R$8.012,10; 3) Direito (mestrado ou doutorado); salário médio: R$7.540,79 (LAGE, 2009).

A Food and Drugs Administration (FDA) leva um frango: a salmonela ataca várias vezes, de 2007 a 2009... e com mortes...

Em 2007, houve um ataque da bactéria salmonela, que acometeu 625 pessoas, devido à produção da manteiga de amendoim Peter Pan, da

ConAgra, da qual já havia denúncias de maus procedimentos fabris desde 2004, porém, sem ação do FDA. A salmonela pode contaminar alimentos e ser fatal em indivíduos com fracos sistemas de defesa: crianças, idosos ou pessoas com doenças diversas. A ConAgra fez um *recall* do produto, e a empresa investiu no aprimoramento de seus processos.

Em 2008, houve outro ataque, da espécie Saintpaul, que contaminou cerca de 1.400 norte-americanos. A causa foi encontrada em vegetais do México. Mas a partir de 3 de setembro de 2008, houve outro ataque, do tipo *Typhimurium*, que contaminou cerca de 22.500 pessoas, inclusive causando nove mortes. Porém, nem o FDA nem o Departamento de Agricultura haviam localizado as causas desse segundo ataque.

A Kellogg solicitou ao varejo que deixasse de vender seus biscoitos recheados de manteiga de amendoim, com as marcas Austin e Keebler, até certificar-se de sua segurança; a empresa já recolhera 21 lotes, produzidos a partir de julho de 2008, em função de possível contaminação. Existem 2 mil tipos de salmonela e cerca de 40 mil casos anualmente reportados. Na Peanut Corp. of America, foram encontradas irregularidades em três inspeções estaduais, pois o FDA possui contrato com 42 estados, entre eles a Georgia, onde está a fábrica, para realizar essas inspeções. Porém, não foram tomadas providências corretivas em problemas como amendoim em bruto armazenado próximo à manteiga de amendoim; o tostador não estava suficientemente calibrado a ponto de eliminar eventuais bactérias; funcionários que levam seus uniformes para casa; roedores na fábrica; contratação de temporários; o teto da fábrica não é o ideal – aliás, a unidade é de 1955; o mais grave é que a empresa começou a fazer esse produto apenas em 2006. Outro problema é a inspeção, que é privada, paga pela própria empresa e ocorre em um único dia, conhecido de antemão; ou seja, as agências regulatórias necessitam aperfeiçoar as regras. Em função disso tudo, em fevereiro de 2009, a Peanut solicitou proteção legal para entrar em liquidação – com isso, pequenos varejistas que não puderam vender seus estoques tiveram que arcar com os prejuízos: apenas uma loja perdeu US$7 mil em estoques do produto que havia adquirido.

A segunda maior produtora de pistache dos Estados Unidos, a Setton Pistacchio of Terra Bella Inc., apresentou várias contaminações em lotes fornecidos à Kraft, que não os utilizou. Porém, um lote que foi processado e usado no produto Back to Nature apresentou sinais da bactéria, e houve *recall* da Kraft; a Setton fez *recall* de toda a sua safra de 2008.

A ConAgra produz uma torta que leva 25 ingredientes e que contaminou 15 mil pessoas com salmonela em 2007. Depois de rever todas as etapas de seu processo de produção, bem como as possíveis fontes de contaminação, não encontrou as causas do contágio. O produto passou a ser vendido com o ônus de os próprios consumidores eliminarem as bactérias, mediante instruções que dizem ao consumidor que o interior do alimento deve atingir 169°F, medido em vários pontos. A empresa vendeu cerca de 100 milhões de tortas com a marca Banquet. Porém, se a FDA concordou com essa solução, então definitivamente os Estados Unidos possuem uma autoridade regulatória que deixa a desejar no que tange à proteção do consumidor. Por outro lado, uma empresa jamais deveria manter esse produto no mercado sob tais condições – em função da preocupação primordial em satisfazer as necessidades dos consumidores e em relação à responsabilidade social.

Em 2009, também a norte-americana Beef Packers fez um *recall* de produtos à base de carne por causa do risco de contaminação por salmonela.

Em junho de 2009, a FDA advertiu os consumidores para evitarem os *cookies* congelados Toll House, da Nestlé, em função de possível contaminação com o *E. coli*, tendo sido relatados 66 casos com 25 hospitalizações; a empresa também realizou um *recall* (FREDRIX, 2009; HIRSCH, 2009a; HIRSCH, 2009b; HUGHLETT, 2009; KELLOGG..., 2009; MARTIN, 2009; MOSS, 2009a; MOSS, 2009b; MOSS e MARTIN, 2009; SALMONELLA..., 2009).

> **E por falar em frango, que tal um balanço da gripe aviária?**
>
> Em 2009, o Egito já apresentara 60 pessoas contaminadas e ao menos 23 mortes, desde o primeiro caso, em 2006. A criação doméstica de aves é a principal fonte da disseminação da doença – que também já causara o sacrifício de milhares de aves (EGITO..., 2009). A gripe A H1N1, mais conhecida como gripe suína, chegou a 44.200 casos em meados de junho de 2009, em cerca de cem países, anunciou a OMS, havendo 180 mortos – em sua maior parte no México e nos Estados Unidos; mas na Argentina, em função de medidas deficientes de controle – pois Cristina Kirchner não queria evitar aglomerações –, o número de mortos subiu de 26 para 44 na última semana de junho, e o número de casos passou de 1.587 para cerca de 2.800. O número global quase dobrou, chegando a 89.921 em 3 de julho – julgando-se ainda haver milhares de casos não detectados, pois, às vezes, a doença não apresenta sintomas graves. A economia do México depende do turismo em cerca de 8% de seu PIB e emprega dois milhões de pessoas, e a gripe provocou sérios estragos no setor. Em outros países houve fechamento de escolas e proibição de reuniões públicas. Em 22 de junho, o país somava 240 casos – número que subiu para 694 no início de julho. A OMS declarou oficialmente o estado de pandemia global. Ainda em junho, ocorreram as primeiras mortes fora das Américas, na Grã-Bretanha – país com maior número de casos na Europa –, seguido pela Espanha e pelas Filipinas. No

Japão, se detectou uma mutação do vírus resistente ao medicamento Tamiflu – tido por eficiente no combate à doença. Em meados de julho, a OMS já reconheceu que o vírus circulava livremente, ou seja, não mais estava sujeito à transmissão entre pessoas que viajavam aos países mais afetados; além disso, desistiu de contabilizar o número de casos.

Em função de quase 77% dos novos casos de gripe no país serem da H1N1, em agosto, a Anvisa proibiu propagandas dos antigripais e analgésicos: medicamentos que mascaram os sintomas da gripe suína. Desde o dia 20 de junho até 7 de dezembro, foram confirmados 45.444 casos de influenza A (H1N1) – gripe suína – no Paraná por exame laboratorial e por critérios clínicos. Por causa das complicações, 286 pessoas morreram (ALCALDE, SANT'ANNA e THOMÉ, 2009; ANVISA PROÍBE..., 2009; BARRIONUEVO, 2009; BRASIL..., 2009; ESCALADA..., 2009; FORMENTI, 2009b; GRIPE SUÍNA..., 2009; GRIPE SUÍNA SE PROPAGA..., 2009; JAPÃO..., 2009; MALKIN, 2009; MÉXICO..., 2009; OMS..., 2009; PARANÁ..., 2009; REINO..., 2009; SP..., 2009; TOTAL DE..., 2009).

Doença semelhante ocorrera nos Estados Unidos em 1976, porém bem menos grave; foi feita vacinação em massa para evitar a doença. A solução foi trágica: uma pessoa morreu pela gripe e, ao menos, 25 por causa da vacina. Foram investidos cerca de US$140 milhões no programa de vacinação, iniciado em outubro de 1976, que inoculou 40 milhões de pessoas. Em função do fiasco da vacina, em dezembro, ela deixou de ser aplicada (EUA..., 2009).

Show de bola da academia: uma pandemia anunciada... e solucionada dentro do possível

Maurice Hilleman, nascido em 1919, estudou Química e Microbiologia e fez doutorado na Universidade de Chicago. Em 1957, soube pelos jornais que uma gripe aviária espalhava terror em Hong Kong, afetando 10% da população. Solicitou a um antigo colega da Marinha japonesa, que estava doente, que fizesse gargarejo com salmoura e lhe enviasse o material. Não encontrou pessoas com anticorpos ao vírus; certo do risco de uma pandemia desastrosa, enviou amostras à Organização Mundial da Saúde, recém-criada, para obter amplo engajamento em pesquisas para combater o mal. Em alguns meses, descobriu-se que apenas poucas pessoas da Holanda e dos Estados Unidos, sobreviventes da pandemia de 1889-1890 que ceifara seis milhões de vidas, eram resistentes a essa nova forma de vírus. Ainda em junho de 1957, foram feitas as primeiras vacinas; mesmo assim, a gripe causou a morte de 4 milhões de pessoas por todo o mundo, sendo 70 mil nos Estados Unidos (LEITE, 2009).

Pedalando também se chega ao hospital...

De janeiro a abril de 2009, 1.140 ciclistas envolvidos em acidentes de trânsito em São Paulo foram internados, com crescimento sobre os 922 internados em igual período de 2008. Na mesma época, as mortes de ciclistas aumentaram de 14 para 24. Em todo o país, os acidentes com bicicleta subiram nesse quadrimestre de 2.180 para 2.877. A quantidade de pessoas para as quais a bicicleta é o principal meio de transporte na capital paulista subiu de 162 mil, em 1996, para 305 mil, em 2009; a cidade implantou vários bicicletários, com 9,5 mil pessoas cadastradas em nove meses de funcionamento, e 24 mil bicicletas disponíveis (ARANDA, 2009).

Referências

ALCALDE, L.; SANT'ANNA, E.; THOMÉ, C. "Escola em SP antecipa férias após 2 casos de gripe suína entre alunos". O Estado de S.Paulo Online, 20 jun. 2009.
"ADOLESCENTES com amigos obesos podem ter ganhado de peso, diz estudo". Folha Online, 31 jul. 2009.
"ANVISA proíbe publicidade de antigripais e analgésicos". Folha de S.Paulo, São Paulo, 15 ago. 2009. Caderno Cotidiano, p. C1.
ARANDA, F. "Internação de ciclistas cresce 23,6% no Estado". O Estado de S.Paulo, 4 jul. 2009, Caderno Cidades, p. C4.
BARRIONUEVO, A. "Swine flu death toll in Argentina climbs". The New York Times Online, 4 jul. 2009.
BASSETTE, F. "Brasileiro consome o dobro do sódio indicado pela OMS". Folha Online, 12 mar. 2009a.
_____. "SUS implanta 35 mil pontes e 44 mil *stents*". Folha Online, 9 abr. 2009b.
_____. "40% dos adolescentes já perderam ao menos 1 dente". Folha de S.Paulo, Caderno Saúde, p. C7, 18 abr. 2009c.
_____. "Uso de estatinas previne recorrência de casos de AVC". Folha Online, 1 jun. 2009d.
_____. "No Brasil, 75% dos diabéticos não têm doença sob controle". Folha Online, 22 jun. 2009e.
_____. "Tempo de amamentação dobra no Brasil, diz Ministério da Saúde", Folha Online, 4 ago. 2009f.
_____. "Vítima de doença sem cura, família faz teste genético em 40 parentes". Folha Online, 01 nov. 2009g.
BASSETTE, F.; SILVEIRA, J. "Vitamina D ajuda a prevenir diabetes, câncer, hipertensão e infecções". Folha Online, 5 nov. 2009.
"BEBIDAS quentes podem aumentar o risco de câncer". O Estado de S.Paulo Online, 27 mar. 2009.
BIDERMAN, I. "Paciente com dores nas costas demorou um ano para descobrir que estava com câncer". Folha Online, 12 abr. 2009.
"BOMBEIROS: profissão de herói". *Revista Foco*, Brasília: v. 13, n. 156, p. 134-137. 2008.
"BOMBEIROS lançam serviço de moto-resgate". Correio Braziliense Online, 17 abr. 2009.
BRANDALISE, V. H. "PM paulista renova parceria com Japão". *O Estado de S.Paulo*, São Paulo, 4 nov. 2008, Caderno Cidades, p. C6.
"BRASIL tem 240 casos de gripe H1N1; escolas antecipam férias". Portal Yahoo, 22 jun. 2009.
CALDERARI, J. "Mulheres que sofrem de "drunkorexia" trocam comida por álcool". Folha Online, 11 jun. 2009.
CIMIERI, F. "Sobrevida em UTI aumenta 75%". Folha Online, 21 mar. 2009.
COBRA, M. *Administração de Marketing no Brasil*. Rio de Janeiro: Campus/Elsevier, 2009.
COLLUCCI, C. "Checagem antes de cirurgia diminui mortalidade em 47%". Folha Online, 25 fev. 2009a.
_____. "Nova técnica cirúrgica trata sinusite sem cortes". Folha Online, 7 mai. 2009b.
_____. "HC de SP cria serviço de cuidados paliativos para doença avançada". Folha Online, 24 jun. 2009c.
"COMER chocolate reduz risco de morte após infarto, indica pesquisa". Folha Online, 13 ago. 2009.
CONIS, E. "Yerba mate tea: drink in moderation". *Los Angeles Times*, Califórnia, 16 mar. 2000.
COUTO, R. "Transplantes crescem 10% no país". *Estado de Minas*, Minas Gerais, 30 jan. 2009a, Caderno Nacional, p. 10.
_____. "Câncer aumenta no Brasil". *Estado de Minas*, Minas Gerais, 1 mar. 2009b, Caderno Nacional, p. 10.
COUZENS, G. S. "Surviving a heart attack, succumbing to heart failure". The New York Times Online, 1 fev. 2009.
CUPANI, G. "Só 1 em cada 5 cardiopatas flagra doença em check-up". Folha Online, 26 mai. 2009a.
_____. "Ela poderia estar em coma". Folha Online, 31 mai. 2009b.
CUPANI, G. "75% dos tumores de cabeça e pescoço são descobertos tarde". Folha Online, 9 set. 2009c.
"DIABETES provoca uma amputação a cada 30 segundos no mundo". Folha Online, 13 nov. 2009.

"DOR nas costas é a mais forte e grave para brasileiros, diz pesquisa". Folha Online, 17 nov. 2008.
"EUA viveram surto de gripe suína em 1976; vacina gerou mortes". Folha Online, 29 abr. 2009.
"EGITO reconhece não ter recursos para combater gripe aviária". O Estado de S.Paulo Online, 13 abr. 2009.
ELLIN, A. "A slimmer you may be a whiff away". The New York Times Online, 17 jun. 2009.
"ESCALADA da gripe no Japão suspende aulas em 2.400 escolas". O Estado de S.Paulo Online, 18 mai. 2009.
"ESTUDO global revela hábitos de automedicação". AC Nielsen, out. 2007. Disponível em: <http://br.nielsen.com/news/pr20051208_003.shtml>.
FADEL, E. "Insuficiência renal afeta o coração". O Estado de S.Paulo Online, 10 jan. 2009.
FORMENTI, I. "Estoque de vacina está baixo no País". Folha Online, 17 jan. 2009a.
FORMENTI, L. "Anvisa veta propaganda de medicamentos contra gripe". *O Estado de S.Paulo*, São Paulo, 15 ago. 2009b. Cad. Vida&, p. A24.
FRANCO, P. R. "Não há médicos em 455 cidades do país". *Estado de Minas*, Minas Gerais, 24 nov. 2008. Cad. Nacional, p. 8.
FREDRIX, E. "Peanut butter recall bites smaller businesses who face leery consumers". Chicago Tribune Online, 28 fev. 2009.
"FUVEST divulga relação candidato-vaga do vestibular de 2009". Folha Online, 7 nov. 2008.
GIANINI, F. "Varizes atingem homens e mulheres cada vez mais jovens". Folha Online, 30 dez. 2008.
GONIK, J. *Activating businesspeople*. Nova York: Vantage Press, 2000.
GRIFFIN, R. W. *Management*. Boston: Houghton Mifflin Co., 1996, 5ª ed.
"GRIPE suína ganha força na Ásia e China fecha escola". O Estado de S.Paulo Online, 20 jun. 2009.
"GRIPE suína se propaga à velocidade sem precedentes". O Estado de S.Paulo Online, 18 jul. 2009.
HARRIS, G. "Doctor admits pain studies were frauds, hospital says". The New York Times Online, 10 mar. 2009a.
HARRIS, G. "3 researchers at Harvard are named in subpoena". The New York Times Online, 27 mar. 2009b.
HIRSCH, J. "Nestle recalls Toll House cookie dough products". The New York Times Online, 20 jun. 2009a.
HIRSCH, J. "Salmonella outbreak linked to ground beef". Los Angeles Times Online, 7 ago. 2009b.
"HOSPITAL das Clínicas recruta crianças obesas para tratamento". O Estado de S.Paulo Online, 8 mai. 2009.
HUGHLETT, M. "Pistachios had been found to have salmonella three times in recent months before recall, Kraft says". Chicago Tribune Online, 4 abr. 2009.
JACK, A. "GSK promete mais transparência nas pesquisas". Valor Online, 26 mar. 2009.
"JAPÃO confirma primeiros casos de transmissão de gripe suína". O Estado de S.Paulo Online, 16 mai. 2009.
JOHNSON, L. A. "Drugmaker Sanofi-Aventis to donate 100 million pandemic flu vaccine doses for poor countries". Los Angeles Times Online, 17 jun. 2009.
"KELLOGG pulls crackers over salmonella concerns". Los Angeles Times Online, 16 jan. 2009.
KOIKE, B. "Somos oferecidos como chaveirinhos; com baixo risco, plano odontológico cresce". Valor Online, 24 nov. 2008.
LAGE, J. "Médico e administrador são profissões mais bem pagas; veja ranking". Folha Online, 9 jan. 2009.
LANG, M. "Cerca de 2 milhões sofrem de doença renal crônica no Brasil". Folha Online, 12 mar. 2009.
LEITE, M. "Que pandemia?" *Folha de S.Paulo*, São Paulo, 17 mai. 2009, Caderno Mais, p. 9.
LOPES, A. D.; BUCHALLA, A. P.; MAGALHÃES, N. "A saúde dos brasileiros". *Veja*, São Paulo: Abril, v. 41, n. 9, p. 74-85, 5 mar. 2008.
LOPES, E. "Celebridades de rádio e TV viram fenômeno nacional". *O Estado de S.Paulo*, São Paulo, 16 nov. 2008. Caderno Nacional, p. A6.
MADIA. *Marketing trends*. São Paulo: Makron, 2000.
MAIA, F. "Com status de celebridade, Knut decepciona ao agir como urso". Folha Online, 18 mar. 2008.
MALKIN, E. "Flu? What flu?" New New York Times Online, 8 mai. 2009.
MANTOVANI, F. "Número de pacientes em diálise sobe 84% em 8 anos". Folha Online, 11 mar. 2009a.
_____. "Associação oferece artes marciais gratuitas para deficientes intelectuais". Folha Online, 29 abr. 2009b
_____. "Mulher leva 35 anos para ter diagnóstico de doença celíaca". Folha Online, 17 ago. 2009c.
_____. "Laboratório em SP é condenado por erro em resultado de exame". Folha Online, 2 nov. 2009d.
MARTIN, A. "Peanut Corp. of America to liquidate". The New York Times Online, 13 fev. 2009.
MARTINEZ, F. "Inimigo em casa". *Revista Encontro*. v. 6, n. 59, p. 36-38, jan. 2007..
MAURICIO, T. "Alimentos com fibra ajudam a reduzir barriga". Folha Online, 13 jan. 2009.
MELO, B. "AVC é o novo vilão dos brasileiros". *Estado de Minas*, Minas Gerais, 7 nov. 2008. Caderno Gerais, p. 25.
MENCHEN, D. "País tem mais ex-fumantes que fumantes". *Folha de S.Paulo*, São Paulo, 29 nov. 2009. Caderno Cotidiano 1, p. C5.
"MÉXICO tem 56 mortos pela gripe; OMS confirma 4.694 casos". O Estado de S.Paulo Online, 11 mai. 2009.
MINADEO, R. *Mil perguntas marketing*. Rio de Janeiro: Editora Rio, 2ª ed.

MORAIS, C. "Um espaço de alegria". *Jornal de Brasília*, Brasília, 11 jun. 2009. Caderno Cidades, p. 11.
"MORTES por diabetes aumentam no Brasil". Folha Online, 20 nov. 2009.
MOSS, M. "Peanut Case shows holes in safety net". The New York Times Online, 8 fev. 2009a.
_____. "Food companies are placing the onus for safety on consumers". The New York Times Online, 5 mar. 2009b.
MOSS, M.; MARTIN, A. "Food problems elude private inspectors". The New York Times Online, 5 mar. 2009.
MOUAWAD, J. "Oil demand down; 1st time since '83". The New York Times Online, 11 dez. 2008.
"MULHERES que amamentam têm menor risco cardíaco, diz estudo". Folha Online, 22 abr. 2009.
"NÚMERO de obesos ultrapassa o de pessoas com sobrepeso". Folha Online, 12 jan. 2009.
"NÚMERO de prematuros cresce 27% em dez anos no Brasil". Folha Online, 11 set. 2009.
"OBESIDADE infantil. Brasília: *Jornal da Comunidade*, 16 a 22 mai. 2009. Caderno Viva Melhor, p. 3.
"OMS declara pandemia de 'gripe suína'". Portal iG, 11 jun. 2008.
PADILLA, I. "A doença que mais mata". *Época*. São Paulo: Editora Globo, n. 414, p. 100-110, 24 abr. 2006.
"PARANÁ registra 45 mil casos de gripe A em quase 6 meses". Folha Online, 15 dez. 2009.
PENNAFORT, R. "Novas formas de encarar a químio". O Estado de S.Paulo Online, 14 jun. 2009.
_____. "Cai mortalidade por doenças cardiovasculares". O Estado de S.Paulo Online, 11 abr. 2009.
PENNINGTON, R.; BOCKMON, M. *A ética nos negócios*. Rio de Janeiro: Objetiva, 1995.
PIERCY, N. F. "Marketing and strategy fit together". *Management Decision*, v. 33, n. 1, p. 42-47, 1995.
PINHO, A. "Homicídio é a causa de 46% das mortes entre adolescentes". *Folha de S.Paulo*, São Paulo, 22 jul. 2009, Caderno Cotidiano, p. C8.
PINTO, M. "AVC pode voltar se paciente não se cuidar, alertam especialistas". Folha Online, 27 mar. 2009.
PORTO, E. "O poder das listas. Época Negócios. São Paulo: Editora Globo, v. 3, n. 36, p. 59, fev. 2010.
QUEIRÓS, M. "Socorro – é um derrame". *Revista Encontro*. Belo Horizonte, v. 5, n. 53, p. 154-155, jul. 2006.
"QUEM não tem carro já pode ir ao Inhotim". *Estado de Minas*, Minas Gerais, 22 fev. 2009. Caderno Economia, p. 4.
REINBERG, S. "Almost 10 percent of U.S. Medical Costs tied to obesity". Business Week Online, 27 jul. 2009.
"REINO Unido registra 1ª morte pela gripe fora das Américas". O Estado de S.Paulo Online, 14 jun. 2009.
"REFRIGERANTE em excesso pode prejudicar músculos e coração, diz estudo". Folha Online, 20 mai. 2009.
"ROCHE doa mais 5 milhões de doses de Tamiflu para a OMS". O Estado de S.Paulo Online, 12 mai. 2009.
"SALMONELLA outbreak sickens hundreds". The New York Times Online, 8 jan. 2009.
SASLOW, L. "Moving from team sport to lifelong fitness". The New York Times Online, 8 jan. 2009.
SILVA, C. "Só governo dos EUA pode salvar a GM". *O Estado de S.Paulo*, São Paulo, 16 nov. 2008. Caderno Economia & Negócios, p. B8.
SILVEIRA, J. "Vick Vaporub pode inflamar vias aéreas". Folha Online, 14 jan. 2009a.
_____. "Câncer de pele dobra risco de tumor". Folha Online, 16 jan. 2009b.
_____. "Praça em SP tem exercícios gratuitos para a terceira idade". Folha Online, 20 abr. 2009c.
_____. "Estresse, falta de sono e deficiência de cálcio podem levar a ganho de peso". Folha Online, 30 jul. 2009d.
SILVEIRA, J.; COLLUCCI, C. "Reduzir carne vermelha diminui mortalidade, indica pesquisa". Folha Online, 24 mar. 2009.
SORANO, V. "Morte por falhas dispara no SUS". *O Estado de S.Paulo*, São Paulo, 16 nov. 2008. Caderno Vida &, p. A23.
"SP registra mais 6 mortes por gripe suína". *Folha de S.Paulo*, São Paulo, 22 jul. 2009, Caderno Cotidiano, p. C1.
"SUDESTE é a única região a reduzir mortes por armas de fogo, indica pesquisa do Ipea". Portal IG, 17 dez. 2008.
TAUB, E. "Royal Philips sheds old businesses for new directions". The New York Times Online, 25 dez. 2008.
"TAXA de cesarianas cresce na rede privada de saúde". Folha Online, 20 jul. 2009.
"TOTAL de casos de gripe suína no mundo chega a 90 mil". O Estado de S.Paulo Online, 3 jul. 2009.
TUGEND, A. "Coping skills and horrible imaginings". The New York Times Online, 2 jan. 2009.
TREVISAN, A. M. "Outsourcing na saúde". Monitor Mercantil Online, 11 jun. 2008.
TURRA, R. "Não há coluna que resista". *Revista Encontro*, Belo Horizonte, v. 7, n. 73, p. 90-91, 8 mar. 2008.
"UM em cada 30 brasileiros possui hepatite B ou C". Portal Yahoo, 19 mai. 2009.
WILSON, D. "Harvard medical school in ethics quandary". The New York Times Online, 3 mar. 2009.
WILSON, D. "AstraZeneca pays millions to Settle Seroquel Cases". The New York Times Online, 29 out. 2009.
ZIMMERMAN, M. "Amgen sued by California and 14 other states over anemia drug". Los Angeles Times Online, 31 out. 2009.

CAPÍTULO 2

PROFISSIONALIZAÇÃO DOS PRESTADORES DE SERVIÇOS EM SAÚDE

2.1 INTRODUÇÃO

"O hospital de antigamente não conhecia nenhum dos profissionais do serviço de saúde, os técnicos de raios X e de laboratório, os cientistas e terapeutas, os assistentes sociais etc., dos quais se empregam, agora, cerca de 250 para cada 100 pacientes. Além de algumas enfermeiras, havia apenas alguns faxineiros, cozinheiras e arrumadeiras. O médico era o trabalhador intelectual, com a enfermeira como assistente. Em outras palavras, até recentemente, o principal problema da organização era a eficiência do trabalhador manual que fazia aquilo que lhe diziam para fazer. Os trabalhadores dotados de conhecimentos não predominavam na organização" (DRUCKER, 1972: 11). Essa constatação final ganha ainda maior relevância com o advento da Tecnologia da Informação. O autor comprova (p. 76-77): "No hospital, por exemplo – talvez a mais complexa das organizações intelectuais modernas –, enfermeiras, dietetas, fisioterapeutas, médicos e técnicos em raios X, farmacêuticos e uma quantidade de outros profissionais em serviços médicos têm de trabalhar com o mesmo doente, com o mínimo de comando ou controle consciente de qualquer um. E, contudo, têm de trabalhar juntos para um fim comum e ao longo de plano de ação geral: a receita do médico relativa ao tratamento. Em termos de estrutura organizacional, cada um desses profissionais de serviço médico é subordinado ao seu próprio chefe." O autor acrescenta: "Embora um dos precursores da administração, Frederick William Taylor, jamais tenha se encontrado com os irmãos Mayo, em um congresso, em 1911 afirmou que a Clínica Mayo era a única administração científica completa e de sucesso que conhecia." Em 1929, a assistência à saúde representava uma parcela insignificante dos gastos nacionais em todos os países desenvolvidos, algo abaixo de 1% do PIB. Meio século depois, já representava de 7% a 11% do PIB, que, aliás, cresceu de modo significativo. Na Grã-Bretanha, a expansão foi mediante o seguro de saúde privado, sendo o benefício mais popular do trabalhador. Um crescimento particularmente importante no pós-guerra foi o das profissões hospitalares: raios X, patologia, laboratórios clínicos e terapeutas de diversos tipos. Em função dos planos de saúde, inúmeros médicos deixaram de ser autônomos: em 1980, apenas 60% atingiam essa posição – índice que caiu a 40%; além disso, dos mais jovens, 75% trabalham em grupo, associados ou como funcionários de empresas de medicina de grupo ou em hospitais (DRUCKER, 1991).

Nos hospitais, há um imenso volume de controle, desde o registro das anotações médicas até o faturamento e as providências ligadas aos seguros. Deixar a enfermeira com essa tarefa – como se costuma fazer nos hospitais dos Estados Unidos – significa um descontrole: a enfermeira fica presa à sua mesa e sem tempo para cuidar do paciente. A solução seria uma estagiária de administração hospitalar em cada andar, liberando as enfermeiras para as tarefas para as quais foram treinadas (DRUCKER, 1984).

Os serviços de saúde convivem com sistemas arcaicos: hospitais e médicos costumam focar o combate à doença – e não a promoção da saúde. Clayton Christensen, de Harvard, propõe o conceito de sistemas de informação que acompanham e rastreiam as pessoas, onde quer que estejam, em vez de alocar recursos públicos na manutenção de hospitais e sistemas de tratamento (RAE-DUPREE, 2009). Essa atuação talvez seja o reverso da moeda do próprio cliente de saúde: as pessoas quando gozam de saúde estão preocupadas demais com seus deveres profissionais, familiares e com o lazer, descuidando da própria manutenção da saúde – apenas reparando nela quando algo não vai bem. Além disso, podem se permitir gastar milhares de reais em viagens, festas, joias, presentes caros e novos automóveis, porém, sempre irão reclamar que um remédio custe "absurdos" R$33,56...

Por outro lado, o médico em geral e os demais profissionais de saúde precisam manter certo distanciamento psicológico em relação aos pacientes. Isto é, se em cada doença ou morte forem se comover ou chorar, não poderão realizar corretamente as demais tarefas daquele dia – o que é um motivo dos mais elementares, comparado com vários outros. Essa atitude está longe de ser desumana ou insensível – é apenas uma natural decorrência da profissão, da mesma forma que o professor deve manter o paralelo distanciamento para aplicar as medidas corretivas que julgar necessárias para o processo educativo ser mais eficaz.

Segundo Cleverley e Harvey (1992), as seguintes estratégias são importantes na gestão hospitalar: a) controle de custos; b) duração da estadia dos pacientes; c) participação de mercado; d) diversificação – de modo que os líderes de mercado busquem ingressar em novos segmentos; e) receitas não operacionais; f) criteriosa política de investimentos; g) seleção de pacientes; e h) política de financiamento (CLEVERLEY; HARVEY, 1992).

Mudanças na gestão de uma instituição centenária

Quando Thomas Gallaudet estudava em Yale se interessou pelo ensino aos deficientes auditivos, indo aprender técnicas em voga na Europa havia décadas – em especial na França, por parte do abade Roch-Ambroise Sicard, que aprendera a linguagem dos sinais com os deficientes carentes, nas ruas. Em 1857, o filho de Gallaudet, Edward, com 20 anos, passou a dirigir o Columbia Intitution for the Instruction of de Deaf and the Dumb and the Blind. Sua mãe era deficiente auditiva e ele teve a linguagem dos sinais como primeira língua. Em 1869 havia 550 professores de deficientes auditivos em todo o mundo, 41% deles nos Estados Unidos, que eram deficientes. Em 1864, o Congresso do país aprovou uma lei que autorizava essa instituição, de Washington, a se transformar em uma faculdade nacional para surdo-mudos – a primeira instituição superior especificamente para esse público. Ao falecer Edward, em 1917, a faculdade detinha fama mundial, inclusive com atividades esportivas, tendo sido criado lá o agrupamento de equipe do futebol americano para que os jogadores preparassem as táticas pela língua de sinais. Em 1988, após uma demorada greve dos alunos, a junta diretiva e o diretor passaram a ser deficientes auditivos, pois havia um abismo: os alunos eram entendidos pelos professores, mas os gestores não conheciam a linguagem dos sinais e geriam o instituto como qualquer empresa. Essa medida deflagrou inúmeras mudanças na instituição (SACKS, 1989).

As vantagens de falar sozinho...

Falar consigo mesmo tem seus usos reais. "Crianças pequenas muitas vezes conduzem uma conversa com um amigo imaginário ou um amigo de verdade que simplesmente não está ali no momento", diz Randy Engle, do

Georgia Institute of Technology, sendo parte normal do desenvolvimento. Quando adultos falam sozinhos, Engle sugeriu duas explicações. "Uma é que, quando estamos lendo algo complexo, verbalizar ajuda, pois, ao ouvi-lo, ouvir a linguagem, temos outras pistas para lembrar aquelas palavras exatas. Ouvir a própria memória auditiva interna, segundo se descobriu, ajuda bastante a entender uma frase especialmente complexa." "Uma segunda razão", disse ele, "envolve a memória prospectiva: à medida que envelhecemos, nossa memória piora. Assim, ouvir a nós mesmos falando sobre essas coisas pode nos ajudar a lembrar delas" (CIENTISTAS..., 2009). "Não falamos ou pensamos apenas com palavras ou sinais, mas com palavras ou sinais que se referem uns aos outros de uma determinada maneira (...) Sem uma inter-relação adequada de suas partes, uma emissão verbal seria mera sucessão de nomes, um amontoado de palavras (...) A perda da fala (afasia) é, portanto, a perda da capacidade de proposicionar (...) não só a perda da capacidade de proposicionar em voz alta (falar), mas de proposicionar interna ou externamente (...) O paciente sem fala perdeu-a não apenas no sentido popular, de não conseguir expressar-se em voz alta, mas no sentido mais completo. Falamos não apenas para dizer a outras pessoas o que pensamos, mas para dizer a nós mesmos o que pensamos. A fala é uma parte do pensamento" (HUGHLINS-JACKSON, 1915).

Investimentos governamentais no setor

O Brasil vem aplicando mais recursos em saúde nos últimos anos. Em 2007, as famílias, o governo e as instituições sem fins lucrativos investiram R$224,6 bilhões em bens e serviços de saúde, segundo IBGE. O valor destinado pelo país à saúde representou 8,4% do Produto Interno Bruto (PIB) em 2007 – contra os 8,2% aplicados em 2005. A pesquisa do IBGE revela que o país vem se aproximando da proporção desembolsada por nações desenvolvidas com saúde. As despesas totais em saúde correspondem a uma média de 9% do PIB numa amostra que reúne países ricos, segundo a Organização para a Cooperação e Desenvolvimento Econômico (OCDE). Porém, os gastos públicos no Brasil estão abaixo da média internacional. Em países desenvolvidos, os gastos dos governos correspondem a 6,5% do PIB ou mais de 70% do total de gastos com saúde. Segundo o IBGE, as despesas do governo com saúde, de 2005 a 2007, representaram 3,4% do PIB. Embora tenham crescido sua proporção no período analisado pelo instituto, os gastos públicos equivaleram a 41,6% do total. O gasto privado realizado pelas famílias somou 57,4%.

As atividades de saúde envolvem 4,2 milhões de brasileiros, ou 4,4% do total de postos de trabalho. Deste total, 1,3 milhão é ligado às atividades de saúde pública. No entanto, enfermeiros e médicos podem trabalhar em mais de um estabelecimento. Entre 2005 e 2007, foram criados 335 mil novos postos de trabalho. A remuneração média está em R$20,5 mil por ano em 2007, quase o dobro da média anual de rendimento do trabalhador brasileiro (R$11,7 mil). Os salários mais altos foram encontrados na indústria farmacêutica e no atendimento hospitalar, o que inclui a classe médica (VIEIRA, 2009).

A larva e a sanguessuga: o que haveria de razoável nessas panaceias que sobreviveram por séculos...

Desde Galeno, a sangria era aplicada em inúmeras situações. Na década de 1980, o fisiologista canadense Norman Kasting pesquisou o controle da febre mediante os centros reguladores do cérebro e descobriu que o hormônio vasopressina revertia ou evitava o aumento da temperatura, típico da febre; a liberação natural de vasopressina era estimulada pela desidratação e hemorragia. Comprovou em animais que a sangria terapêutica possui o efeito de baixar a febre. Registros históricos apontam redução de febres em função do procedimento, dado que não seria ético fazer testes em seres humanos nesse tipo de procedimento. Kasting levantou a hipótese de que a sangria pode beneficiar diretamente o paciente e contribuir para cura em três modos: a) a perda de sangue estimula a redução da febre; alivia a sensação de desconforto e protege tecidos sensíveis do corpo; b) diminui o nível de ferro no organismo, beneficiando o paciente, pois inúmeras bactérias sobrevivem mediante esse elemento; e c) leva a glândula pituitária a liberar vários hormônios – um deles é a vasopressina – que estimulam o sistema imunológico.

O uso de sanguessugas ainda persiste em casos de transplantes de tecidos, quando a reconstrução cirúrgica das veias é incompleta ou impossível: apenas em 1988, mais de 10 mil sanguessugas foram vendidas nos Estados Unidos com finalidades medicinais – uma minúscula fração do número de unidades utilizadas na França no século XIX, quando foram usadas 3 milhões em 1824 e 41,5 milhões em 1833. A sanguessuga medicinal, *Hirudo medicinalis*, suga o sangue de animais; possui em sua saliva a hirudina, uma substância anticoagulante que apenas a partir de 1986 passou a ser criada geneticamente. Além disso, a sanguessuga possui outra substância ativa, um vasodilatador, uma enzima chamada hialuronidase, que aumenta a permeabilidade da saliva da sanguessuga no tecido humano, e propriedades antibióticas. A larva se alimenta de tecidos mortos que não estão cicatrizando e que podem servir de cultura para bactérias nocivas; o processo se chama desbridamento. Quando o paciente não consegue limpar o tecido morto por si só, o desbridamento pode ser feito por meio cirúrgico, com o uso de bandagens, para ajudar a remover as camadas de tecido morto, ou com o auxílio de larvas – cujas secreções também possuem propriedades benéficas. As larvas são reguladas pelo FDA como dispositivos médicos (ROOT-BERNSTEIN, 1998; HOLTZ, 2008). De qualquer forma, os pacientes devem agradecer aos pesquisadores e laboratórios que trouxeram técnicas mais humanas de combate às doenças...

Outros possíveis enganos da Medicina, porém, bem-intencionados...

Na década de 1930, o médico português Egas Moniz idealizou a operação que chamou de leucotomia pré-frontal (ou lobotomia) à qual submeteu pacientes com angústia, depressão ou esquizofrenia. Os resultados por ele alardeados despertaram tal interesse que mais de 10 mil dessas operações foram feitas apenas nos Estados Unidos 1949. Moniz recebeu o Nobel de Medicina em 1951. Na verdade, em vez da cura, o que se obtinha era um estado dócil e abúlico, sem possibilidade de reversão. O escândalo da lobotomia encerrou-se ao início dos anos 1950, porém não por reservas médicas, mas pelo surgimento dos tranquilizantes – ainda que apresentados como terapêuticos e sem efeitos colaterais (SACKS; 1995).

Albert Hofmann, nascido em 1906, descobriu o LSD em 1943, quando trabalhava na Sandoz, hoje parte da Novartis. Entre 1947 e 1966, a Sandoz manufaturou o LSD em cápsulas e ampolas para uso em tratamentos psiquiátricos e neurológicos, mas adquiriu má reputação por abusos em seu consumo – encerrando a produção (ALBERT..., 2009).

A necessária contrapartida: temores irracionais da população diante de determinados tratamentos...

Nos anos 1960, quando a OMS empreendeu esforços por erradicar a varíola, confrontou-se com crenças indígenas nos deuses locais da varíola: na Índia, era Shitala; na África, era Shipona, no Brasil e em outras partes da América Latina, era Omulu. Com a persistência da OMS e o empenho de vacinação, não se registram casos de varíola há mais de 20 anos (ROOT-BERNSTEIN, 1998).

A modernidade do diagnóstico e do tratamento

Os médicos reconhecem a unicidade de cada caso clínico, porém procuram ancorar-se em um encadeamento lógico na busca do diagnóstico, do tratamento ideal e do posterior acompanhamento. Porém, esses momentos são articulados e mutuamente dependentes, mantendo-se a necessidade de acompanhar o paciente e de se tomarem constantes medidas corretivas ao longo da evolução do paciente. Os protocolos de decisão são instrumentos de estruturação de problemas, com base nas experiências acumuladas sobre cada doença ou sintoma; ou seja, são rotinas de conduta ou roteiros de decisão para facilitar o médico na condução do caso – dado que existem inúmeras variáveis que o tornam único e que demandam decisões *ad hoc*. O diagnóstico nunca é isento de erros, podendo surgir complicações ou situações inéditas mesmo em situações relativamente comuns (VAITSMAN; GIRARDI, 1999).

2.2 PROFISSIONALIZAÇÃO DOS SERVIÇOS DE SAÚDE

Drucker (1972) aponta que um gestor apresenta as seguintes características: a) seu tempo não lhe pertence; b) necessita manter a organização funcionando; c) ele pertence a uma organização; e d) ele é apenas *parte* de uma organização.

A gestão de um departamento de enfermagem não difere da gestão de um negócio em relação a: planejamento, estratégias, inovações, controles e resultados, sem que se perca de vista o que o define, ligado a todas as dimensões dos cuidados e atenções que se devem prestar (MONTEIRO; MARX, 2006). O mesmo pode ser aplicado em relação aos demais serviços ligados à saúde. Segundo Drucker (1972: 31-32), os gestores necessitam praticar os seguintes hábitos: a) maximizar o uso do tempo; b) focar na busca de resultados; c) utilizar os próprios pontos positivos, bem como os dos membros de sua equipe; d) concentrar-se nos temas que são mais propensos a gerar resultados; e e) tomar decisões acertadas.

As organizações ligadas à saúde devem proporcionar aos funcionários a chance de "se arriscarem", para que ganhem autoconfiança, estimulando a criatividade e a inovação e mantendo o foco nos valores institucionais (MONTEIRO; MARX, 2006). Um exemplo da necessidade de uma gestão profissional: o Hospital das Clínicas da Faculdade de Medicina da USP foi criado em 1944. Seu orçamento anual está em cerca de R$1 bilhão, sendo 60% desse valor custeado pelo tesouro paulista e o restante é proveniente de serviços prestados a planos privados e ao SUS. Conta com 3 mil leitos e 14 mil funcionários – sendo 2 mil médicos. Além disso, sua Residência treina mil profissionais/ano. Em 2005, a média mensal foi de 518 transplantes, 67 mil atendimentos ambulatoriais e 40.267 internações (CARVALHO et al., 2008).

Uma pesquisa da Universidade Cornell revelou que apenas 24% dos egressos dos cursos de hotelaria atuam em hotéis e que 9% trabalham em consultoria de hospitalidade – o que inclui serviços em hospitais. Assim, na equipe do Hospital Albert Einstein já existem 40 graduados ou técnicos em hotelaria, que representam 15% da gerência de serviços do hospital, prontos a atender aos pedidos mais diversos dos pacientes (GALVÃO, 2009). A implantação de estratégias em hospitais guarda relação com a configuração do negócio, se público ou privado, se filantrópico ou voltado à lucratividade ou se mantido por convênios – sendo, portanto, um elo em uma estrutura verticalizada. Um hospital típico apresenta quatro níveis de funções: diretoria; gerência; coordenadores de equipe e membros de equipe. As funções são departamentalizadas verticalmente em atividades-fim (área clínica e de apoio técnico) e atividades-meio (gestão) (TASHIZAWA; FREITAS, 2004).

Terapia ocupacional

A terapia ocupacional é um campo na área da saúde que ajuda quem, por algum motivo, não consegue ter uma vida normal. Isso inclui intervir nas funções mais simples a outras mais complexas. Unidades de saúde, consultórios particulares e consultoria a empresas são algumas das áreas em que esses profissionais podem trabalhar. Apesar de ainda ser uma graduação desconhecida, a terapia ocupacional é regulamentada desde o fim dos anos 1960 e, principalmente da última década para cá, o campo de trabalho para os terapeutas vem se expandindo muito. Há 3.736 terapeutas ocupacionais habilitados no estado de São Paulo. Destes, 1.046 estão na capital.

Assim como o mercado, a oferta de cursos também cresceu. Segundo o Inep, do Ministério da Educação, havia, em 1999, 26 cursos presenciais de terapia ocupacional em todo o Brasil – número que subiu para cerca de 60 em 2009. O número de concluintes quase triplicou de 1999 para 2007: de 381 para 1.062 (GOMES, 2009).

Profissionalizando um hospital

Em 2004, Gustavo Leite deixou a presidência da filial brasileira da Monsanto passando a ser diretor-superintendente do Hospital Albert Einstein. Outros diretores vieram de: Merril Lynch, Telefónica e AES; nenhum deles atuara antes em hospitais. O hospital deixou de ser gerido por médicos voluntários (EXAME, 4/8/2004). Essa medida fez escola: em 2008, o Hospital São Luiz contratou Luiz Antonio Viana (ex-Makro, BR Distribuidora, Pão de Açúcar) para presidir o Conselho de Administração entre 2005 e 2008. O foco do São Luiz foi a profissionalização na gestão das diretorias do conselho do hospital implementada pelo presidente anterior, André Staffa Filho, que permanecera por 15 anos, sendo dois deles como presidente executivo. Em 2008, a receita do São Luiz somou R$534 milhões, um aumento de 36% em relação ao balanço de 2007; o lucro líquido caiu de R$30,2 milhões para R$9,8 milhões. No São Luiz, Amil e Medial representavam, em 2008, de 5% a 8% do faturamento. Há 10 anos, esse percentual chegava a 12%. Em 2009, o Hospital São Luiz, com três unidades em São Paulo, colocou na presidência a engenheira elétrica Denise Santos, a primeira mulher a ocupar a presidência em um hospital brasileiro. Denise trabalhou durante 17 anos na Siemens, dois anos na empresa de celulares BenQ Mobile e uns nove meses na Daslu, como diretora-geral (KOIKE, 2008; VALENTI, 2008; KOIKE, 2009b).

Modernização dos hospitais

A unidade de diagnóstico e cirurgia que não exige a internação do paciente já responde por cerca de 30% das cirurgias do Hospital Sírio-Libanês, com 13 salas. O Albert Einstein possui 20 salas para esse tipo de serviço. A rede de laboratórios Fleury também possui uma unidade de hospital-dia, com 24 leitos (MALTA, 2009).

Rompendo tabus: operadoras de planos de saúde adquirem hospitais e se verticalizam

Voltado para o público da classe popular e com quase 100% de seu atendimento feito em rede própria, a operadora Samcil contava com 10 hospitais, 13 pronto-socorros e 45 centros médicos na Grande São Paulo. Em 2007, a receita somou R$330 milhões, com 720 mil clientes segurados (KOIKE, 2008a; KOIKE, 2008b). Igualmente, em 2010, a Amil adquiriu 100% das cotas da Empresa de Serviços Hospitalares (Esho), por R$60,1 milhões, detentora dos hospitais CardioTrauma e Mário Lioni, no Rio de Janeiro, e Paulistano, em São Paulo (CAMPOS, 2010).

2.3 SITUAÇÕES QUE ILUSTRAM PRÁTICAS EMPRESARIAIS NA SAÚDE

Reestruturação da própria concepção dos serviços prestados pelo hospital

A partir de 1989, o Lakeland Regional Medical Center, da Flórida, com 900 leitos, iniciou um processo de reestruturação. A unidade organizacional básica na estrutura da equipe implantada é a dupla de tratamento, uma enfermeira e uma assistente de enfermagem, com habilidades diversificadas. A dupla atua com diversas outras, através dos vários turnos, formando equipes alternadas de tratamento. A equipe fornece até 90% dos serviços do hospital para quatro a seis pacientes, durante sua internação. Um membro de cada equipe atua como treinador. A equipe serve não apenas aos mesmos pacientes, mas também ao mesmo médico; mais de 90% do tempo, os médicos trabalham com as equipes primárias ou secundárias. Farmacêuticos, assistentes sociais, nutricionistas, fisioterapeutas e outros profissionais participam da equipe ampliada. Todos recebem um treinamento de seis a oito semanas na Patient-Focused University, em Lakeland. Em uma estrutura clássica, um paciente internado por quatro dias vê 53 profissionais diferentes; no novo formato, interage com apenas 13. A partir de 1993, foram instalados computadores como testes para preencher a documentação, no próprio local de tratamento, para evitar que qualquer coisa fosse escrita duas vezes e que as informações estivessem sempre disponíveis. Uma pesquisa corrobora essa medida: no Hospital da Universidade de Chicago, 2.807 adultos foram entrevistados ao longo de 15 meses, e 75% deles não sabia dizer o nome nem os papéis desempenhados pelos diversos profissionais que os atenderam ao longo da internação; dos 25% que disseram algum nome, apenas 40% acertou (BERRY, 1992; BARROW, 2009).

Brincar é mais barato e cura mais rápido – sendo, portanto, mais barato...

Um estudo de Clarisse Potasz, chefe de reabilitação do Hospital Estadual Cândido Fontoura, com 330 crianças em tratamento em um hospital público, acompanhadas durante um ano, mostrou que os brinquedos deixam os pacientes infantis menos estressados, com maior número de horas de sono à noite e reduz pela metade o comportamento agressivo. Na primeira etapa, avaliaram-se, pela coleta do sangue, os níveis de cortisol encontrados (o hormônio do estresse); foram encontradas diferenças médias de 50% entre o grupo que brincou e o outro. Além disso, as crianças que brincavam dormiam até meia hora a mais por noite. O sono noturno tem uma função fundamental: é quando as proteínas dos neurônios são restauradas. A última etapa da pesquisa foi feita com 110 crianças com distúrbios respiratórios do sono. A turma que brincou, além de menos estresse, apresentou até duas vezes menos distúrbios de comportamento e crises. Por lei, todos os hospitais que atendem a crianças são obrigados a ter um espaço para brincadeiras. Outro estudo, da Universidade do Vale do Paraíba, feito com crianças em idade escolar, revelou que quando podem escolher, a brincadeira à moda antiga supera até o videogame (ARANDA, 2009).

O setor de saúde sentiu a crise: foi o que mais apresentou troca de presidentes nos Estados Unidos

Uma pesquisa da empresa de consultoria Challenger, Gray & Christmas Inc. constatou que de janeiro a setembro de 2008, nada menos que 1.132 presidentes perderam seu cargo nos Estados Unidos: 27 foram demitidos, 354 renunciaram e 283 se aposentaram – havendo ainda algumas sucessões sem que as razões sejam conhecidas. O setor mais afetado foi o de serviços de saúde, com 206 sucessões, em função do grande número de pequenos negócios de prestação de serviços no setor. A segunda área com maior número de sucessões foi a financeira, com 133 observações. Esse total de 1.132 foi o valor mais alto já observado em nove meses, desde o início da coleta dos dados, em 1999. O recorde anual se verificara em 2006, com 1.478 sucessões. O presidente da consultoria julga que esses números elevados indicam crescente pressão dos acionistas e dos conselhos no sentido de cobrar resultados – até porque as remunerações dos presidentes são elevadas (HSU, 2008).

Oportunidade para prestadores de serviço: turismo de saúde

Em função de muitos norte-americanos não possuírem planos de saúde, há o hábito de buscar tratamento no exterior, em função de seus menores custos – é o chamado turismo médico. Os preços podem ser até 50% inferiores aos praticados nos Estados Unidos. Alguns procedimentos procurados no exterior: cirurgias plásticas, tratamentos odontológicos e procedimentos ortopédicos. A maior parte dos planos de saúde não cobre tratamentos no exterior, mas alguns empregadores vislumbram a possibilidade de obter economias dessa forma. Durante anos, centros de saúde da Ásia receberam inúmeros norte-americanos para tratamento; além disso, surgiram empresas especializadas em agenciar esse tipo de plano de viagem: a Planet Hospital, da Califórnia, já enviou mais de 2 mil pacientes para o exterior. Segundo a consultoria McKinsey, em 2007, de 60 a 85 mil pessoas de todo o mundo foram a outros países em busca de tratamento; já a Deloitte aponta que apenas os Estados Unidos enviaram 750 mil pessoas para tratamento ao exterior (DICKERSON, 2008; EINHORN, 2008). A grande disparidade entre os dois dados mostra que não existem estatísticas confiáveis, porém qualquer valor entre esses dois extremos é significativo e apresenta potencial de crescimento, em função dos crescentes custos de tratamento nos países mais ricos.

Veja em www.elsevier.com.br/marketingparaservicosdesaude
  Surgimento e consolidação dos hospitais no país
  Ao exportar café, vendemos saúde
  Liberação de recursos para a atividade principal
  A Herbalife e seus produtos dietéticos
  Surgimento de mitos a respeito de possíveis doenças

Rede de clínicas dentárias de rápido crescimento

Em 2008, a GP Investments investiu R$185 milhões na Imbra S.A., rede de clínicas odontológicas com 21 unidades no país, passando a deter 45% de seu capital. Fundada em 2006, a Imbra cresceu rapidamente. Teve receita de vendas de R$105 milhões em 2007 e na primeira metade de 2008 seu faturamento já somou R$136 milhões, com 21 clínicas em 9 estados, mais de 3 mil funcionários e mais de 5 mil pacientes por mês (GP INVESTE..., 2008).

Alianças estratégicas

Slywostzky, Wise e Weber (2002) afirmam que a Cardinal trabalhou com uma série de cadeias de farmácias líderes para desenvolver um sistema denominado ScriptLINE, que automatiza o processo de reembolso para as farmácias e atualiza as taxas diariamente. Acrescenta que a ArcLigth é uma *joint-venture* entre a própria Cardinal, a Walmart, a CVS, a Albertson's e outros varejistas, que utiliza as informações de vendas coletadas pela ScriptLINE e as vende às empresas farmacêuticas, com dados sobre quais produtos estão sendo vendidos e onde. Pode-se perceber a importância das alianças para os negócios da Cardinal: primeiro, com as redes de farmácias para a formação dos bancos de dados, e, depois, novamente com essas redes, para vender os dados à indústria farmacêutica.

O Hospital da Baleia foi criado em 1944, em Belo Horizonte; oferece 35 especialidades, sendo 6 referências em Minas Gerais. Quatro por cento de seus atendimentos são feitos pelo SUS. De 1997 a 2007, ofereceu Residência a 215 médicos. Em 2008, somava 295 médicos. De seus 237 leitos, 106 são destinados a crianças.

A Drogaria Araújo começou um programa, em 2005, para seus clientes deixarem o troco para o Hospital da Baleia. Em três anos, 4 milhões de clientes deixaram R$2,2 milhões. Em 2007, o MEC concedeu ao hospital o título de hospital-escola (CUNHA, 2008).

Pesquisa com princípios ativos nacionais

Em 2009, a Anvisa concedeu o primeiro registro a um medicamento elaborado com base em uma planta do Cerrado, conhecida como barbatimão – com efeitos cicatrizante, anti-inflamatório e antimicrobiano –, que atraiu o interesse da Apsen Farmacêutica. A pesquisa clínica foi feita pela Faculdade de Medicina da Universidade de Ribeirão Preto, enquanto a Universidade de Brasília possui um banco formado por mais de 2 mil extratos de plantas do Cerrado (VITÓRIA, 2009).

A iluminação rural pode trazer mais do que apenas luz...

Uma série de levantamentos de Barghini, um pesquisador da USP, tem dado indícios de que a iluminação artificial perto de áreas selvagens contribui para espalhar doenças como malária, mal de Chagas e leishmaniose. A tese só começou a ser com

> provada depois que Barghini se juntou ao sanitarista Delsio Natal, da Faculdade de Saúde Pública da USP, para um estudo sobre anofelinos, mosquitos transmissores da malária. Num estudo publicado em 2004, os cientistas mostraram que luz artificial tem alto poder para atrair mosquitos e que as lâmpadas fluorescentes, apesar de mais econômicas, atraem 30% mais mosquitos que as incandescentes. Depois, Barghini e o entomólogo Bruno Medeiros começaram a testar a eficácia dos filtros de raio ultravioleta em reduzir a atratividade das lâmpadas. Se os filtros fossem adotados na eletrificação rural, poderiam ter impacto positivo em políticas de saúde publica – a baixo custo (GARCIA, 2009).

2.4 ALIMENTOS FUNCIONAIS: OS ALIMENTOS PASSAM A OFERECER NUTRIÇÃO E SAÚDE

Em 2009, a Cargill lançou a Barliv, fibra de cevada que pode ser adicionada a alimentos, sem acrescentar texturas ou sabores desagradáveis – e que pode proporcionar alívio aos cardíacos, pois pesquisas aprovadas pela FDA apontavam que a fibra feita do grão inteiro de cevada propicia saúde ao coração.

Em março desse ano, a Bolthouse Farms lançou o primeiro produto com esse ingrediente: um suco de pera. As pesquisas foram feitas na Universidade of Minnesota, por Joseph Keenan, especialista em cardiologia preventiva. Sabe-se que a redução de 1% do LDL colesterol – o que é prejudicial – reduz o risco de ataque cardíaco em 2%. Sua pesquisa apontou que 3 gramas diárias de um elemento presente na cevada (beta-glucan) pode diminuir o LDL colesterol de 9% a 10%, reduzindo em 20% o risco de um ataque. A Cargill já produzia: a) Corowise, para reduzir o colesterol, disponível em vitaminas, suco de laranja e leite; e b) Truvia: um adoçante natural sem calorias feito a partir da estévia e já disponível na Sprite Green e em alguns sucos da linha Odwalla da Coca-Cola Co.

> **A importância de aprimorar o desempenho dos atletas**
>
> Inúmeros estudos, desde 1978, apontam que a cafeína melhora o rendimento de diversos tipos de esporte. Mark Tarnopolsky, da canadense McMaster University, pesquisou os motivos desse melhor rendimento e descobriu que a cafeína libera cálcio, que é estocado nos músculos, permitindo ir mais longe ou mais rápido; além disso, afeta a sensação de exaustão, aquele sentimento de que é hora de parar. A cafeína também aumenta o ritmo cardíaco e a pressão sanguínea em pessoas que não a tomam regularmente, mas em poucos dias esse efeito colateral é superado (KOLATA, 2009).

> **Pagando mais caro pelo pior produto...**
>
> Um estudo feito em 2009 pela Pro Teste (Associação Brasileira de Defesa do Consumidor) com os sete cremes dentais clareadores com maior representatividade no mercado nacional concluiu que o mais barato, Close-Up Extra Whitening, é o de melhor efeito, e o mais caro, Sensodyne Branqueador Extra Fresh, foi o de maior abrasividade e irritabilidade, mas sem qualquer efeito branqueador. Para avaliar o efeito clareador, foram feitos 3 mil movimentos circulares em amostras de dentes humanos, o que equivale à escovação de um mês – metodologia preconizada pela American Dental Association (MANTOVANI, 2009).

2.5 EQUIPAMENTOS QUE PROFISSIONALIZAM O DIAGNÓSTICO

Em 2008, a Anvisa aprovou um aparelho que, implantado próximo ao coração, detecta a falta de oxigênio no músculo cardíaco, avisando com 12 horas de antecedência se o paciente vai infartar ou sofrer uma angina – ainda antes dos sintomas, como dor aguda no peito. O primeiro sinal da isquemia é a dor, que ocorre em torno de seis horas antes da necrose, que é o infarto; nessa fase de dor, já existe sofrimento do músculo cardíaco e risco de morte súbita. O Instituto Dante Pazzanese, entre outras instituições, participou dos testes clínicos, em que 20 pacientes tiveram o equipamento implantado.

Nos Estados Unidos, a FDA ainda não liberou o aparelho – produzido pela AngelMed. Ele é indicado apenas para pessoas com elevado risco de isquemia, pacientes coronarianos crônicos (COLLUCCI, 2009).

Referências

"ALBERT Hofmann, pai do LSD, morre na Suíça aos 102 anos". Folha Online, 30 abr. 2008.
ARANDA, F. "Brincar virou 'remédio' infantil". Jornal da Tarde Online, 12 jan. 2009.
BARROW, K. "Most hospital patients unable to identify their physicians, survey finds". The New York Times Online, 29 jan. 2009.
BERRY, L. L. *Serviços de satisfação máxima*. Rio de Janeiro: Campus/Elsevier, 1992.
"CAFÉ pode reduzir risco de câncer de próstata, indica estudo". O Estado de S.Paulo Online, 8 dez. 2009.
"CAFEÍNA protege de raios UV". *Estado de Minas*, Minas Gerais, 27 fev. 2009. Caderno Ciência, p. 18.
CAMPOS, E. "Amil paga R$60 milhões por empresa de seu presidente". Valor Online, 2 fev. 2010.
CARVALHO, M. M. et al. "Implementação do Seis Sigma no setor de saúde pública: uma abordagem de pesquisa-ação". In: Enegep, 28. CD-ROM... Anais Eletrônicos. Rio de Janeiro: Abepro, 2008.
"CIENTISTAS explicam por que pessoas 'normais' falam sozinhas". Folha Online, 1 out. 2009.
CLEVERLEY, W. O.; HARVEY, R. K. "Competitive strategy for successful hospital management". *Hospital & Health Services Administration*, v. 37, n. 1, p. 53-69, Spring 1992.
COLLUCCI, C. "Monitor avisa se doente vai infartar". *Folha de S.Paulo*, São Paulo, 17 mai. 2009. Caderno Saúde, p. C6.
CUNHA, A. "Tudo começou em 1944. Belo Horizonte" *Revista Encontro Especial*, n. 76, p. abr. 2008.

DICKERSON, M. "Most patients can save at least half by going overseas". Los Angeles Times Online, 2 nov. 2008.
DRUCKER, P. O gerente eficaz. Rio de Janeiro: Zahar, 1972, 3ª edição.
_____. Introdução à administração. São Paulo: Thomson, 1984.
_____. Inovação e espírito empreendedor. São Paulo: Pioneira, 1991, 3ª edição.
EINHORN, B. "Medical tourism: surviving the global recession". Business Week Online, 9 nov. 2008.
FAHEY; RANDALL. MBA – estratégia. Rio de Janeiro: Campus/Elsevier, 1999.
FOREMAN, J. "Read this over coffee". Los Angeles Times Online, 18 mai. 2009.
FOX, M. "Estudo de 30 anos descarta ligação de celular com tumor cerebral". Folha Online, 4 dez. 2009.
GALVÃO, V. Q. "Hospitais usam hoteleiros para refinar o atendimento". Folha de S.Paulo, São Paulo, 29 mar. 2009. Caderno Cotidiano, p. C1.
GARCIA, R. "Eletrificação rural espalha endemias, diz pesquisador". Folha Online, 21 abr. 2009.
GOMES, P. "Desconhecida, terapia ocupacional cresce". Folha Online, 7 jul. 2009.
"GP investe R$ 185 milhões na rede de odontologia Imbra". Valor Online, 30 set. 2008.
"HERBALIFE cresce no Brasil com produtos para as classes C e D". Gazeta Mercantil Online, 31 mar. 2009.
HOLTZ, A. A ciência médica de House. São Paulo: Best Seller, 2008.
HUGHLINS-JACKSON, 1915, apud SACKS, O. Vendo vozes. São Paulo: Companhia das Letras, 1989, p. 32.
HSU, T. "CEO turnover hits a record high". Los Angeles Times Online, 9 out. 2008.
KARNOWSKI, S. "New cargill barley fiber product for beverages, other foods comes with a heart-healthy claim". Chicago Tribune Online, 16 mar. 2009.
KOIKE, B. "Rede própria de planos de saúde acirra concorrência com hospitais". Valor online, 10 jun. 2008a.
_____. "Samcil compra plano de saúde Serma e Hospital Campos Salles". Valor Online, 25 jun. 2008b.
_____. "Nossa Sra. de Lourdes chega ao azul com fundo imobiliário". Valor Online, 13 jan. 2009a.
_____. "Sob novo comando, Hospital São Luiz quer mais eficiência". Valor Online, 30 abr. 2009b.
KOLATA, G. "It's time to make a coffee run". The New York Times Online, 25 mar. 2009.
MALTA, C. "Sírio-Libanês amplia negócio de hospital-dia". Valor Online, 25 nov. 2009.
MANTOVANI, F. "Maioria das pastas branqueadoras não clareia dentes, mostra teste". Folha Online, 1 abr. 2009.
MONTEIRO, M. P.; MARX, L. C. "Pensamento lateral e resiliência como facilitadores das ações da gestão de enfermagem". Gerenciais. São Paulo: Uninove, v. 5, p. 45-53, 2006.
RAE-DUPREE, J. "Disruptive innovation, applied to health care". The New York Times Online, 1 fev. 2009.
ROOT-BERNSTEIN, R. A incrível história dos remédios. Rio de Janeiro: Campus/Elsevier, 1998.
SACKS, O. Vendo vozes. São Paulo: Companhia das Letras, 1989.
_____. Um antropólogo em Marte. São Paulo: Companhia de Bolso, 1995, p. 70-71, 305.
SLYWOTZKY, A.; WISE, R.; WEBER, K. Como crescer em mercados estagnados. Rio de Janeiro: Campus/Elsevier, 2002.
TASHIZAWA, T.; FREITAS, A. Estratégias de negócios – lógica e estrutura do universo empresarial. Rio de Janeiro: Portal Editora, 2004.
TOLEDO, K. "Sociedade civil organizada definiu surgimento de hospitais". O Estado de S.Paulo Online, 1 jan. 2010.
VAITSMAN, J.; GIRARDI, S. (org.). A ciência e seus impasses. Rio de Janeiro: Ed. Fiocruz, 1999.
VALENTI, G. "Hosp. S. Luiz usa governança para preparar expansão". Valor Online, 21 maio 2008.
VIEIRA, A. "Brasil aplica 8,4% do PIB em saúde". Portal iG, 9 dez. 2009.
VITÓRIA, M. "Cerrado é grande fonte de medicamentos". Estado de Minas. Minas Gerais, 11 fev. 2009. Caderno Ciência, p. 20.

CAPÍTULO 3

AMBIENTE MERCADOLÓGICO DO SETOR DE SAÚDE

Arrow (1963) *apud* Farias e Melamed (2003), em um trabalho que teve relevância, afirmou que os serviços ligados à saúde estão ligados à indústria de cuidados médicos e que, sob o aspecto macroeconômico, englobam: serviços centrados no médico, grupos privados que oferecem variados serviços, hospitais e complexo da saúde pública. Farias e Melamed (2003) assegurou que há um consenso no sentido de que a atuação governamental é necessária para o provimento dos serviços à população carente, bem como naquelas situações de elevados custos, nas quais os planos privados não teriam qualquer viabilidade na assunção dos riscos – cabendo, portanto, ao governo o papel de subsidiar esses tratamentos. Apresentam ainda que o mercado privado traz ao setor certa eficiência, enquanto o governo responde por uma distribuição equitativa de bens de saúde essenciais, havendo inúmeras formas de ocorrer essa atuação: atuação direta de órgãos federais ou repasse a órgãos de estados e municípios, e, inclusive, certo grau de terceirização perante agentes privados. Resumem a atuação governamental nos seguintes aspectos: a) financiar e prover bens meritórios como educação para saúde; b) subsidiar serviços à população de menor renda; c) criar seguro para os trabalhadores e familiares; d) regular as falhas do mercado e controlar sua atuação; e e) educar o público para diversas questões ligadas à saúde. Trazem um dado interessante: a adesão a planos privados varia de 9%, no Reino Unido, a 45%, na Austrália – índices que refletem a abrangência da cobertura governamental e a eventual necessidade de planos privados para cobrir os riscos envolvidos nos procedimentos de custo elevado.

Pode ser enquadrado no caso da necessidade de subsídios públicos, citada pelos autores anteriormente, o tratamento aos portadores do vírus da

AIDS, para os quais o Brasil passou a subsidiar totalmente o provimento dos medicamentos, em uma forma que pode ser considerada pioneirismo. Inclusive, dado o elevado volume de compras governamentais, o país pressionou a indústria farmacêutica pelo corte dos preços, medida que foi imitada pelos Estados Unidos no caso ocorrido logo após os eventos de 11 de Setembro, com a possibilidade de contaminação por *antrax* – contra o qual havia um único fornecedor de um medicamento eficaz.

O ambiente se refere a fatores que se encontram fora do controle de determinada organização e que, no entanto, influem no comportamento de todos os agentes. Assim, em um clima como o econômico no Brasil dos anos 2007 e 2008 – nos quais se observou um padrão de crescimento acima daquele dos anos anteriores –, existem fatores que beneficiam a todas as empresas, inclusive algumas que eventualmente não estivessem oferecendo serviços acima das expectativas dos consumidores. Pelo contrário, em um ambiente recessivo, até algumas organizações com serviços de excelente qualidade poderão enfrentar dificuldades de sobrevivência.

Assim, cabe às organizações monitorarem os fatores que interferem em seu ambiente, de modo a se aproveitarem daqueles que constituem forças positivas e a evitar as ameaças.

Um primeiro aspecto se refere ao mercado, no sentido que não se pode pensar que as instituições de saúde, por tratarem de algo garantido pela Constituição e por serem muitas vezes sem fins lucrativos, terão seus recursos assegurados. Em outras palavras, mesmo quando certos procedimentos são ressarcidos pelo SUS, pode-se, e deve-se, falar em um mercado de prestação de serviços de saúde que recebe cobertura governamental. Afinal, se existisse um número de prestadores de serviços em certo local superior às necessidades, não haveria condições de sustentabilidade, ou seja, não haveria mercado. Assim, por exemplo, Di Dio, Silva e Pereira (2008) apontam que na cidade de São Paulo havia 177 hospitais em 2002 – sendo 14 municipais, 39 federais e estaduais e o restante de natureza privada. Ainda apontam que cerca de 40,8 milhões de brasileiros contam com planos de saúde privados, sendo, portanto, os demais atendidos exclusivamente pelo sistema público.

Em relação ao financiamento dos gastos com saúde, normalmente há duas visões: a) o Estado deve prover ou financiar todos os serviços; e b) o Estado deve apenas oferecer os serviços indispensáveis, ficando os demais a cargo de cada família. No primeiro caso, seria mais produtivo que o Estado financiasse diretamente ao cidadão inúmeros serviços que a iniciativa privada teria maior eficiência em prover (PASTOR, 2008).

3.1 AMBIENTE GOVERNAMENTAL

Não há como deixar de tratar dos aspectos governamentais no tocante à saúde: o governo arrecada pesados impostos; houve o incômodo CPMF, teoricamente direcionado para financiar a saúde, porém, que se revelou apenas mais uma das inúmeras fontes de receita da máquina governamental – segundo muitos críticos, cada vez mais inchada e ineficiente.

Talvez em função do ranço da Constituição vigente, que afirma ser direito do cidadão o acesso à saúde e à educação, houve uma consequência indesejável: atribuir automaticamente a prestação desses e outros serviços correlatos a organismos governamentais, chegando-se ao ponto de ver com maus olhos a atuação privada nesse campo. Insinuar que seria imensamente mais prático, barato e eficiente a contratação de serviços privados por parte do governo parece uma heresia à opinião pública em geral, e aos governantes em particular, pois, no leme de imensas verbas públicas, gostam do poder associado: nomear pessoas, contratar caríssimos serviços, inaugurar obras faraônicas, e tudo isso sem falar nas imensas possibilidades de desvios, como nepotismo, corrupção e outras mazelas que são, aliás, universais, e não restritas a nosso país.

Porém, um papel inequívoco do governo é a regulação, pois os particulares não podem ser juízes e, ao mesmo tempo, coisa julgada. Assim, cabe ao governo regular os serviços públicos – que se trata de um tema sensível, pois toda a população os utiliza, e não pode ficar à mercê das empresas, por exemplo, no tocante à fixação dos preços ou, no caso da saúde, no que se refere ao pagamento de tratamentos dispendiosos de doenças por parte dos planos de saúde. Porém, aqui, o governo regula e ao mesmo tempo opera a maior parte dos serviços oferecidos à população; as agências reguladoras possuem pouca experiência e sofrem pressões do governo, não sendo, portanto, tão independentes quanto deveriam.

Além disso, há uma correlação positiva entre o acesso ao médico e o poder aquisitivo da população. Em outras palavras, a arrecadação de impostos possui obrigatoriedade de aplicações no campo da saúde pública. Assim, enquanto 49,7% das pessoas de menor renda declaram ter ido ao médico nos últimos 12 meses, o percentual sobe a 67,2% para as famílias com mais de 20 salários mínimos de renda. Além disso, segundo a Pesquisa Nacional de Amostra Domiciliar (PNAD) do IBGE de 1998, as pessoas sem rendimento foram as de maior índice de internação hospitalar (11,5%) (ANS, 2005, p. 38).

Veja em www.elsevier.com.br/marketingparaservicosdesaude

Para entender o papel do Estado regulador
A polêmica em torno ao Programa Bolsa-Família
O não menos polêmico ProUni...
A tecnologia a serviço da lei
Implantação da TI no setor da saúde
Para facilitar a triagem dos pacientes
A Lei Seca entra em ação: impopular, mas necessária mobilização para modificar comportamentos
Punições por abuso no trote
As agências e a política...
A lei impulsiona a produção de biodiesel
Regulação do serviço dos *call-centers*
Proteger a população ou preservar um pretenso direito de criar *pitbulls* assassinos?
Evolução da produtividade – 1895-2000
O *agribusiness* brasileiro em grande forma
O peso dos impostos e sua influência em um fraco desempenho econômico
A crise hipotecária assola os Estados Unidos, enquanto um país pobre faz mais com muito menos...
Uma excelente solução tupiniquim amplia o raio de atuação: os consórcios
Troveja nos Estados Unidos, tempesteia no México
A crise faz algumas pessoas passarem a andar sobre duas rodas em vez de quatro
A força da construção civil no Brasil
Aumento do emprego formal
Regulamentação das gorjetas
Uma ideia simples, com bons resultados
Ativo aos 79
Uma importante divergência sobre a terceira idade
Potencial econômico da terceira idade
O envelhecimento está longe de ser problema...
Entretenimento para a terceira idade
Produtos para a terceira idade
Frutos demográficos do crescimento econômico nacional em 2008
A Tecnologia da Informação e o e-commerce
Combatendo a causa da caspa
Limites da tecnologia
Boa notícia: jornais ampliam a circulação no Brasil
Má notícia: analfabetismo elevado
Al Gore leva um Prêmio Nobel & um Oscar
Consciência ecológica: ambiente melhor e geração de empregos
Excesso de plásticos: campo aberto para embalagens de juta
Novos modelos para novos tempos
Saldo final dos percalços do Exxon Valdez
"Trem bão" de Minas usa 70% de gás e 30% de diesel
Programas públicos de promoção de atividades físicas
Efeitos colaterais problemáticos

Questionamentos sobre o financiamento governamental dos programas de residência

Um estudo feito pelo Conselho Regional de Medicina de São Paulo e pela Secretaria de Estado da Saúde mostrou que apenas 40% dos médicos formados em programas de residência financiados pelo Estado paulista possuem mais da metade da clientela originada do SUS, o que levanta a questão a respeito dos R$100 milhões investidos anualmente nesses profissionais que, majoritariamente, atendem aos clientes de planos de saúde. Foram analisados 17.117 médicos que fizeram residência entre 1990 e 2002, dos quais 12.942 exercem a profissão, tendo sido entrevistados 1.627 deles. O Estado de São Paulo paga, por ano, 4.550 bolsas de Residência, o que corresponde a 27% das bolsas de Residência do país, sendo apenas superado no país pelo Ministério da Educação (LEITE, 2008).

O descaso do saneamento do lixo...

Em 2008, a Cia. de Tecnologia de Saneamento Ambiental (Cetesb) iniciou ação para interditar os aterros sanitários de 67 municípios paulistas, com 1,1 milhão de pessoas. São lixões que operam com resíduos jogados precariamente, próximos a rios e áreas residenciais e sem coleta seletiva. No quadro geral, a situação melhorou: dos 137 aterros que estavam em situação crítica ao início de 2008, apenas 29 não se mexeram, até março do ano seguinte. Porém, a necessidade de investimentos era vital: um em três aterros de cidades com mais de 100 mil habitantes de São Paulo está com a vida útil esgotada: desses 42 depósitos municipais, 14 devem fechar até 2010 (ZANCHETTA, 2008; TOMAZELA, 2009). Existem recursos privados para investir no setor, livrando o governo para inúmeros outros problemas nos quais sua presença é única, como é o caso da segurança pública – e que apresenta um quadro de elevada gravidade. Segundo Reina (2008), havia apenas dois aterros privados no Estado de São Paulo em 1997, número que subiu para 21 dez anos depois, além de três focados em resíduos industriais.

...mas, por outro lado, recorde no acesso ao saneamento básico

Entre 2006 e 2007, o acesso ao saneamento básico no Brasil teve o maior aumento desde 1992, segundo pesquisa da FGV em parceria com o instituto Trata Brasil. Em 2006, 53,23% dos brasileiros não possuíam acesso à coleta de esgoto, contra 50,56% em 2007 – menor índice em 15 anos. Porém, segundo a ONU, de 1990 a 2004, o Brasil recuou 20 posições mundiais no ranking do saneamento básico. Entre 2006 e 2007, a queda no índice de morbidade entre crianças de 1 a 4 anos – ligada a doenças infeccionas e parasitárias e relacionadas ao acesso ao saneamento – foi de 14,1%, contra um aumento contínuo médio registrado entre 2000 e 2006 de 4,1% ao ano. A pesquisa mostrou que o gasto médio mensal com contas de água e de esgoto é de apenas R$6,83 por pessoa (ACESSO..., 2008).

O descaso do tratamento mental

Apesar de ter sido considerado, pelo Programa Nacional de Avaliação do Serviço Hospitalar do Ministério da Saúde, o melhor hospital psiquiátrico do Rio, a Clínica Duque de Caxias, em 2008, teve de dar alta aos 240 doentes internados – que estão sem tratamento e sob uso de medicamentos –, pois, a diária paga pelo SUS é de R$33,27, enquanto nos hospitais-gerais municipais e estaduais, a menor é de R$150.

A cidade, com 862 mil habitantes, tem apenas um Centro de Apoio Psicossocial (Caps), enquanto o Ministério da Saúde preconiza 1 para cada 100 mil habitantes. A equipe médica não tem psiquiatra, só um clínico geral e um psicólogo. A Lei nº 10.216, de 2001, marco da reforma psiquiátrica, prevê a desativação gradual de leitos em hospitais psiquiátricos, a serem substituídos por uma rede de atenção à saúde mental, sendo o diagnóstico e o encaminhamento feitos pelo Programa de Saúde da Família, as crises atendidas na emergência dos hospitais-gerais e o tratamento dos casos graves nos Caps, gerenciados pelos municípios. Porém, o sistema anterior foi desativado antes de os Caps serem criados. O diretor de saúde mental da OMS, Benedetto Saraceno, corrobora, apontando problemas com as grandes unidades ligadas ao tratamento das doenças mentais: violência, falta de privacidade e respeito, desconhecimento do paciente e ausência de contato com a família.

O Estado de São Paulo, com 39 milhões de habitantes, conta com apenas 482 leitos para doentes mentais. O setor passou por uma mudança no modelo de assistência, estando no pior momento: não se desmontou por completo a antiga estrutura formada por manicômios e ainda não existem todas as novas vagas necessárias, que seriam formadas por Centros de Atenção Psicossocial (Caps), dos quais existem no país 1.202 unidades, ofertando 0,51 unidade por 100 mil habitantes, pouco mais de 50% do necessário; e com apenas 0,25 leito por 100 mil habitantes – quando o mínimo preconizado seria de 0,45.

Uma ONG de São Paulo oferece 50 vagas, com tratamento diferenciado, como cuidados de animais (*pet*-terapia) e música; o preço do tratamento é de R$1,2 mil ao mês, porém apenas dois pacientes pagam o valor integral, os demais pagam conforme suas possibilidades, havendo, inclusive, pacientes que não pagam. Parece desnecessário dizer que a sociedade poderia conceder recursos a instituições desse tipo, mantendo controle sobre as verbas destinadas, em vez de enfatizar a oferta de serviços exclusivamente governamentais. Em junho de 2009, a Justiça Federal ordenou que a prefeitura paulista implante 57 novos Caps em três anos, junto com os 54 existentes (CIMIERI, 2008; SANT´ANNA e IWASSO, 2008; SANT´ANNA, 2008a; FORMENTI, 2009; LEITE, 2009).

União para enfrentar a malária

Em 2007, o país teve 308.079 casos de malária, com 37 mortes, sendo 27 na Região Norte. Em função desse quadro, fundações de amparo à pesquisa de sete estados se uniram para estudar métodos de combate a essa doença (KATTAH, 2008).

3.2 AMBIENTE LEGAL

Parte do ambiente governamental é formada pelo conjunto de leis que regulam temas éticos, bem como atuam sobre diversos setores da economia. Assim, por exemplo, diante de numerosas negativas de procedimentos caros por parte de planos de saúde, mesmo com a solicitação dos médicos, a única saída é a Justiça.

Kieffer e Castro (2008) realizaram uma rápida busca no site do tribunal de Justiça de Minas Gerais e encontraram 235 situações de jurisprudências dos desembargadores com decisões que obrigaram os planos de saúde a realizarem cirurgias em geral.

O médico e a lei

Andrade (2009) aponta que o médico não pode desrespeitar os direitos fundamentais do paciente, em especial os que são ligados à dignidade humana, um dos pilares da Constituição do País de 1988. Ligado a esse princípio está o direito à informação, estabelecido no Código de Defesa do Consumidor (artigo 6º, inciso III). O entendimento jurídico tem sido de que o médico possui o dever de empregar os meios adequados, não podendo, portanto, se responsabilizar pelos resultados, com a exceção das cirurgias estéticas, nas quais se deve entregar exatamente o resultado prometido.

A Associação Brasileira de Cirurgia da Mão (ABCM) divulgou uma pesquisa sobre o perfil das lesões de mãos, afirmando que ao menos 50% das mãos mutiladas no Brasil poderiam ser preservadas se o primeiro atendimento cirúrgico fosse especializado. A reabilitação funcional também é outro gargalo: há poucos centros especializados, com longas filas de espera. O levantamento da ABCM se baseou em 4.258 atendimentos, de 12 hospitais, entre 15 e 25 de abril de 2009. Quase metade (43%) das lesões ocorreu em ambiente de trabalho (COLLUCCI, 2009b). Porém, nessa pesquisa, está claro que não se trata de erro médico, mas da falta de condições consideradas ideais pela entidade.

O julgamento de erros médicos era pouco tratado no Brasil em função da falta de transparência dos órgãos de autorregulamentação profissional. Ganhou maior relevância com o Código de Defesa do Consumidor, em 1990. De 2003 a 2008, o número de médicos julgados pelo CRM-MG passou de 43 para mais de 130; em 2008, houve 1.250 denúncias apresentadas, que resultaram na abertura de 136 investigações;

de 25/9/2006 a 31/8/2008, foram instauradas 890 sindicâncias, com 773 sendo julgadas; 244 processos instaurados e 102 médicos punidos – dos quais três com cassação do exercício profissional. Para o STJ, o Código de Defesa do Consumidor deve ser aplicado aos serviços de profissionais liberais, que inclui os médicos. "Mas a responsabilidade do médico, ao contrário das demais leis ligadas ao consumo, depende da prova da culpa do médico", diz a ministra Nancy Andrighi, presidente da Segunda Seção do STJ.

Um levantamento do Conselho Regional de Medicina de São Paulo (Cremesp), de 2001 a 2008, que envolve 289 processos, apontou que 33,5% se referem às cirurgias de lipoaspiração – as plásticas mais comuns no país. Em 2008, a Justiça gaúcha condenou um convênio e um médico a indenizarem um paciente por danos morais em R$10 mil: a 9ª Câmara Cível do Tribunal de Justiça entendeu que a aplicação incorreta do medicamento provocou reação e causou abscesso; a autora da ação afirmou que estava com sangramento nasal, e o médico prescreveu uma injeção de Kanakion; a paciente teve uma inflamação local com dores fortes, por causa da aplicação incorreta, intramuscular, quando deveria ser intravenosa.

Em 2009, uma senhora de 31 anos de idade, com um tumor no lado esquerdo do cérebro, foi operada no lado direito, no Hospital Getúlio Vargas, no Rio de Janeiro, e faleceu. O erro foi informado apenas mediante denúncia anônima: a família solicitou a cirurgia correta, mas já era tarde.

Também em 2009, um médico goiano foi condenado pela morte de uma paciente em uma plástica, especialidade que ele não detinha, em razão de perfuração do intestino. Além de já ter tido seu registro cassado, foi condenado a oito anos de reclusão em regime semiaberto e a indenizar os filhos da vítima em R$30 mil. Além disso, corria o risco de ser julgado por outras quatro mortes. Vale ressaltar que uma indenização desse valor pode parecer extremamente injusta em relação aos ganhos auferidos pelo cidadão em sua prática em cirurgias plásticas, normalmente caras.

Também em 2009, a cidade de Nova York aceitou pagar US$2 milhões de indenização à família de uma paciente que faleceu, depois de esperar por mais de 24 horas para ser atendida na sala de emergência de um hospital. Além disso, se comprometeu a ampliar a equipe na unidade em que ocorreu o problema (JUSTIÇA..., 2008; STYCER, 2008; CHAN, 2009; COLLUCCI e BOTELHO, 2009; CORPO..., 2009; LIGAÇÃO..., 2009; MELO, 2009; SANTOS, 2009a; SANTOS, 2009b).

Número de erros médicos julgados pelo STJ

2008	306 (até outubro desse ano)
2007	303
2006	281
2005	303
2004	239
2003	191
2002	120

Fonte: Portal IG, acessado em 14 nov. 2008.

A linha tênue entre um erro médico e um trabalhador incansável

Segundo as contas enviadas à Medicaid, de Michael Reinstein, médico de Chicago com 66 anos, ele trabalha 21 horas por dia, de domingo a domingo: foram 60 pacientes por dia em 2007. Nesse ano, prescreveu vários medicamentos a 4.141 pacientes desse programa, incluindo mais prescrições de clozaril (cujo princípio ativo é a clozapina, um antipsicótico, segundo o *Guia do Médico: Psiquiatria – Neurologia*, Med-Book Publicidade e Editora, 2003) – para pacientes com esquizofrenia – do que as prescritas por todos os médicos do Texas juntos. A clozapina possui tarja preta e cinco advertências. Ele teve uma clínica fechada em 2000 por causar problemas, porém continuou exercendo suas atividades, com algumas mortes mal explicadas sendo investigadas. Além disso, prescreve doses muito elevadas de alguns remédios que causam diversos efeitos colaterais a inúmeros pacientes.

A agência responsável por investigar condutas médicas, a Illinois Department of Financial and Professional Regulation, não revela o número de queixas contra os profissionais, apenas as descobertas quando há ações disciplinares. Em 1997, a agência citou Reinstein por admitir inadequadamente um paciente para tratamento psiquiátrico e ordenou-lhe 50 horas de treinamento.

Em 2003, o psiquiatra Mark Amdur, preocupado com Reinstein, procurou saber quantos pacientes ele tratava, e se admirou do resultado: 2.300. Levou sua suspeita a esse departamento, mas jamais obteve resposta (SAM, 2009).

Uma tragédia evitada

"A tragédia da talidomida, que provocou o nascimento de várias crianças deformadas, é um caso típico. No momento em que os médicos europeus ficaram de posse de dados estatísticos suficientes para se convencerem de que o número de crianças deformadas era significativamente maior que o normal – tão maior que deveria haver uma causa nova e específica – o dano já havia sido feito. Nos Estados

> Unidos, esse dano foi evitado porque um médico sanitarista percebeu uma mudança qualitativa – um pequeno e insignificante formigamento na pele causado pelo medicamento –, relacionou-a com outro acontecimento totalmente diferente que havia ocorrido muitos anos antes e deu o alarme antes que a talidomida fosse realmente usada" (DRUCKER, 1972: 24).
>
> O medicamento foi criado na Alemanha, em 1954, para controlar ansiedade e enjoos; porém, um único comprimido nos três meses iniciais da gestação já causa focomelia, síndrome caracterizada pelo encurtamento dos membros. O efeito teratogênico foi descoberto em 1960; no ano seguinte, foi retirado de circulação de todos os países, exceto no Brasil – que o vendeu por mais quatro anos. Em 1965, foi descoberto um efeito benéfico no tratamento de estados reacionais em hanseníase, o que trouxe sua volta ao país, porém, apenas sendo produzido por laboratórios federais e distribuído pelo Ministério da Saúde (COLLUCCI, 2009c).
>
> Ou seja, a aprovação de novos medicamentos deve ser realizada por agências governamentais, porque as indústrias, depois de terem investido centenas de milhões de dólares, estão naturalmente interessadas em uma rápida comercialização dos produtos, além de ter o natural viés de apenas olhar os aspectos positivos daquilo que lhes custou tanto para desenvolver. O fato de um fabricante continuar vendendo um produto que apresentara graves consequências é um evidente problema ético do fabricante, aliado à falta de autoridade reguladora à época no país.

As agências reguladoras nacionais ainda são novatas...

Em 18 de fevereiro de 2009, no Clube do Exército em Brasília, às margens do Lago Paranoá, mil funcionários comemoraram os sete anos da Agência Nacional de Transportes Terrestres (ANTT), que regula as concessionárias de ônibus, ferrovias e rodoviárias. O problema é que a conta foi paga por quem a ANTT deveria fiscalizar (OTTA, 2009). Foi apenas uma festa, mas o conflito de interesses é inequívoco.

Alguns refrigerantes no país apresentam componentes como o amarelo crepúsculo e o amarelo tartrazina – este já proibido na Europa. Os corantes são aprovados no Brasil, de modo que as empresas continuam a utilizá-los em seus produtos, pois cumprem a legislação local, ainda que na Europa as regras sejam outras (MANTOVANI, 2009). O mesmo ocorreu com o Biotônico Fontoura, medicamento infantil que utilizava álcool, apesar de ser proibido há décadas em outros países.

Talvez fosse útil que nossas agências pudessem entrar em contato com suas congêneres no exterior para verificar a razão de medidas por lá aprovadas, pois elas devem se preocupar com o consumidor, em vez de apresentar independência ou alinhamento não automático com as regras válidas em outros países ou as clássicas preocupações corporativistas de qualquer corporação pública. Ao custo de algumas décadas para que algumas restrições a produtos danosos sejam implementadas, essas atitudes não ajudam os consumidores, que, com seus impostos, sustentam o caro aprendizado dessas agências, as quais, por sua vez, deixam de cumprir da melhor forma a função para a qual foram criadas.

A FDA aprova novo medicamento contra o câncer de próstata

Em 2008, a FDA aprovou o Degarelix, da Ferring Pharmaceuticals, primeiro novo tratamento contra o câncer de próstata em quatro anos. O medicamento diminui a produção do hormônio testosterona, enquanto os anteriores primeiro aumentavam a produção para então diminuí-la em um segundo momento. Esse tipo de câncer é o segundo com maiores vítimas fatais nos Estados Unidos, com 190 mil diagnósticos e 29 mil mortes em 2004 (últimas estatísticas disponíveis) (FDA..., 2008).

A Anvisa cobra bulas mais esclarecedoras

Em 2009, a Anvisa obrigou os laboratórios a publicarem bulas de remédios em linguagem mais acessível, com textos separados para pacientes e profissionais de saúde, letras maiores e versões na internet (EICH, 2009).

A Anvisa combate a microbactéria

Ao final de 2008, a Anvisa abriu consulta pública para discutir novas medidas para combater a infecção por microbactéria, que vitimou mais de 2.100 pessoas. Entre as medidas propostas por cerca de 40 profissionais de saúde estão a proibição do reprocessamento de equipamentos, instrumentais e produtos para saúde fora da Central de Material Esterilizado (CME), exceto quando realizada por empresas reprocessadoras. Outra proposta da agência é o monitoramento obrigatório, por, no mínimo, 90 dias de pacientes submetidos a cirurgias plásticas e procedimentos invasivos realizados por videolaparoscopia. Durante 30 dias, profissionais de saúde, hospitais, clínicas, segmentos envolvidos e a sociedade em geral puderam enviar sugestões (ANVISA DÁ..., 2008).

Essa infecção ocorre com o reuso de itens que não podem ser autoclavados por não serem de material resistente a esse procedimento; uma das situações comuns ocorre em operações como a lipoaspiração.

A Justiça tarda, mas condena à prisão; e a Anvisa aplica um cartão vermelho

Em 2009, a Justiça condenou dois executivos do laboratório Enila a cerca de 20 anos de prisão em função de nove mortes ocorridas em 2003, como consequência do uso do medicamento Celobar, utilizado em contrastes durante exames de raios X. Porém, os acusados podem recorrer da sentença em liberdade e os parentes das vítimas ainda não haviam recebido qualquer indenização. Para baratear, usou-se carbonato de bário (usado em veneno para ratos) no lugar de sulfato de bário. Após as mortes, o Enila foi interditado pela Anvisa e faliu (JUSTIÇA..., 2009).

A Anvisa entra em campo e aplica um cartão amarelo, e o FDA aplica vários vermelhos

A venda e o uso do Prexige (cujo princípio ativo é o lumiracoxibe) de 400mg e do Arcoxia (etorixocib) de 120mg foram proibidos pela Anvisa. O Prexige é fabricado pelo Novartis e o Arcoxia, pela Merck Sharp & Dohme. O Prexige é indicado para o tratamento da osteoartrite, da dor aguda e da cólica menstrual; o Arcoxia é recomendado para reumatismo, gota, artrite, dor articular, cólica menstrual e em pós-operatórios. A Anvisa alega que os riscos superam os benefícios e recomenda aos pacientes que consultem seus médicos para saber como proceder.

A Merck Sharp & Dohme anunciou o reembolso de R$9 por comprimido aos compradores do Arcoxia de 120mg, a ser feito em qualquer farmácia, mediante a apresentação de uma cartela com, ao menos, um comprimido; o Arcoxia de 30mg e de 60mg continua à venda.

Em 2009, o FDA publicou uma relação de quase 70 pílulas para emagrecimento, cujos princípios ativos não estão claramente apresentados nos rótulos e que podem prejudicar os consumidores, causando elevação da pressão e até ataques cardíacos (ANVISA PROÍBE..., 2008; FDA..., 2009; LABORATÓRIO..., 2008).

Parece que não vai faltar trabalho para a Anvisa...

Uma nova substância vem sendo usada no alisamento de cabelos em concentrações acima do saudável: o glutaraldeído ou glutaral, acrescentado a outros cosméticos para intensificar o efeito alisador; a dosagem máxima é de 0,1%, pois o produto é um conservante, como o formol, e não um alisante. Em altas doses, pode causar queimadura, dermatite, inflamações, coceira, descamação e alergia; a inalação pode levar a crises de bronquite e asma (CUPANI, 2009a).

A Secretaria do Estado de São Paulo puxou a orelha da Mônica... e não apanhou de seu coelhinho...

Em 2009, a Secretaria do Estado de São Paulo recolheu dois lotes de produtos da Turma da Mônica, feitos pela Lipson Cosméticos, por estarem fora das especificações: um talco cremoso e um condicionador de cabelos (FREITAS, 2009).

A Emea também entrou em campo

Em 2008, o laboratório Sanofi-Aventis realizou, no país, o reembolso dos pacientes que estavam usando o medicamento contra obesidade Acomplia e que foram orientados por seus médicos a suspender o tratamento. A agência reguladora da Europa (Emea) sugeriu a retirada do medicamento na União Europeia, e o laboratório decidiu fazê-lo em todo o mundo. A Emea chegou à conclusão de que os benefícios não superam os riscos, indicando que alguns pacientes tiveram o dobro de risco de desenvolvimento de problemas psiquiátricos, como ansiedade e depressão. O princípio ativo do Acomplia é o Rimonabant. O Sanofi calcula que 30 mil pacientes usem o medicamento no país e 700 mil pessoas, em todo o mundo. A Associação Nacional de Farmacêuticos Magistrais (Anfarmag) recomendou também que todas as farmácias de manipulação do país suapendam a prescrição de formulações que incluam o princípio ativo Rimonabant (VIEIRA, 2008).

Em 2010, a Emea recomendou a suspensão da venda e da prescrição de remédios para emagrecer que contenham sibutramina – uma das substâncias mais usadas para esse fim no Brasil, que por sua vez é um dos maiores consumidores de anorexígenos (emagrecedores) do mundo. A agência se baseou em dados do estudo Scout, que avaliou 10 mil pacientes por seis anos e apontou aumento de 16% na incidência de enfarte e derrame em pessoas com histórico de problemas cardíacos que tomaram o medicamento. Para a Emea, os riscos são maiores do que os benefícios.

Também com base nesse estudo, a FDA decidiu que deverá ser incluída na bula uma contraindicação para pacientes com cardiopatias. A maioria dos pacientes avaliados pelo trabalho já apresentavam doença cardíaca. "No entanto, como pacientes obesos e com sobrepeso são mais propensos a ter alto risco de eventos cardiovasculares, o comitê [da Emea] acredita que os dados do Scout são relevantes para o uso do remédio na prática clínica", afirmou a agência.

No Brasil, embora a bula do medicamento já mencione como possíveis eventos adversos a elevação da pressão arterial e arritmias cardíacas, a única contraindicação é para pessoas com histórico de anorexia. No ano passado, a Anvisa recebeu 37 notificações de eventos adversos do uso de sibutramina – 14 relacionadas a problemas cardiovasculares. Não houve mortes (ANVISA ALERTA..., 2010; SILVEIRA, 2010).

O MPF propugna que a Anvisa já deveria ter entrado em campo

Em outubro de 2008, o Ministério Público Federal entrou com ação contra a Anvisa e a distribuidora Health Saúde na Rede para impedir que a empresa continue vendendo suplementos alimentares pela internet. Além disso, destaca que há omissão ou conivência do organismo regulador, pois essa empresa atua há quatro anos, vendendo cerca de 20 produtos, sem possuir sequer alvará de funcionamento, e os produtos não são registrados na Anvisa (JOBIM, 2008).

3.3 AMBIENTE ECONÔMICO

O ambiente econômico influi nas decisões de maior vulto, como a assunção de empréstimos ou a decisão de investir em aumento da capacidade de prestação de serviços ou a importação de novos equipamentos. O crescimento econômico é um importante índice a ser levado em consideração na tomada de inúmeras decisões, como novos investimentos, ampliação da oferta de serviços etc. Uma característica do que se convencionou chamar de "nova economia" é essa maior volatilidade do mercado, a rapidez com que empresas tradicionais caem em desgraça e são substituídas por *start-ups*, dotadas de novas tecnologias. Assim, inicia-se a expansão da internet: a Netscape, cuja receita no ano anterior mal havia somado US$20 milhões, abre seu capital e é avaliada em cerca de US$1,8 bilhão; porém, a Microsoft – dessa vez movida pela concorrência – lança o Explorer, e a Netscape passa a ser uma divisão da AOL.

A recessão de 2008-2009 começou com o estouro da bolha habitacional, que, para Paul Krugman, deve minar US$8 trilhões em riquezas – US$7 trilhões dos donos dos imóveis e US$1 trilhão dos investidores, que estavam em títulos espalhados pelo mundo financeiro globalizado. Assim, caíram os preços de quase todos os ativos. O pior é que os *players* do mercado financeiro não aprenderam: houve circunstâncias parecidas em quase todas as recentes crises (CAMPOS, 2009a).

Nem seria preciso comentar que os bancos norte-americanos e as regulamentações de inúmeros governos precisam de uma séria reciclagem no tema, pois conseguiram a proeza de perder dezenas de bilhões de dólares ao conceder várias hipotecas garantidas por um mesmo imóvel: quando a crise econômica de 2007-2008, catalisada pela inflação da gasolina e dos alimentos, fez crescer a inadimplência, e todo o castelo de cartas ruiu.

Porém, houve a repetição do passado: por volta de 1929, havia mais de 25 mil bancos nos Estados Unidos, sob nada menos que 52 diferentes regimes jurídicos. A Depressão levou milhares de bancos a fechar as portas – na média, 2.277 bancos quebraram, ao ano, entre 1930 e 1933 (GRANEIRO; CALDAS DE MOURA, 1992). Houve diversas quebras associadas ao elevado comprometimento com empréstimos imobiliários – algo que a National Banking Act temia e que havia proibido. Apenas em 1931, 2.298 bancos fecharam as portas, e outros 1.453, no ano seguinte (OUCHI, 1985).

Assim, na crise atual, as intervenções governamentais se tornaram regra. Os brasileiros devem comemorar a solidez de nossos bancos e o fato de nosso Proer ser bem menos dispendioso.

Em 2009, o britânico Lloyds TSB adquiriu o problemático HBOS, porém o governo subscreveu nada menos que 43% das ações; na Alemanha o governo adquiriu ações do Commerzbank, equivalentes a 25% de seu capital, mediante uma injeção de €10 bilhões; o fato deveu-se à aquisição do Dresdner Bank, que pertencia à seguradora Allianz, por €5,1 bilhões. Em 2008, 25 bancos faliram nos Estados Unidos; para evitar que outros bancos quebrem, o governo emprestou US$439 bilhões para o Citigroup e o Bank of America (BANCO..., 2009; BANK..., 2009; COMMERZBANK..., 2009; TAXPAYER..., 2009).

Sinais da crise nos Estados Unidos: em novembro de 2008, as demissões chegaram de 533 mil, o maior número mensal desde 1974; em dezembro, atingiram 524 mil – o que fez o total de demitidos superar a cifra de 2,45 milhões de trabalhadores, elevando o total de desempregados para 11 milhões. Na mesma época, na Espanha, 40% dos estrangeiros se encontravam sem emprego e em Portugal, um em cada três brasileiros estava sem trabalhar. A produção industrial da Espanha, em novembro de 2008, foi 15,1% inferior ao mesmo período no ano anterior, e o desemprego atingiu 3 milhões de pessoas – um recorde em 12 anos. De setembro de 2008, início da crise mundial, nada menos que 54.709 brasileiros deixaram o Japão – dos 316.967 que lá estavam até no fim de 2007. Em janeiro de 2010, o desemprego na Espanha chegou à casa dos 4,05 milhões de trabalhadores, enquanto o da Alemanha somava 3,6 milhões de profissionais (CHADE, 2008; CORTE..., 2008; MAIS..., 2009; SPANISH..., 2009; UCHITELLE, 2009; SPANISH JOBLESS..., 2010).

Porém, não se pode perder de vista que serviços ou produtos completamente novos podem ser bem-sucedidos mesmo se lançados em situações econômicas adversas – caso do surgimento da Gol no Brasil, em 2001, um dos piores anos da aviação comercial. Ocorre que o setor vivia rigidamente controlado pelo governo, com uma concorrência relativamente baixa (o fato de três das quatro companhias de atuação nacional terem deixado de existir é bastante significativo, pois mostra como atuavam de modo protegido e sem capacitação para enfrentar uma situação de efetiva concorrência). O enorme crescimento ocorrido no mercado interno e a queda dos preços das tarifas representaram uma vitória para a parte mais importante do mercado: o consumidor, apesar do descaso das autoridades, que privilegiaram reformas arquitetônicas nos aeroportos, sem investir efetivamente em novas unidades ou na ampliação das pistas, mesmo tendo dobrado o número de aviões comerciais em operação no país.

Outra situação que aponta a importância do ambiente econômico: o país é o segundo maior consumidor mundial de desodorantes, produtos para cabelos, higiene bucal, perfumaria, cosméticos masculinos e infantis. Desde 2006, o país ocupa a terceira posição mundial no setor de produtos de higiene, cosméticos e perfumaria – apenas atrás dos Estados Unidos e do Japão. Em 2007, as vendas de desodorantes no país somaram US$2,15 bilhões – com 26,8% de crescimento sobre o ano anterior. O brasileiro é o maior consumidor de tinturas para cabelo: 98% das mulheres utilizam esse produto – o maior índice em todo o mundo (KIEFER, 2008; LACERDA e VIALLI, 2008).

Segundo o IBGE, no primeiro semestre de 2008, a produção industrial cresceu nos 14 locais em que há acompanhamento, em relação a igual período de 2007; a média foi de 6,3%. No Espírito Santo, o crescimento chegou a 16,1%, vindo depois: Paraná (11,3%), Goiás (11,1%), São Paulo (9,8%), Pernambuco (7,9%), Amazonas (7,5%) e Minas Gerais (6,6%) (FARID, 2008a).

Um ambiente adverso afeta a infância

Estudo realizado em uma amostra não clínica com 120 crianças, de 6 a 44 meses de idade, cadastradas em um Programa de Saúde da Família (PSF) em Ribeirão Preto, verificou a presença de alguns riscos pré e perinatais e antecedentes mórbidos, incluindo mães que não realizaram o pré-natal, rejeição à gravidez, prematuridade, icterícia, baixo peso ao nascer e otites de repetição. Sob o aspecto social, boa parte das famílias apresenta pouca escolaridade e nível socioeconômico baixo, tendo enfrentado muitos eventos adversos no último ano. Ao mesmo tempo, as famílias apresentaram recursos importantes que influenciam positivamente o desenvolvimento das crianças, apesar dos aspectos negativos citados. Em função dessas conclusões, a autora recomenda que o PSF passe a realizar ações preventivas, para detectar os riscos ao desenvolvimento e à saúde da criança, bem como apontar recursos para aliviar o efeito das condições adversas (SANTA MARIA-MENGEL, 2007).

Preocupação com alimentos saudáveis

As vendas de chá nos Estados Unidos somaram US$7,4 bilhões em 2007, tendo crescido porque alguns consumidores jovens ou da geração que surgiu logo após a Segunda Guerra Mundial (*baby boomers*) o julgam melhor que o café. Um estudo de 2007, publicado no *Journal of the American College of Nutrition*, sugeriu que um grama de chá possui potencial para estimular uma resposta da insulina e reduzir os níveis de açúcar no sangue. Outro estudo do *American Journal of Epidemiology* apontou que cinco xícaras de chá verde ao dia podem reduzir em 48% o risco de câncer de próstata. Em função disso, foram lançados diversos novos sabores e embalagens (KILEY, 2008).

3.4 AMBIENTE DEMOGRÁFICO

A demografia estuda a população humana: tamanho, densidade, localização, classificação etária, sexo, etnia, ocupação e outros dados, como classe social. O ambiente demográfico é de grande interesse, pois envolve pessoas que formam os mercados. Assim, a demografia contribui para a identificação e seleção de novos mercados para uma empresa dirigir seus esforços mercadológicos (MINADEO, 2008).

Segundo Yunus e Jolis (2003), Bangladesh possui 120 milhões de habitantes em uma superfície semelhante à da Flórida. De acordo com os autores, nos primeiros 26 anos da independência do país, a população dobrou e a situação econômica melhorou, contrariando as estritas teorias de Malthus, que se tornaram uma espécie de paradigma no que se refere aos motivos da pobreza dos países do Terceiro Mundo. Ressaltam ainda que os governos e organismos internacionais fazem poucos esforços para melhorar a qualidade de vida dos mais pobres, e, em muitos casos, apenas os pressionam em relação à sua capacidade de gerar filhos. Finalizam afirmando que a capacitação social e econômica das mulheres pobres cria oportunidades de geração de renda e as integra em estruturas coletivas – o que gera um impacto maior na contenção do crescimento populacional do que o sistema atual de simplesmente apregoar mensagens catastróficas. Assim, o planejamento familiar deveria caber às famílias, desde que dotadas de condições de crescimento social e econômico. As pesquisas da ONU em mais de 40 países apontam que quando as mulheres conquistam a igualdade, o índice de natalidade diminui. Assim, se o microcrédito permite obter progressos no planejamento familiar, por que não incluí-lo na agenda da erradicação da miséria?

A importante força de trabalho da terceira idade

As maiores redes de supermercados inglesas – Asda, Tesco e Sainsbury's – há tempos vêm colhendo os benefícios de contratar funcionários com mais idade. Na Asda, por exemplo, em lojas em que a proporção de trabalhadores maduros é grande, as taxas de absenteísmo chegam a ser menos de um terço da média da rede. E na locadora Avis, são os mais idosos os menos contemplados com multas e acidentes de trânsito. Em empresas europeias e americanas, o emprego de profissionais mais maduros começou, em parte, como consequência do envelhecimento da população (LORINI, 2007).

O esporte coopera para a melhor qualidade de vida da terceira idade

O American College of Sports Medicine fez novas recomendações de atividade física para os idosos, que enfatizam os benefícios da prática de exercícios de força e de flexibilidade, além dos aeróbicos. O exercício regular minimiza os efeitos da idade, aumenta a expectativa de vida e limita o desenvolvimento de certas doenças crônicas. O documento mostra evidências em vários aspectos, da respiração à cognição. Estudos demonstram uma redução de 40% no risco de demência em quem gasta 400 calorias por semana caminhando. Mas para os idosos, caminhar não é o suficiente, já que a maior parte da incapacidade física nessa idade deve-se à perda da força muscular. Ao ceder o lugar para um idoso se sentar, se tira uma das poucas oportunidades que ele tem de se exercitar e fortalecer a musculatura das pernas.

Já o impacto dos exercícios na longevidade está documentado em várias pesquisas. Uma análise do Instituto Karolinska, que acompanhou 3.206

pessoas durante 12 anos, mostrou que os fisicamente ativos tiveram um risco de mortalidade por todas as causas 28% menor do que os sedentários. A atividade física também tem impacto na capacidade funcional. Um estudo americano, com mais de mil idosos, mostrou que o risco de incapacidade para realizar tarefas diárias diminui em 7% a cada hora adicional de atividade física por semana (CUPANI, 2009b).

Um quarto das adolescentes da América Latina já recebeu a cegonha...

Quase 25% das adolescentes da América Latina já ficaram grávidas ao menos uma vez, conforme estudo do Programa da ONU para o Desenvolvimento (Pnud) e da Organização Internacional do Trabalho (OIT); apenas a África tem índice de gravidez maior que a região, nessa faixa etária. A ONU apresenta que essas meninas, ao engravidar, são as primeiras a deixar a escola, afetando suas possibilidades de desenvolvimento futuro. O número de partos realizados na rede pública em meninas de 10 a 19 anos caiu 7,9% de 2007 para 2008 – de 527.341 para 485.640. Nos últimos 10 anos, o SUS contabilizou queda de 30% (CHADE, 2009; SILVEIRA, 2009c). Houve alguma melhora, mas esse número continua elevado: pois ser mãe muito jovem implica um pai imberbe, sem recursos ou desconhecido, e, portanto, sem condições de contribuir com a formação da criança, cabendo, portanto, toda a responsabilidade de educação e criação à mãe, que, por sua vez, já pode vir de uma família relativamente carente. Aqui cabe ressaltar que os programas sociais se mostram fundamentais para prover condições mínimas a essa família.

> **Ser mãe dá muito trabalho, mas tem suas recompensas...**
>
> Um estudo dirigido por Alison Stueb, publicado no *American Journal of Obstetrics & Gynecology*, mostrou que amamentar por um ano ou mais pode reduzir em 13% o risco de enfarte. O índice de proteção pode chegar a 37% quando o tempo de aleitamento, consideradas todas as gestações, ultrapassa dois anos. O benefício foi observado em mulheres cujo último filho havia nascido até 30 anos antes. O estudo acompanhou dados de 89.326 mulheres que tiveram pelo menos um filho entre 1986 e 2002. Dessas, 63% já haviam amamentado. Também foram considerados fatores como idade, número de partos, peso, história familiar e hábitos como dieta e exercícios. Outra vantagem: a amamentação ajuda a mãe a recuperar o perfil metabólico que possuía antes da gravidez. Mas para que o benefício alcance a maioria das mulheres e traga impacto à saúde pública, alerta a autora da pesquisa, é preciso encontrar meios de permitir às mães conciliar o trabalho e a amamentação (TOLEDO, 2009).

Terceira idade

A expectativa de vida no país passou de 69,3 anos para 72,7 na última década; assim, desde o início do século XX, a expectativa de vida subiu 120%. Essa realidade produz inúmeras consequências no campo econômico e traz oportunidades ao setor de saúde.

De cem brasileiros que trabalhavam nos anos 1920, apenas três viviam mais que 60 anos. No ano 2000, havia 25.787 brasileiros com cem anos ou mais. O geriatra Wilson Jacob Filho aponta que uma doença crônica bem tratada pode conferir qualidade de vida igual à de uma pessoa sem qualquer doença. Assim, um diabético no Brasil vive 15 anos a mais do que em 1960; um idoso com doenças cardiovasculares vive de 15 a 20 anos a mais do que em 1960; e a sobrevivência a todos os tipos de tumor é 25% maior do que em 1970. Os brasileiros com mais de 60 anos representam 11% dos usuários de planos de saúde: 4,5 milhões de pessoas; os convênios facilitam o acesso a hospitais, profissionais e programas de saúde preventivos. Uma pesquisa da mestranda Janaína Caldeira Pereira, com 3.142 idosos de 16 capitais do país, mostrou que 40% são sedentários, 17%, obesos, 12,7% fumam, 50% são hipertensos, 33% apresentam colesterol elevado e 18% são diabéticos (BRASIL, 2003; LOPES, 2008; EVANS, 2009; TATSCH e SCANOVE, 2009).

O grupo de brasileiros com mais de 80 anos já superou a barreira de um milhão de pessoas. O conjunto de brasileiros formado pelas pessoas acima dos 60 anos supera a população da Holanda e se beneficia de fatores como: a) o aumento das aposentadorias; b) volume de recursos acumulado em previdências; e c) apenas recentemente, esse grupo demográfico passou a ter direito a crédito, inclusive representando menores riscos aos bancos. Segundo o IBGE, mais de 11 mil brasileiros superaram a marca dos cem anos, em uma contagem parcial, estando a Bahia na liderança, seguida por Minas Gerais. Segundo a ONU, o mundo conta com mais de 140 mil pessoas com mais de 100 anos (PEREIRA e BETTI, 2008; RODRIGUES, 2008).

Em 1998, ano da reforma da previdência, a média de idade dos recém-aposentados era de 48,8 anos. Em 2003, essa média subiu para 53 anos. Além disso, foi criado um fator previdenciário, que calcula o valor do benefício, levando em conta a idade e a expectativa de vida após a aposentadoria e o tempo de contribuição; depois, se aplica a média dos 80 maiores salários desde 1994. O fator previdenciário médio é de 76%, ou uma perda de 24% do salário com aposentadorias antecipadas. Assim, quanto maior o tempo no trabalho, maior será o benefício. O fator previdenciário gerou economia de R$10,1 bilhões no período 2000-2007, quando a previsão era economizar R$23,1 bilhões (BAHIA, 2008).

Em 1994, a Walmart empregava mais de 17 mil pessoas com 65 anos ou acima disso. A substituição da força de trabalho na Europa, em função dos baixos índices de natalidade, vem sendo feita mediante a imigração. Um especialista em estudos populacionais, David Lam, apontou que a diminuição do tamanho das famílias traz grandes desafios à economia e aos governos. O gerontologista Alexandre Kalache afirma que as famílias menores implicam maior individualismo e menor interação entre as gerações – o que não é bom para os idosos. Segundo o PNAD, a taxa de fecundidade voltou a cair no país em 2007 e pela primeira vez ficou abaixo do nível de reposição: média de 1,95 filho por mulher. O Rio de Janeiro apresentou a menor taxa (1,57), e o Acre, a maior (3,10). Em 2008, essa taxa tornou a cair, sendo nacionalmente de 1,89 filho por mulher (BERRY, 1992; NEIVA e LIMA, 2008; WERNECK, 2008; Caderno Especial PNAD – *O Estado de S.Paulo*, 19 set. 2009).

Melhoria nos índices de escolaridade do país

O PNAD de 2008 – feito em 391.868 pessoas de 150.591 domicílios – apontou que a taxa de escolarização cresceu de 70,1%, em 2007, para 72,8% em crianças de 4 e 5 anos; subiu de 97% para 97,5%, entre alunos de 6 a 14 anos; e de 82,1% para 84,1% na faixa dos 15 a 17 anos (Caderno Especial PNAD – *O Estado de S.Paulo*, 19 set. 2009). O número de jovens de 18 a 24 anos na universidade passou de 6,9% para 13,9% no país, de 1998 a 2008. No período, a taxa no ensino médio passou de 76,5% para 84,1%. Além disso, nesse período, o porcentual de jovens de 18 a 24 anos com, pelo menos, 11 anos de estudo subiu de 18,1% para 36,8%. Porém, dos 23,24 milhões de jovens de 18 a 24 anos, em 2008, havia cerca de 1,2 milhão vivendo na ociosidade: sem estudar nem trabalhar – com parte deles vivendo do seguro desemprego (DOBRA..., 2009; TOSTA). Em 2009, os universitários de baixa renda somavam 73% dos 4 milhões de jovens das universidades do país. Um contingente que nem existia 10 anos antes. Assim, a Universidade Mackenzie soma 40 mil alunos, a maioria deles com bom poder aquisitivo. Porém, Uninove, Uniban, Universidades Estácio de Sá e Anhanguera somam o dobro disso, com mensalidades de R$250 a R$500, ante R$1,5 mil a R$2,5 mil das focadas no público de maior renda (RIBEIRO, 2009).

3.5 AMBIENTE TECNOLÓGICO

O quadro de maior concorrência e aumento de custo traz importantes consequências para o setor da saúde em geral, com destaque para os hospitais e planos de saúde. Uma pesquisa com 400 hospitais da Califórnia apontou que hospitais ligados administrativamente a outros hospitais possuem maior propensão à adoção de inovações em serviços. Além disso, no caso das inovações tecnológicas, o porte do hospital é um fator importante – em função dos elevados investimentos necessários.

Os principais fatores encontrados para a adoção de inovações, segundo uma pesquisa com cinco pequenas empresas de biotecnologia no país, foram: características empreendedoras, cultura organizacional, capital intelectual e mercado. Também encontrou forte correlação entre empreendedorismo e gestão da inovação. Além disso, a proteção legal mediante patentes foi vista como a principal vantagem competitiva gerada pela inovação (MACHADO, HOELTGEBAUM e SCHLINDWEIN, 2008; VIEIRA et al., 2008).

Novos medicamentos representam centenas de milhões de dólares em investimentos, o que se justifica com o prazo legal de proteção mediante as patentes – durante o qual, esses novos tratamentos necessitam, portanto, praticar preços elevados para ressarcir os investimentos realizados e financiar outras pesquisas, muitas delas que não chegam a lançamentos comerciais.

Diminui a tortura na cadeira de dentista: implantes sem cortes na gengiva

Uma nova tecnologia, já disponível no Brasil, permite a colocação de implante dentário sem corte na gengiva. A cirurgia é montada no computador, com base em uma tomografia tridimensional da arcada dentária. Além de menos invasiva, essa cirurgia possibilita a fixação do implante e a colocação da prótese no mesmo dia; e o fato de não envolver cortes deixa o paciente menos exposto a infecções e não há necessidade do uso de antibióticos. Mas ela não é indicada para todos os pacientes: quem tem perda óssea precisa antes enxertar um osso. A estimativa dos dentistas é que 7 a cada 10 pacientes que desejam um implante dentário vão precisar antes de um enxerto (COLLUCCI, 2009a).

Cura com o uso de células-tronco do próprio paciente

Uma paciente colombiana foi submetida, em Barcelona, em junho de 2008, ao primeiro transplante de traqueia sem se submeter à medicação imunossupressora, porque os cirurgiões usaram células-tronco da própria paciente – o que mereceu destaque na revista britânica *The Lancet*. Vítima de uma tuberculose tardiamente diagnosticada, a paciente passou quatro anos em busca de solução para a insuficiência respiratória, sem conseguir exercer as tarefas domésticas. Até obter a traqueia de um doador para transplante, apenas havia a opção clássica da ablação do pulmão esquerdo. Para evitar essa mutilação, foi feita uma nova modalidade de transplante: sete centímetros de traqueia de uma doadora vítima de hemorragia cerebral foram limpos de todas as células para evitar rejeição; em seguida, extraíram células-tronco da paciente, a partir da medula óssea, capazes de gerar células de cartilagens e células epiteliais de uma parte saudável da própria traqueia. O órgão doado foi colonizado com as células da receptora; em 10 dias a paciente recebeu alta (PRIMEIRO..., 2008). Porém, as pesquisas com células-tronco, tanto adultas quanto embrionárias, ainda estão em seus primeiros estágios e longe de atingir o status de operacionais: um artigo na revista canadense científica *Cell Stem Cell* aponta que, em 2007, uma simples busca no Google mostrava 19 sites de clínicas que ofereciam tratamentos, em vários países, como sendo seguras, eficazes e prontas para resolver ampla gama de problemas – o que está longe de ser uma realidade (ESCOBAR, 2008).

Usos do DNA

Mais de 460 mil norte-americanos fizeram pesquisa de ancestralidade, a preços que variavam de US$100 a US$380, o que fornece uma quantidade enorme de informações à comunidade científica. Testes que custam cerca de US$ 1 mil podem ajudar as pessoas a estimar suas chances de sofrer certos tipos de câncer ou compreender melhor os traços genéticos compartilhados com a família (GENÉTICA..., 2008).

Dados *on-line* sobre a saúde

Em 2008, a Kaiser Permanente, maior organização não lucrativa de manutenção de saúde dos Estados Unidos, assinou contrato com a Microsoft, para acompanhar dados da saúde de seus pacientes. Se bem-sucedido, após um teste, os 156 mil funcionários da Kaiser vão ganhar conexão com os 8,7 milhões de membros da Kaiser, mediante o software Health Vault, da Microsoft – que já fizera acordos com a Mayo Clinic e o New York Presbiterian Hospital. A rival Google havia feito acordos com a Cleveland Clinic e o Beth Israel Deaconess Medical Center. A Kaiser ofertara a seus membros a possibilidade de fazerem perguntas às enfermeiras pela internet. A ligação entre os dados da saúde dos pacientes com o banco de dados da Kaiser serve para que as pessoas tenham informações úteis para serem mais ativas na gestão da própria saúde.

Em 2006, foi inaugurado, no Brasil, o Hospital Santa Bárbara, que promete não possuir papéis nem placas e manter todo o histórico do paciente registrado de forma digital, de acordo com Ângelo Ferrari, presidente do comitê gestor (BERKHOFF, 2007; LOHR, 2008).

> **Lento avanço tecnológico: as idas e vindas
> dos diversos procedimentos**
>
> Um número crescente de mulheres com câncer de mama em estágio inicial vem optando pela retirada total do seio. Um estudo da clínica Mayo, em Rochester (Minnesota), com cerca de 5.500 mulheres, mostrou que a quantidade de mastectomias vem crescendo após um período de queda. A retirada total do seio foi procedimento padrão até 1990, quando estudos demonstraram que mulheres com pequenos focos da doença obteriam melhores resultados com retiradas do tumor seguidas de radioterapia. De acordo com o estudo, em 1997, 45% das pacientes com câncer de mama optaram pela mastectomia. Em 2003, o percentual baixou para 30% e, em 2006, subiu para 43%. O crescimento coincidiu com o aumento do uso da ressonância magnética na clínica. O equipamento é capaz de detectar uma variedade maior de anomalias no tecido mamário do que a mamografia comum, porém, pode levar a mais alarmes falsos (MASTECTOMIA..., 2008).

Saudáveis efeitos colaterais de um novo remédio: a depressão foi banalizada

O lançamento do Prozac (cujo princípio ativo é o cloridrato de fluoxetina) pela Ely Lilly em 1987 foi um divisor de águas no tratamento da depressão – doença que afeta cerca de 6% da população mundial. Estima-se que uma em cada quatro famílias terá pelo menos um membro com um distúrbio mental em algum momento da vida e que 5,8% dos homens e 9,5% das mulheres sofrerão de depressão.

No Brasil, cerca de 17 milhões de pessoas sofrem desse mal, e o mercado de antidepressivos soma US$320 milhões anuais e cresce 22% ao ano. O Prozac não causa dependência e traz efeitos colaterais menos nocivos que os antigos antidepressivos.

Depois de investir cerca de US$800 milhões em 10 anos, o Prozac desmistificou a depressão, que deixou de ser exclusividade de psiquiatras, passando a ser tratada por inúmeras outras categorias médicas. No ano 2000, a Lilly teve o pico de US$2,6 bilhões em receitas com esse medicamento, vindo a ter forte queda no ano seguinte, com a presença dos genéricos. Porém, um estudo publicado na edição de janeiro do *Archives of General Psychiatry*, com pesquisas realizadas com 15.762 adultos nos Estados Unidos, de fevereiro de 2001 a novembro de 2003, mostrou que apenas metade dos casos de depressão era tratada e apenas um quinto recebia cuidados de acordo com a Associação Americana de Psiquiatria (MARTINEZ, 2007; RABIN; 2010).

A chance da depressão pós-parto varia de 10% a 15% nos países ricos e de 15% a 20% no Brasil. Além dos problemas da mãe, o próprio desenvolvimento da criança pode ser afetado. A pesquisa apontou maiores índices nas classes menos favorecidas. Um estudo de Harvard publicado na revista da Associação Médica Americana acompanhou mais de 11 mil gestantes e apontou que o diabetes dobra a chance de a mulher desenvolver depressão na gravidez e no pós-parto. Outros fatores de risco são: história pessoal ou familiar de depressão, conflitos conjugais, baixo nível socioeconômico e ocorrência de transtornos de ansiedade e depressão na gestação.

Um estudo publicado em abril de 2009, na *Pediatrics*, revista da Academia Americana de Pediatria, apontou que mães de múltiplos filhos possuem 43% maior probabilidade de depressão. Depois de avaliar dados de 8.069 mães, excluindo variáveis socioeconômicas e demográficas, no Brasil, por causa da maior disseminação da reprodução assistida, houve aumento na gestação de múltiplos, que chega a 55 mil ao ano. A fertilização *in vitro*, em função de elevadas doses de hormônio e da alta ansiedade trazida com o tratamento, também aumenta os riscos dessa depressão.

Segundo a OMS, a depressão atinge duas vezes mais as mulheres do que os homens. Uma pesquisa da psiquiatra Célia Lídia da Costa, do Hospital AC Camargo, de São Paulo, mostrou que as mulheres possuem maiores dificuldades para largar o tabagismo, por serem mais afetadas pela depressão e ansiedade e por verem o cigarro como "remédio" ou "fuga". Daí haver maior dificuldade para largar o fumo, pois a nicotina mascara os sintomas da depressão. A pesquisa mostrou ainda que os homens param de fumar em três meses, enquanto as mulheres levam um ano (BASSETTE, 2008; IWASSO, 2008; MANTOVANI, 2009; SILVEIRA, 2009a).

Uma pesquisa feita por economistas norte-americanos e britânicos, com 2 milhões de pessoas de 80 países, mostrou que o risco de depressão é maior na faixa dos 40 anos – com maior vulnerabilidade aos 44 anos. As causas são desconhecidas. Andrew Oswald aponta que talvez as pessoas, de um modo geral, aprendam a conviver com seus pontos fortes e fracos, e na meia-idade dominam os sonhos impossíveis. O psiquiatra Aloísio Andrade atende um homem para cada quatro mulheres, pois estas procuram mais auxílio médico; segundo ele, os homens são mais resistentes e preferem aumentar o consumo de bebida alcoólica aos antidepressivos. Ele expõe também a diferença entre depressão e angústia existencial: esta ocorre periodicamente, como certa percepção de vazio e da necessidade de busca de sentido para a vida, sendo um potencial *turnaround* positivo. Já a depressão tem duas vias: a reativa e a endógena; a primeira é uma reação natural a fatores externos, como perdas afetivas, financeiras ou profissionais; já a segunda é uma doença, pois surge sem explicação, porém, é menos frequente que a reativa. A psicóloga Marina

Sanábria aponta que 80% de suas pacientes tomam antidepressivos; além disso, cerca de 70% desses medicamentos são vendidos no Brasil ao público feminino (DEPRESSÃO..., 2008; JANUZZI, 2008).

Jerome Wakefield, da Universidade de Nova York, estuda os fundamentos filosóficos da psiquiatria e afirma que depois do hábito de se diagnosticar a depressão pelos sintomas, e não pelo contexto vivido pela pessoa, há enorme confusão entre as duas coisas. Assim, as pessoas se tornam muito sensíveis às emoções negativas e preferem tomar remédios a enfrentá-las; dessa forma, a tristeza se transformou em um estigma social, classificado como doença, quando, na verdade, é um sentimento que faz parte da vida. O autor acrescenta que em meio a tantos estudos sobre a busca da felicidade, esqueceu-se da inevitabilidade da tristeza – que nem sempre é necessariamente uma forma de depressão. Na valorização mundana da eficiência e do trabalho frenético, há pouco espaço para a dor. A tristeza leva a um isolamento, normalmente rotulado de depressão e tratado com medicamentos. A tristeza normal guarda relação com o contexto vivido pelo indivíduo, enquanto no caso de depressão a resposta costuma ser mais desproporcionada. Além disso, é importante levar em conta que, normalmente, se necessitam testar vários tipos de medicamento até encontrar o mais adequado a cada pessoa. Finalmente, os efeitos colaterais são piores do que os anunciados, e não se restringem à alteração da libido. Assim, quando se tem uma tristeza normal, ela simplesmente desaparece com o tempo, ao passo que se for tratada como doença, não se costuma esperar esse tipo de resultado, apoiando-se, portanto, na medicação mais do que o necessário. A tristeza é um sentimento rico, que auxilia as pessoas a se conhecerem melhor; uma forma de catalisar a tristeza para algo positivo é buscar mais a família e os amigos (ROSENBURG, 2008).

Um estudo de Andrea Cipriani, da Universidade de Verona, publicado em janeiro de 2009 no *Lancet*, comparou 12 antidepressivos da nova geração, com dados de 117 pesquisas clínicas aplicadas a 26 mil pessoas – sem usar pesquisas patrocinadas por fabricantes. O Zoloft (sertralina) e o Lexapro (escitalopram, ainda sob proteção patentária) foram os mais eficientes na redução da depressão e causaram menores efeitos colaterais (ADAMS, 2009).

Uma habitual explicação da depressão é o déficit da serotonina, um neurotransmissor ligado ao estado de humor que auxilia as células a aprender e a se comunicar; é aí que os tratamentos procuram focar. Porém, mais recentemente, a impressão é que isso é apenas uma parte da equação.

Algumas formas moderadas de depressão podem ser tratadas com terapias ligadas ao comportamento cognitivo, mediante o qual os pacientes aprendem técnicas para se defenderem de seus pensamentos autodestrutivos.

A neurologista Helen Mayberg, em estudos na Universidade de Toronto e na Emory University, de Atlanta, descobriu que atividades em certa parte do cérebro estão fortemente associadas ao desespero. Em alguns casos, foi utilizada a técnica de choques elétricos, mas em mais de uma dúzia de ocorrências houve intervenção cirúrgica, mediante a qual os pacientes retornaram ao trabalho e à vida social. A exposição ao sol estimula a produção de serotonina – daí existirem pessoas viciadas em tomar sol, pois experimentam uma sensação de bem-estar; basta o bom-senso para não abusar e usar o filtro solar (CAREY, 2008; VELHO..., 2008; SANT'ANNA e PENNAFORT, 2009).

Um dos muitos autorretratos de Van Gogh, que sofreu de forte depressão durante vários anos. Fonte: <http://commons.wikimedia.org/wiki/Image:Vincent_Willem_van-Gogh_103.jpg>. Acesso em 21 de março de 2008.

Dificuldade para o clínico geral diagnosticar a depressão

Uma metanálise de 41 estudos de 10 países (com mais de 50 mil pacientes) mostra que somente 47% dos casos de depressão são diagnosticados no atendimento primário (durante uma consulta com um clínico geral, por exemplo) e que há falso diagnóstico em 20% dos casos. O estudo, publicado na edição on-line do *Lancet*, avaliou trabalhos de países europeus, dos Estados Unidos, do Canadá e da Austrália. O número de afetados pela depressão no Brasil segue dados mundiais: 12% dos homens e 20% das mulheres terão a doença em alguma fase da vida. Em geral, nos serviços de atenção primária, a incidência varia de 10% a 15%. A maior dificuldade do clínico geral é associar sinais que podem ser creditados a outras doenças, como dores, cansaço, falta de ar e de energia, a uma possível depressão. Um estudo realizado com 316 pacientes e 19 clínicos-gerais do Hospital das Clínicas de São Paulo e publicado em julho na revista *Clinics*, da instituição, mostrou que lentidão, cansaço e falta de concentração são os sintomas de depressão mais difíceis de serem identificados pelo clínico durante o atendimento (SILVEIRA, 2009b).

Reclamando de tudo: a distimia

A distimia é um transtorno de humor que tem como característica a reclamação constante, de tudo, de uma hora para outra, sem motivo aparente, junto com outros sintomas como preocupação excessiva, baixa autoestima, irritabilidade, melancolia, cansaço, falta de energia, alteração no sono e no apetite. Ocorre em 5% da população, ataca três vezes mais as mulheres do que os homens e, normalmente, incide dos 25 aos 35 anos. Essas pessoas tendem a pensar que apenas possuem mau humor como parte de seu temperamento, por isso demoram a aceitar que precisam se tratar. Reconhecida nos anos 1980, é uma forma crônica de depressão, com sintomas mais leves. A pessoa com depressão grave fica paralisada, mas com distimia continua levando a vida, mas sempre reclamando; apenas vê o lado negativo das coisas e não sente prazer. A distimia não deve ser subestimada, pois traz um risco 30% maior de desenvolver quadros depressivos graves. As causas, como na depressão, estão em um possível desequilíbrio químico com uma série de neurotransmissores que comandam o humor – sendo preciso o uso de antidepressivos.

Para certificar-se de que é distimia, os sintomas devem persistir por, no mínimo, dois anos (MORAIS, 2008; KLINGER, 2009).

Alta ansiedade – outro efeito colateral da vida moderna...

Algo tão simples quanto o excesso de opções, que forçam a inúmeras decisões diárias, aumenta a ansiedade e o estresse. Para seguir essa tendência, a Starbucks oferece 87 mil diferentes combinações, a Comcast oferece até mil canais de TV a cabo nos Estados Unidos e existem mais de 400 tipos de água mineral à venda. Esse maior número de opções não significa necessariamente facilitar a vida dos consumidores, pelo contrário, vários estudos mostram que causam cansaço mental e insatisfação nas compras, afinal, como saber que o café escolhido foi a opção mais racional das 87 mil ofertas ou, ainda, como usar, da melhor maneira, o pouco tempo disponível escolhendo entre a programação oferecida por mil canais?

Um estudo do ano 2000, dirigido por Sheena Iyengar, da Columbia University, mostrou que há maior probabilidade de se comprar geleia quando há seis opções do que quando se oferecem 24, ou seja, perdido em um labirinto de opções, o comprador prefere não comprar nenhuma.

Uma pesquisa da filial brasileira da International Stress Management Association, com 220 funcionárias de grandes empresas e donas de casa, de São Paulo e Porto Alegre, concluiu que conciliar o trabalho, a atenção aos filhos e os cuidados do lar é menos estressante do que se dedicar a apenas uma tarefa. Talvez ao exercer duas ou mais atividades relevantes, a mulher divida suas preocupações e deixa de concentrar todas as expectativas e frustrações em apenas uma delas. Uma pesquisa do University College London corrobora o estudo nacional: foram comparados os registros de saúde de 2 mil voluntárias durante 28 anos: entre as donas de casa, 40% se tornaram obesas, contra apenas 20% das que fazem dupla jornada. De modo geral, as mulheres focadas no lar comem mais e se exercitam menos. A pesquisa brasileira aponta que quanto maior a idade, maior a satisfação feminina em exercer várias funções. Com base nesses dados, o National Institute for Health and Clinical Excellence, da Grã-Bretanha, fez várias recomendações a seus empregadores, para proteger a saúde mental dos funcionários e diminuir o prejuízo causado pelo estresse e ansiedade no ambiente de trabalho. A entidade que avalia remédios e ajuda a definir as diretrizes da saúde na Grã-Bretanha disse que doenças mentais associadas ao trabalho custam ao país mais de US$46 bilhões por ano. Mais de 13 milhões de dias de trabalho são perdidos ao ano na Grã-Bretanha por estresse, ansiedade e depressão.

A postura negativa dos dirigentes representa maior risco à saúde mental do trabalhador. Medidas simples como elogios após um bom trabalho, horários de trabalho flexíveis e mais dias de folga como recompensa por bom desempenho poderiam reduzir os prejuízos (POSTURA..., 2009; ZAKABI, 2006).

Elementos ligados à ansiedade, como estresse, depressão, problemas de relacionamento, solidão, raiva, frustração e até mesmo tédio, diminuem a força de vontade de se levar adiante uma dieta e coloboram para o aumento ou a manutenção do peso acima do ideal. Assim, emagrecer é difícil porque o processo deve começar na cabeça e nos sentimentos de cada um. Como lidar com os sentimentos? Uma possibilidade é a terapia e outra opção é participar de grupos, como os Vigilantes do Peso.

A ansiedade é o sentimento típico de viver no futuro, preocupando-se com o que vai acontecer e sem parar para curtir o momento presente, agradecer as inúmeras situações prazerosas que nos ocorrem e valorizá-las corretamente – sem enfatizar apenas o que é negativo. A ansiedade não é uma doença, faz parte do sistema de defesa, que auxilia nossa sobrevivência ante os riscos naturais da vida. De modo geral, é um sentimento incômodo e projetado para o futuro: o ansioso vive em alerta constante por situações que podem ocorrer e causar dor. Assim, o medo é crucial para se entender melhor a ansiedade. O excesso de informação da atual sociedade é outro elemento a trazer maior ansiedade às pessoas, cabendo a cada um o aprendizado sobre o que é útil processar e o que deve ser descartado. A ansiedade diminui se for enfrentada diretamente, assim, quem teme pelo futuro desemprego precisa encarar o presente e aprender a abandonar essa preocupação, por ser absolutamente inútil (HUECK, 2008; NICKS, 2009; WORTH, 2009).

Transtorno bipolar

Um medicamento barato e relativamente eficaz em casos de transtorno bipolar é o lítio. Esse transtorno se caracteriza por episódios recorrentes e alternados de mania e depressão. O lítio pode ser usado em ambos.

Uma pesquisa de mestrado da USP de 2007, com 820 psiquiatras do país, feita por Ana Cláudia Taveira, apontou o lítio como ideal na fase de mania em 56,1% dos casos; na depressão em 43,6% e na manutenção do tratamento em 75,2%.

Já em 1871, o neurologista William Alexander Hammond, ministro da Saúde no governo Lincoln, disse ter usado o brometo de lítio em casos de mania aguda, estando satisfeito – julgando-o mais eficaz que qualquer outro remédio para diminuir a quantidade de sangue nos vasos cerebrais e acalmar a excitação.

O dinamarquês Carl Lange publicou, em 1897, os resultados de 11 anos de pesquisa em que verificou melhora em pacientes depressivos após o uso dessa substância.

No país, a Eurofarma detém cerca de 95% do mercado, que passou de 40 mil prescrições diárias, em 2005, para 53 mil em 2008. O problema do lítio é que níveis baixos são ineficazes e níveis altos podem ser tóxicos, sendo preciso um acompanhamento plasmático a cada quatro meses. Além disso, há ainda um longo caminho a ser percorrido: as pessoas reagem de forma diversa aos medicamentos, bem como encaram as contrariedades da vida de forma igualmente variada, o que dificulta a prescrição e, às vezes, o próprio diagnóstico. Alguns dos medicamentos tradicionais simplesmente não funcionam para algumas pessoas (ZAKABI, 2006; TONDO, 2007).

A síndrome de burnout

Burnout é o esgotamento ocasionado pelo consumo excessivo de energia. Ganhou espaço na literatura médica a partir de 1974, em estudos nos Estados Unidos com profissionais de saúde, e designa uma resposta emocional e física ao estresse ocupacional crônico. A síndrome foi identificada inicialmente em trabalhadores que têm alguma responsabilidade sobre as vidas de outras pessoas, mas pode afetar qualquer um.

Esse estado é causado por uma conjugação de fatores internos e externos. Profissionais mais exigentes, dedicados e com menos capacidade de lidar com situações difíceis estão mais propensos a sofrer dela, bem como os menos organizados, com baixos salários, poucas perspectivas de promoção, assédio moral e competição excessiva no ambiente de trabalho. Além dos problemas característicos do estresse, o *burnout* se caracteriza pela ausência no trabalho e pela adoção de uma postura cínica e rude em relação ao outro. Apesar de a legislação brasileira permitir o afastamento do trabalho em razão de *burnout*, com direito à retirada do Fundo de Garantia por Tempo de Serviço e estabilidade no emprego, o diagnóstico não é simples (VIVEIROS, 2009).

Uso de diversos medicamentos para tratar várias doenças mentais

Um estudo da Universidade de Columbia mostrou uma prática que se torna cada vez mais comum: a prescrição de uma combinação de drogas psicotrópicas para tratar depressão, ansiedade e síndrome do pânico. Embora pouco se saiba sobre o funcionamento ou os efeitos colaterais no longo prazo, essa combinação vem sendo usada para tratar diversas doenças mentais. Foram examinados dados de mais de 13 mil consultas a psiquiatras, entre 1996 e 2006, nos Estados Unidos, focados em antidepressivos, antipsicóticos, estabilizadores de humor e sedativos. Segundo o estudo, publicado no *Archives of General Psychiatry*, o número de consultas em que duas ou mais drogas foram prescritas aumentou de 43% para 60%. As mulheres entre 45 e 64 anos foram as pacientes que mais receberam essas prescrições. As combinações mais comuns foram entre dois antidepressivos e entre antidepressivos e sedativos ou estabilizadores de humor. Os autores sugerem que o aumento da prática se deva ao menor risco de efeitos colaterais da nova geração dessas drogas (PRESCRIÇÃO..., 2010).

3.6 AMBIENTE CULTURAL

Wood Jr. e Caldas (2000) citam cinco elementos culturais brasileiros úteis para compreender o ambiente e o comportamento de nossas organizações: a) personalismo: a aplicação da lei vale para o indivíduo anônimo, sem relações, portanto sua referência social provém do que modernamente passou a se denominar *network*; b) ambiguidade: quase nada é o que parece ser, e quando é o que parece, também pode ser algo mais; em outras palavras, a flexibilidade é a palavra de ordem – de importância sumamente maior; c) plasticidade: permeabilidade do brasileiro ao estrangeiro, com duas vertentes: a tendência à dependência (basta ver que ainda existem livros-textos adotados em cursos acadêmicos que não apresentam qualquer validade mais em nossa realidade, porém, pelo simples fato de serem de professor do exterior, parecem como de maior importância por aqui) e o gosto pela miscigenação (derivada da colonização); d) distância do poder: mostra por que existe uma tendência de o brasileiro se julgar acima das leis generalizantes; e e) formalismo: a tendência de aceitar e provocar a discrepância entre o formal e o real, o dito e o feito.

Referências

"ACESSO ao saneamento no Brasil registra maior salto em 15 anos, diz FGV". Folha Online, 4 nov. 2008.
ADAMS, J. U. "Which antidepressant drug is the best? Studies conflict". Los Angeles Times Online, 9 fev. 2009.
ALMEIDA, C. A. "Imposto, a fonte da burocracia". Valor Online, 15 mai. 2009.
AMATO, F. "Universitários de Taubaté (SP) terão de prestar serviços comunitários após trote". Folha Online, 20 ago. 2009.
ANDRADE, G. C. M. "O dever de informação entre médico e paciente". Estado de Minas, Minas Gerais, 16 fev. 2009. Caderno Direito & Justiça, p. 3.
ANJOS, A. A. "Videoconferência – o Judiciário no ritmo da modernidade". Estado de Minas, Minas Gerais, 1 fev. 2009. Caderno Direito & Justiça, p. 1.
"ANVISA alerta sobre remédio para emagrecer sibutramina". O Estado de S.Paulo Online, 27 jan. 2010.
"ANVISA dá início a consulta pública sobre microbactéria". Folha Online, 26 dez. 2008.
"ANVISA proíbe venda e uso dos remédios Prexige e Arcoxia". O Estado de S.Paulo Online, 3 out. 2008.
ANS. Duas faces da mesma moeda – microrregulação e modelos assistenciais na saúde suplementar. Rio de Janeiro: Série Regulação e Saúde, v. 4, 2005, 272p.
ARANDA, F.; MACHADO, R. "Em 1 ano de lei seca, mortes caem 12,4%". O Estado de S.Paulo, São Paulo, 14 jun. 2009. Caderno Cidades, p. C4.
ARROW, K. J. "Uncertainty and the welfare economics of medical care". American Economic Review, 53: 941-973, 1963. Apud: FARIAS, L. O.; MELAMED, C. Segmentação de mercados da assistência à saúde no Brasil. Revista Ciência e Saúde Coletiva, 2003; v. 8, n. 2: p. 585-598.
BAHIA, C. "Planalto negocia novo cálculo de aposentadorias". Zero Hora, Rio Grande do Sul, 4 dez. 2008, p. 6.
"BANCO americano 1st Centennial declara falência". Folha Online, 24 jan. 2009.
"BANK of America e Citigroup recebem ajuda de US$439 bi do governo". Folha Online, 16 jan. 2009.
BARRINGER. F. "Green policies in California generated jobs, study finds". The New York Times Online, 20 out. 2008.
BASSETTE, F. "Mulheres demoram mais a largar cigarro, diz pesquisa". Folha Online, 30 dez. 2008.
BELCHIOR, L. "Lei seca reduz em até 40% acidentes e mortes no país e já 'colou', diz ministro". Folha Online, 8 ago. 2008a.
_____. "Analfabetismo cai no Brasil, mas ainda é um dos piores da América Latina". Folha Online, 21 set. 2008b.
BERKHOFF, A. F. "Gestão da saúde". América Economia, n. 365, p. 252-257, 12 fev. 2007.
BERNARDES, M. "O último homem de pé". TAM nas Nuvens, v. 2, n. 14, p. 94-98, fev. 2009.
BERRY, L. L. Serviços de satisfação máxima. Rio de Janeiro: Campus/Elsevier, 1992.
BRACHER, B. "Abandono em massa". Revista Encontro. Belo Horizonte, v. 7, n. 76, p. 82-84, abr. 2008.
BRASIL. "Acesso aos medicamentos, compras governamentais e inclusão social. Ministério da Saúde". Fórum de Competitividade da Cadeia Produtiva Farmacêutica. Brasília: 23 dez. 2003.
CAMPOS, J. R. "De como a especulação sem limites quebrou até os especuladores". Valor Online, 23 jan. 2009a.
CAMPOS, M. "Número de acidentes sobe, mas mortes caem nas estradas federais após Lei Seca". Folha Online, 18 jun. 2009b.
CAREY, B. "Lifting the curtain on depression". The New York Times Online, 10 nov. 2008.
CARPENTER, S. "Women drive increase in sales of motorcycles, survey shows". Los Angeles Times Online, 20 nov. 2008.
CATÃO, C. "Perigo nas ruas". Revista Encontro, v. 7, n. 73, p. 34-40, 8 mar. 2008.
CHADE, J. "Crise abala geração iPod na Europa". O Estado de S.Paulo, São Paulo, 7 dez. 2008. Caderno Economia, p. B13.
_____. "Um quarto das adolescentes da América Latina já é mãe". O Estado de S.Paulo Online, 12 jun. 2009.
CHAN, S. "City to pay $2 million in death after hospital wait". The New York Times Online, 27 mai. 2009.
CIMIERI, F. "Melhor hospital psiquiátrico do RJ fecha as portas". O Estado de S.Paulo Online, 21 dez. 2008.
COLLUCCI, C. "Nova técnica coloca implante dentário sem corte na boca". Folha Online, 28 mai. 2009a.
_____. "Cirurgia inadequada impossibilita recuperar 50% das mãos mutiladas". Folha Online, 3 jul. 2009b.

_____. "Vítima de um erro histórico". *Folha de S.Paulo*, São Paulo, 5 jul, 2009c. Caderno Saúde, p. C7..
COLLUCCI, C.; BOTELHO, R. "Lipoaspiração lidera processos contra médicos em SP". Folha Online, 3 fev. 2009.
"COMIDA para quem tem fome". *O Estado de S.Paulo*, São Paulo, 25 jan. 2009. Caderno SP 455 anos.
"COMMERZBANK is part nationalized". BBC Online, 8 jan. 2009.
COMPEAU, M. "Getting the most out of bricks and mortar". Forbes Online, 18 jun. 2008.
"CONSTRUÇÃO emprega mais de 2 milhões". *O Estado de S.Paulo*, São Paulo, 28 jul. 2008. Caderno Economia, p. B2.
"CORPO de suposta vítima de erro médico é enterrado no Rio". O Estado de S.Paulo Online, 8 mar. 2009.
"CORTE de 533 mil vagas nos EUA é o pior em 34 anos". *O Estado de S.Paulo*, São Paulo, 6 dez. 2008. Caderno Economia, p. B1.
CUPANI, G. "Alisadores de cabelo usam substância tão tóxica quanto formol". Folha Online, 5 jun. 2009a.
_____. "Idosos precisam exercitar flexibilidade e força, recomendam EUA". Folha Online, 17 ago. 2009b.
"DEPRESSÃO é maior aos 40 anos". *Estado de Minas*, Minas Gerais, 4 fev. 2008.
DI DIO, G. S. C. Z; SILVA, S. M.; PEREIRA, A. C. "Aprendizagem organizacional e inovação em instituições hospitalares". In: Simpósio de Gestão da Inovação Tecnológica, 25. Brasília: ANPAD. Anais Eletrônicos, 2008.
"DOBRA o número de jovens na universidade". *O Estado de S.Paulo*, São Paulo, 10 out., 2009. Caderno Vida&, p. A23.
DRUCKER, P. *O gerente eficaz*. Rio de Janeiro: LTC, 1972, 3ª edição.
DUARTE, D. "Crise nos EUA afeta vizinhos mexicanos". *Folha de S.Paulo*, São Paulo, 5 out. 2008. Primeiro Cad., p. A22.
EICH, N. V. "Anvisa determina que bulas sejam mais claras". O Estado de S.Paulo Online, 9 set. 2009.
ESCOBAR, H. "Pesquisa alerta sobre propaganda enganosa". *O Estado de S.Paulo*, São Paulo, 4 dez. 2008. Caderno Vida&, p. A18.
"ESTRADAS de Minas têm queda no número de mortes no feriado de Corpus Christi". Folha Online, 15 jun. 2009.
"EXPORTAÇÃO agrícola de US$ 71,9 bi em 2008 é recorde". Portal iG, 9 jan. 2009.
EVANS, L. "Pesquisa mostra perfil dos idosos brasileiros". *Estado de Minas*, Minas Gerais, 9 jan. 2008. Caderno Ciência, p. 18.
FARIAS, L. O.; MELAMED, C. "Segmentação de mercados da assistência à saúde no Brasil". *Revista Ciência e Saúde Coletiva*, 2003; v. 8, n. 2: p. 585-598.
FARID, J. "Espírito Santo lidera ranking de produção industrial, diz IBGE". O Estado de S.Paulo Online, 7 ago. 2008a.
FARID, J. "Emprego formal cresce para 35,7%". O Estado de S.Paulo Online, 18 set. 2008b.
"FDA approves ferring pharmaceuticals´ prostate cancer drug degarelix". The New York Times Online, 30 dez. 2008.
"FDA slams weight-loss pills". Los Angeles Times Online, 11 jan. 2009.
FÉLIX, J. "Idade é só um detalhe". Valor Online, 30 jan. 2009.
FERNANDES, N. "Banco Mundial vê Bolsa-Família como exemplo". *O Estado de S.Paulo*, São Paulo, 24 abr. 2009. Caderno Economia, p. B11.
FORMENTI, L. "O melhor é não ter hospital psiquiátrico de grande porte". *O Estado de S.Paulo*, São Paulo, 12 jul 2009. Caderno Vida&, p. A20.
FRANCO, P. R. "Polícia fecha cerco a motoristas bêbados". *Estado de Minas*, Minas Gerais, 20 nov. 2008. Caderno Gerais, p. 30.
FREITAS, C. "Condicionador da Turma da Mônica é recolhido do mercado". O Estado de S.Paulo Online, 21 jan. 2009.
FUMAGALLI, L. A. W.; PIVA, L. C.; KATO, H. T. "Impacto da Tecnologia da Informação na Gestão Hospitalar: o Caso do Hospital Santa Cruz". ENADI, 1. ANPAD, Florianópolis... CD-Rom, 2007.
FUSCO, C. "O supermercado sem caixa vem aí". Portal Exame, 10 jul. 2009.
"GENÉTICA de varejo". *Época Negócios*. São Paulo: Editora Globo, v. 2, n. 13, p. 44-46, mar. 2008.
GRANEIRO, W. J. B.; CALDAS DE MOURA, J. T. *Em busca da nova ordem financeira*. Rio de Janeiro: Rio Fundo Editora. 1992.
HUECK, K. "Ansiedade". Superinteressante. São Paulo: Editora Abril, p. 66-75, nov. 2008..
IWASSO, S. "Depressão atinge até 35% das mães". *O Estado de S.Paulo*, São Paulo, 23 nov. 2008. Caderno Vida&, p. A24.
IZIDORO, A.; SANGIOVANNI, R. "Após lei seca, São Paulo poupa 4 vidas por semana". Folha Online, 12 mar. 2009.
JANUZZI, D. "Felicidade imediata". *Estado de Minas*, Minas Gerais, 16 nov. 2008. Caderno Bem Viver, p. 4.
JOBIM, C. "Procurador move ação contra Anvisa e site de suplementos". Folha Online, 29 out. 2008.
JÚNIOR, C. "Safra de 2008 somou 145,8 milhões de toneladas, projeta o IBGE". Folha Online, 8 jan. 2009.
"JUSTIÇA condena médico e convênio a indenizar paciente por injeção errada". Folha Online, 23 jul. 2008.
"JUSTIÇA condena 2 por mortes por Celobar". Folha Online, 30 jan. 2009.
"JUSTIÇA do Rio manda dona de pit bull indenizar mulher atacada por cão". Folha Online, 30 jun. 2009.
KATTAR, E. "Fundações se unem para estudar malária". *O Estado de S.Paulo*, São Paulo, 21 dez. 2008. Caderno Vida&, p. A23.
KIEFER, S. "Cheiro de novidade". *Estado de Minas*, Minas Gerais, 28 set. 2008. Caderno Economia, p. 6.
KIEFER, S.; CASTRO M. "Sua vida nas mãos da Justiça". *Estado de Minas*, Minas Gerais, 23 nov. 2008. Caderno Economia, p. 1-2.
KILEY, D. "It's a hot time for tea". Business Week Online, 09 jul. 2008.
KLINGER, K. "Mau humor crônico é doença e exige tratamento". Folha Online, 15 fev. 2009.
KUAZAQUI, E.; TANAKA, L. C. T. *Marketing e gestão estratégica de serviços em saúde*. São Paulo: Thomson, 2008.
LABAKI, A. "Oscar, Nobel e Al Gore". Valor Online, 19 out. 2007.

"LABORATÓRIO inicia reembolso do Arcoxia na segunda-feira, 13". O Estado de S.Paulo Online, 11 out. 2008.
LACERDA, A. P.; VIALLI, A. "a) Cosmético avança nas classes populares; b) Brasileiras são as que mais tingem os cabelos". *O Estado de S.Paulo*, São Paulo, 21 set. 2008. Caderno Economia, p. B10 e B11.
LEITE, F. "Estado paga bolsa e residente atende principalmente planos de saúde". *O Estado de S.Paulo*, São Paulo 8 out. 2008. Caderno Vida&, p. A21.
LEITE, F. "Prefeitura é condenada a abrir Caps". *O Estado de S.Paulo*, São Paulo 6 jun. 2009. Caderno Vida&, p. A24.
"LIGAÇÃO anônima avisou sobre erro em cirurgia do cérebro". O Estado de S.Paulo Online, 9 mar. 2009.
LIPTAK, A. "Damages cut against Exxon in Valdez case. The New York Times Online, 26 jun. 2008.
LOHR, S. "Kaiser backs Microsoft patient-data plan". The New York Times Online, 10 jun. 2008.
LORINI, A. "A força dos quarentões". Portal Exame, 12 jul. 2007. Acesso em 12 out. 2009.
LOPES, A. D. "Aos 60 com pique de 50". *Veja*, São Paulo: Abril, v. 41, n. 30, p. 102-103, 2008.
MACHADO, D. D. P. N.; HOELTGEBAUM, M.; SCHLINDWEIN, N. F. C. Adoção de inovações em saúde: fatores motivadores e limitadores. In: Simpósio de Gestão da Inovação Tecnológica, 25. Brasília: ANPAD. Anais Eletrônicos, Brasília, 2008.
MAGALHÃES, N. "Lei Seca, a missão". *Veja*, São Paulo: Abril, v. 41, n. 27, p. 60-62, 9 jul. 2008.
"MAIS brasileiros deixam o Japão". *O Estado de S.Paulo*, São Paulo, 30 ago. 2009. Caderno Economia, p. B2.
MANSO, B. P. "Carro a álcool para driblar o pedágio urbano". *O Estado de S.Paulo*, São Paulo, 19 out. 2008. Caderno Cidades, p. C13.
MANTOVANI, F. "Diabetes dobra chance de depressão pós-parto, indica estudo". Folha Online, 6 mar. 2009a.
_____. "Sete refrigerantes têm substância cancerígena, revela pesquisa". Folha Online, 5 mai. 2009b.
MARTINEZ, C. "Uma indústria do bem-estar". Valor online, 7 dez. 2007.
"MASTECTOMIA em fase inicial do câncer volta a crescer nos EUA". Folha Online, 16 maio 2008.
MELO, L. "Tensão nos consultórios". *Estado de Minas*, Minas Gerais, 25 jan. 2009. Caderno Gerais, p. 1-3.
MINADEO, R. *Gestão de marketing – fundamentos e aplicações*. São Paulo: Atlas, 2008.
MOLINA, M. "Nunca se leu tanto jornal". Valor Online, 5 set. 2008.
MORAIS, E. "Doença do mau humor acomete três vezes mais mulheres do que homens". Folha Online, 23 set. 2008.
NEIVA, P.; LIMA, R. A. "Demografia". *Veja*, São Paulo: Abril, v. 41, n. 30, p. 94-101, 2008.
NICKS, N. "Por que emagrecer é tão difícil?" Portal Yahoo, Blog Melhor Amiga, 9 jun. 2009.
"NOVA lei dos consórcios inclui plásticas, estudos e viagens". Portal iG, 6 fev. 2008.
"NÚMERO de pobres caiu no Brasil apesar de crise, diz Ipea". Yahoo Brasil, 19 mai. 2009.
NUNOMURA, E. "Serviços voltados ao idoso estão em alta". *O Estado de S.Paulo*, São Paulo, 31 mai. 2009. Caderno Vida&, p. A31.
OTTA, L. A. "Empresas bancam festa da ANTT". *O Estado de S.Paulo*, São Paulo, 1 mar. 2009. Caderno Economia, p. B4.
OUCHI, W. *Sociedade M – a força do trabalho em equipe*. São Paulo: Nobel. 1985.
PACHECO, P. "'Trem verde' da Vale troca diesel por gás". O Estado de S.Paulo Online, 12 fev. 2009.
PARAGUASSU, L. "SP concentra cidades onde alunos do Bolsa-Família têm mais faltas". *O Estado de S.Paulo*, São Paulo, 25 jan. 2009. Caderno Nacional, p. A10.
_____. "ProUni faz taxa de alunos com emprego subir de 56% para 80%". O Estado de S.Paulo Online, 21 abr. 2009b.
PASTOR, A. *La ciencia humilde – economía para ciudadanos*. Barcelona: Ed. Crítica, 2008.
PEREIRA, C. "Vá à escola, ganhe este celular". *Veja*, São Paulo: Editora Abril, v. 41, n. 12, p. 59-60, 26 mar. 2008..
PEREIRA, C.; BETTI, R. "Tempo e dinheiro para comprar". *Veja*, São Paulo: Abril, v. 41, n. 30, p. 104-5, 2008.
PERSIA, M. "Brasil adota vacina infantil não aprovada nos EUA". Folha Online, 25 ago. 2009.
"PESSOAS ficam mais felizes quando envelhecem, diz estudo". Portal iG, 8 ago 2009.
PICHONELLI, M. "No Brasil, 38 municípios oferecem atividades orientais gratuitamente". Folha Online, 22 mai. 2009.
PHILLIPS, M. M. "Como ricas casinha e sua grande hipoteca colaboraram para a crise". Valor Online, 5 jan. 2009.
"PM multa 22 motoristas por dirigir embriagados em São Paulo". O Estado de S.Paulo Online, 17 nov. 2008.
"POSTURA do chefe pode trazer riscos à saúde do funcionário". O Estado de São Paulo Online, 5 nov. 2009.
"PRESCRIÇÃO de antidepressivos combinados cresce nos EUA". Folha de S. Paulo Online, 18 jan. 2010.
PRIETO, C. "CVC abre caminho no exterior e cresce com onda ecológica". Valor Online, 13 out. 2008.
"PRIMEIRO transplante com células-tronco próprias". *Estado de Minas*, Minas Gerais, 20 nov. 2008. Primeiro caderno, p. 24.
"PRODUÇÃO de biodiesel é liderada por RS e MT". Valor Online, 25 fev. 2009.
RABIN, R. C. "Depressão é tratada em apenas metade dos casos nos EUA". Folha Online, 1 fev. 2010.
REINA, E. "Lixo de 300 cidades pode produzir 15% da energia do país". *O Estado de S.Paulo*, São Paulo, 2 out. 2008. Caderno Cidades, p. C3.
RIBEIRO, M. "Pesquisa revela o universitário da baixa renda". O Estado de S.Paulo Online, 26 out. 2009.
"RIO: projeto atende 2,5 mil solitários em seis meses". Portal Terra, 17 de outubro de 2008.
RODRIGUES, T. "Sou centenário". *Revista Encontro*, v. 7, n. 73, p. 46-49, 8 mar. 2008.
ROSENBERG, C. "Abrace a tristeza". *Época Negócios*, São Paulo: Editora Globo, v. 2, n. 13, p. 176-180, mar. 2008.
ROSENTHAL, E. "Cidade elimina os estacionamentos". *O Estado de S.Paulo*, São Paulo, 17 mai, 2009. Caderno Metrópole, p. C5.

SAM, R. "Doctor gives risky drugs at high rate". Chicago Tribune Online, 10 nov. 2009.
SANDERS, L. "Mysterious psychosis". The New York Times Online, 15 mar. 2009.
SANT´ANNA, I. "Faltam leitos para doente mental". *O Estado de S.Paulo*, São Paulo, 21 set. 2008. Caderno Vida&, p. A27.
SANT´ANNA, E. "Pet-terapia e música ajudam pacientes em SP". *O Estado de S.Paulo*, São Paulo, 21 set. 2008a. Caderno Vida&, p. A29.
_____. "Brasileiros vivem o fim do sonho americano". *O Estado de S.Paulo*, São Paulo, 19 out. 2008b. Caderno Economia, p. B7.
SANT´ANNA, E.; PENNAFORT, R. "No verão, bem-estar esconde problemas para 'viciados' em sol". *O Estado de S.Paulo*, São Paulo, 4 jan. 2009. Caderno Vida&, p. A15.
SANTA MARIA-MENGEL, M. R. Vigilância do "desenvolvimento" em programa de saúde da família: triagem para detecção de riscos para problemas de desenvolvimento em crianças. 2007. Tese (Doutorado) – Faculdade de Medicina de Ribeirão Preto, USP, Ribeirão Preto, 2007.
SANTOS, R. "Ex-cirurgião é condenado a 8 anos de prisão". O Estado de S.Paulo Online, 15 abr. 2009a.
_____. "Ex-médico será julgado por mais quatro mortes em cirurgias". O Estado de S.Paulo Online, 16 abr. 2009b.
SILVEIRA, J. "Mãe de gêmeos tem mais depressão". Folha Online, 11 abr. 2009a.
_____. "Clínico diagnostica apenas 47% dos casos de depressão, mostra estudo". Folha Online, 14 ago. 2009b.
_____. "Em um ano, Brasil tem queda de 7,9% em partos de adolescentes". Folha Online, 23 set. 2009c.
_____. "Europa suspende venda de remédio para emagrecer". Folha de S. Paulo Online, 21 jan. 2010.
"SPANISH industrial output plunges". BBC Online, 9 jan. 2009.
"SPANISH jobless total tops 4 million". The New York Times Online, 2 fev. 2010.
STYCER, M. "Código de Defesa do Consumidor faz disparar julgamento de casos de erro médico". Portal IG, 14 nov. 2008.
TATSCH, C.; SCANOVE, M. "Quer chegar aos 100 anos?" *Época Negócios*, São Paulo: Editora Globo, v. 2, n. 23, p. 120-122, jan. 2009.
"TAXPAYER to own 43% of superbank". BBC Online, 12 jan. 2009.
TOLEDO, K. "Mulher que amamenta por mais tempo tem menos risco de enfarte". O Estado de S.Paulo Online, 10 mar. 2009.
TOMAZELA, J. M. "1 em cada 3 aterros sanitários do interior de São Paulo está esgotado". *O Estado de S.Paulo*, São Paulo, 15 mar. 2009. Caderno Cidades, p. C4.
TONDO, L. "A redescoberta do lítio". *Mente & Cérebro*, ano 15, n. 178, p. 68-73, 2007.
TOSTA, W. "Mais de 1,2 milhão de jovens estão ociosos no Brasil, segundo IBGE". *O Estado de S.Paulo*, São Paulo, 10 out. 2009. Caderno Vida&, p. A22.
UCHITELLE, L. "Jobless rate jumps to 7.2% as U.S. loses 524,000 jobs". The New York Times Online, 9 jan. 2009.
"VEJA o que muda com as novas regras para 'call centers'". O Estado de S.Paulo Online, 30 jul. 2008.
"VELHO lítio mantém popularidade". Valor Online, 13 jun. 2008.
"VENDAS de cimento". *Estado de Minas*, Minas Gerais, 13 jan. 2009. Caderno Economia, p. 13.
VIEIRA, A. "Sanofi fará reembolso do Acomplia". Valor Online, 27 out. 2008.
VIEIRA, E. M. et al. Gestão da inovação nos setores de biotecnologia e biomedicina: um estudo exploratório. In: Simpósio de Gestão da Inovação Tecnológica, 25. Brasília: ANPAD. Anais Eletrônicos, CD-Rom..., Brasília, 2008.
VIVEIROS, M. "Excesso de trabalho pode provocar a síndrome de 'burnout'". Folha Online, 4 nov. 2004. Acesso em 1 set. 2009.
VOLPATO, C. "A vitória das rugas e da alegria". Valor Online, 20 mar. 2008.
"WHAT´S NEWS, Coluna The Wall Street Journal, Valor Online, 16 out. 2008.
WERNECK, F. "Fecundidade da brasileira atinge nível mais baixo". O Estado de S.Paulo Online, 18 set. 2008.
WOOD JR., T.; CALDAS, M. P. Antropofagia organizacional e a difícil digestão de tecnologia gerencial importada. In: Novas perspectivas na administração de empresas. RODRIGUES, S. B.; CUNHA, M. P. (orgs.). Estudos Organizacionais. São Paulo: Iglu Editora, 2000.
WORTH, T. "Too many choices can tax the brain, research shows". Los Angeles Times Online, 16 mar. 2009.
YUNUS, M.; JOLIS, A. *O banqueiro dos pobres*. São Paulo: Editora Ática, 2003.
ZANCHETTA, D. "Colapso do lixo atinge 67 cidades de São Paulo". *O Estado de S.Paulo*, São Paulo, 2 out. 2008. Caderno Cidades, p. C1.
ZANCHETTA, D. "Cidade Tiradentes proíbe baile funk na rua". *O Estado de S.Paulo*, São Paulo, 28 jun. 2009. Caderno Cidades, p. C3.
ZAKABI, R. "Sem tempo para ninharias". *Veja*, São Paulo: Abril, v. 39, n. 22, p. 92-95, 7 jun. 2006.
ZIMMERMANN, C. "R. Bolsa-Família na Alemanha". *Estado de Minas*, Minas Gerais, 5 jan. 2009. p. 7.

CAPÍTULO 4

O CONSUMIDOR DE SERVIÇOS DE SAÚDE

4.1 INTRODUÇÃO: O COMPORTAMENTO DO CONSUMIDOR

O paciente é um ser humano, com todas as suas prerrogativas, maus hábitos, teimas ou "achismos", vícios, preguiça. Assim, não será surpresa encontrar pessoas que se enganam: estão com problemas respiratórios em função do cigarro ou obesos devido a maus hábitos alimentares e sedentarismo, porém não hesitarão em justificar esses problemas como oriundos da poluição ou do excesso de trabalho. Nada mais humano. Assim, é muito comum uma crítica "leiga" ao médico que nada prescreve ao paciente, ou que se atrasa. O atraso é para comunicar ao paciente que ele já está mais do que ciente do que deve fazer, porém "a ficha ainda não caiu", e os atrasos ou as faltas de prescrição podem ser apenas reforços ao que o paciente já sabe.

Outra cena comum: a mãe leva a filha ao médico para iniciar um regime, por julgá-la acima do peso, dizendo que come bobagens demais. Ora, o médico tem um papel pedagógico ao dizer à bem-intencionada mãe que a filha não está com o peso tão acima do normal para a idade e é mais importante iniciar uma atividade esportiva do que cortar alguns alimentos ou usar medicamento. Porém, por trás dessa aparente boa intenção, a mãe pode estar com vergonha da filha, por não ser tão bonita ou não estar tão em boa forma como as filhas das amigas... Novamente, nada mais humano...

Cada ser humano é único, o que inclui sua escala de valores no tocante às suas necessidades, preferências e atitudes em relação a produtos, marcas e estilos de vida. As necessidades muitas vezes não são conhecidas pelos próprios consumidores, sendo necessários estímulos externos para que estes venham a tomar consciência delas. Além disso, cada consumidor possui também uma escala individual de possibilidades de compra, em função de seu orçamento, renda, cultura, família, expectativa em relação ao futuro e necessidades.

Cabe ainda uma importante consideração: existe um pressuposto, segundo o qual todas as compras são fruto de uma análise custo-benefício que visa maximizar o retorno em relação ao investimento realizado. Porém, nada mais falso – porque parte de uma visão determinista, materialista e que desconhece o simples fato de que qualquer compra representa um ato humano, como cantarolar durante o trabalho ou tamborilar os dedos enquanto se espera a consulta médica. Assim, o consumidor é igualmente humano na hora de comprar, e não adianta colocar a culpa nas atividades publicitárias ou no marketing pelas compras realizadas. Nada mais humano: elas satisfazem necessidades reais ou imaginárias, porém o consumidor é o responsável, pois, no mínimo, em vez de comprar poderia poupar, e existem inúmeros apelos a planos de investimentos que objetivam um futuro melhor... o problema é confiar nos bancos...

Cerca de metade das pessoas que consomem álcool em excesso mente para os médicos a respeito da quantidade, e parte delas mente para si mesmas, bem como para as pessoas da família (HEAVY..., 2008).

O quadro tem melhorado: existe maior nível de informação por parte das pessoas. Além disso, em razão do interesse do público, inúmeros sites trazem dados básicos sobre sintomas de doenças, medicamentos e tratamentos. Afinal, a crítica recorrente a respeito do elevado grau de automedicação pode representar apenas que para algumas doenças simples já existem experiências relativas aos sintomas e aos tratamentos eficazes. E a tal automedicação pode ser majoritariamente formada por remédios realmente vendidos sem receita médica, ou seja, que já passaram a ser vistos pela sociedade como produtos para ser consumidos sem indicação de profissionais.

Outra contribuição: as redes varejistas de medicamentos contam com a presença de farmacêuticos nos horários prescritos, de modo que existem profissionais gabaritados que auxiliam na escolha de remédios para problemas simples e que, conforme as circunstâncias, indicam a consulta a um médico.

Também é comum encontrar pessoas que levam uma vida confortável, porém julgam qualquer gasto ligado à saúde elevado, talvez por causa de alguma ideia mal concebida. Talvez pensem que o governo deveria prover todos os gastos com médicos, dentistas, hospitais, ambulâncias, acidentes, remédios, exames e assim por diante e, claro, em nível de Primeiro Mundo. É fácil entender que não há impostos suficientes para uma cobertura tão ampla, com uma população formada por uma grande maioria que contribui relativamente pouco, em função de sua renda ser baixa. Aliás, mesmo em países ricos, o financiamento à saúde é fruto de uma eterna disputa política por recursos, e as empresas privadas atuantes no setor não costumam contar com grande simpatia por parte da população.

Enfim, vida fácil é a de um pediatra cuidando de doenças simples: basta fazer o diagnóstico, e uma atenta e carinhosa mãe vai aplicar os remédios convenientemente ou relatar os novos sintomas, se for o caso.

Temas de especial interesse no conhecimento da personalidade humana

- *Aprovação social*: refere-se ao desejo de ser aceito por aqueles a quem estima e valoriza. É o desejo de pertencer a um grupo, adaptando-se a seus valores.
- *Status*: através de algo que traga prestígio, o consumidor se destaca. Isso pode ocorrer por meio de produtos tidos por desnecessários, por marcas renomadas ou por aquilo que é considerado luxuoso para a maior parte das pessoas. Porém, o status também apresenta um sentido positivo: comunicar a posição real que se ocupa na sociedade, através de símbolos, como as roupas que se usa, dado que existe um forte componente social em todo comportamento humano.
- *Segurança*: inclui temas como saúde, tranquilidade, proteção contra danos físicos ou morais. São importantes na vida de todas as pessoas, ocupando posições prioritárias na alocação da renda disponível, já que há um natural medo de se perder o que se possui, em especial no tocante aos entes queridos.
- *Hobbies*: representam uma parcela de tempo e recursos que uma pessoa gasta de modo livre, com o intuito de buscar realização.
- *Interesse pessoal*: refere-se às exigências individuais, que variam de pessoa para pessoa. A aceitação de um produto ou serviço dependerá sempre, em certa medida, da adequação às conveniências e preferências de cada um.
- *Autoconceito*: diz respeito a o quanto o indivíduo se valoriza e do que se julga capaz. Uma pessoa que se valoriza não precisa comparar-se com outras nem ser adepta do comportamento grupal. Reconhece em si e nos outros qualidades e defeitos e separa o valor da pessoa de comportamentos ou atitudes inadequados que possa ter. A qualidade de seus relacionamentos reflete seu autoconceito ao viver com

maturidade tudo que faz. Atitudes que reforçam o autoconceito: a) a definição das metas pessoais; b) essas metas se relacionam com sua escala de valores, seu potencial e suas necessidades; e c) o indivíduo tem capacidade para perseguir essas metas. O autoconceito evolui com o desenvolvimento pessoal (MINADEO, 2008).

Sonho dourado das pessoas: maior controle sobre o próprio tempo...

Uma pesquisa de Kathleen Christensen, da Alfred P. Sloan Foundation, aponta que os trabalhadores gostariam de controlar melhor seu tempo. Assim: a) 78% dos casais possuem duas receitas; b) 63% dos trabalhadores julgam não dedicar tempo suficiente ao cônjuge; c) 74% pensa não ter tempo suficiente para os filhos; e d) 35% dos adultos estão dedicando mais tempo a familiares da terceira idade (HOW..., 2009).

**Automóveis: paixão masculina.
E alguns motivos para a troca do carro...**

É raro ouvir falar de uma mulher que se apaixonou por um carro antigo, investindo nele tempo e recursos para restaurá-lo. O automóvel se presta à identificação masculina, como projeção da própria personalidade, com atributos viris, como velocidade e potência – ideias aproveitadas pela propaganda. É mais comum que as mulheres se limitem à estética e avaliem a relação custo-benefício na compra ou troca de automóveis. Os homens gostam do cheiro do carro novo – o que, às vezes, enjoa as mulheres.

Por outro lado, o público feminino, cada vez mais, busca fazer do carro uma "segunda casa": guarda batom, guarda-chuva e mil outros apetrechos (ZERBINATTI, 2007). Uma pesquisa feita em agosto de 2009, a pedido da CarMax, revendedora de carros usados dos Estados Unidos, com 500 mulheres norte-americanas acima dos 18 anos, apresentava os seguintes motivos para a compra de um carro: novo emprego, aposentadoria, gravidez, divórcio, saída dos filhos de casa ou quando os filhos se tornam motoristas. Sessenta por cento das mulheres responderam mudanças na carreira: novo emprego (37%) e aposentadoria (23%). Mulheres dos 18 aos 34 indicaram gravidez (41%) e um novo emprego (44%); 11% indicaram a passagem de status de um filho a motorista como motivo para compra de novo carro (RAMOS, 2009).

Motivos da escolha da faculdade

Uma pesquisa com 4% dos estudantes do ensino superior privado do Estado de São Paulo apontou que os principais motivos que determinam a escolha da faculdade são a localização (24%) e os preços (19%) (IVASSO; MANDELLI, 2009).

> **Pobre executivo: ganha muito, mas tem a saúde em frangalhos...**
>
> Uma pesquisa com 9.727 executivos feita pela Omint, empresa de planos de saúde, mostrou que 96% deles não fazem uma alimentação equilibrada; 43,18% são sedentários e 31,94% estão com nível elevado de estresse. Apenas 25% dos entrevistados buscam uma alimentação mais equilibrada e 36,7% estão iniciando alguma prática esportiva. Algumas empresas, como a rede Novotel, do grupo Accor, oferece academia a seu pessoal. A crise econômica elevou o nível de estresse dos executivos brasileiros e aumentou a procura por serviços cardiológicos e *check-up* médico. O estresse causa insônia, hipertensão e colesterol ruim. Levantamento da Med-Rio, empresa especializada em *check-up*, mostra que, no último trimestre de 2008, os níveis de estresse (medidos pelas dosagens dos hormônios cortisol e adrenalina) cresceram 11% (de 64% para 75%) em relação ao mesmo período de 2007. A empresa carioca realiza 400 *check-ups*. A exposição permanente a essas altas doses dos hormônios pode provocar aumento da pressão arterial, taquicardia, baixa da imunidade, úlceras, infarto, insônia e queda do desejo sexual, segundo o diretor-médico da Med-Rio, Gilberto Ururahy. Se a má alimentação e a falta de exercício vierem junto – o que é comum –, cresce o risco de ataques cardíacos e derrames. Ururahy afirma que tem crescido o número de profissionais que se automedicam com ansiolíticos e hipnóticos para induzir o sono. Os índices passaram de 12% para 16% no período analisado.
>
> No Fleury Medicina e Saúde, de São Paulo, houve 43% mais *check-ups* no último trimestre de 2008 em comparação com o mesmo período de 2007. O elevado estresse no trabalho – fruto da acirrada concorrência que gera conflitos crescentes – danifica a saúde das pessoas: cunhou-se o termo síndrome de *burnout*, a velha estafa ou esgotamento profissional, que possui um tríplice efeito: a) exaustão emocional (visão negativa e falta de iniciativas); b) despersonalização (perde-se a empatia, surgindo uma atitude cínica); e c) baixa autoestima. O *burnout* pode causar dores musculares, enxaqueca, gastrite, intestino irritável, insônia, hipertensão, diabetes, depressão ou dependência de álcool ou de outras drogas.
>
> Nos Estados Unidos, a National Suicide Prevention Lifeline teve 50.158 chamadas em janeiro de 2009, grande acréscimo sobre as 39.465 do mesmo mês de 2008. Médicos notaram aumento dos pesadelos infantis como reflexo da crise e acréscimo de sintomas como artrite ou dores de cabeça em adultos.
>
> O psicólogo Steven Craig afirmou que as pessoas de menor renda apresentam menos problemas ligados ao estresse na crise em função de não associarem a própria identidade à quantidade de bens que possuem. Perder o emprego aumenta em até 83% as chances de se desenvolver alguma doença, segundo pesquisa da Escola de Saúde Pública de Harvard, com dados do U.S. Panel Study of Income Dynamics, de 1999, 2001 e 2003, um estudo do comportamento econômico e social relacionado à saúde de quase 9 mil famílias americanas. As principais doenças foram as cardiovasculares e artrite (LACERDA, 2008; BELLUCK, 2009; COLUCCI, 2009; GARCIA, 2009; SILVEIRA, 2009b).

E as mulheres não ficam para trás...

Um estudo do Instituto Karolinska acompanhou mais de 13 mil mulheres nascidas na Suécia entre 1952 e 1989. Apontou que quanto mais alto o nível de instrução de seus pais ou de suas avós, maior o risco de as garotas serem hospitalizadas por desordens alimentares. O risco subia paralelamente às notas das meninas na escola de segundo grau, conforme estudo publicado no *American Journal of Epidemiology*. Talvez a maior pressão familiar para se chegar ao sucesso represente, para algumas, uma verdadeira obscessão para controlar o peso. As meninas com aproveitamento escolar maior também tendem a apresentar determinados traços de personalidade, como o perfeccionismo, que as tornam relativamente mais vulneráveis às desordens alimentares (MENINAS BEM..., 2009).

O papel das emoções

O Fusca, considerado nos anos 1960 um carro "com alma", foi relançado nos anos 1990 como New Beetle, considerado o melhor carro de 1998, sendo descrito pelo *USA Today* em termos evocativos e emocionais, pelo *designer* Rudiger Folten, que afirmou procurar formas que apelem às emoções, fazendo as pessoas se sentirem acolhidas e otimistas.

As emoções do consumidor são influenciadas por memórias e fatores como: a) circunstâncias variáveis, como estar de bom humor; b) expectativas formadas ou promessas que lhe foram feitas; c) percepção do que ocorre à volta; d) reputação pública; e) primeiros e últimos segundos de interação com as pessoas que nos cercam, incluindo as relações comerciais; f) orgulho do fato de ser comprador ou fornecedor; g) qualidade e intensidade dos relacionamentos de atendimento com os clientes; h) expressões que denotam convite ou exclusão; i) tempo de espera; e j) atividades de *feedback*.

Em função do forte conteúdo emocional, milhões de adolescentes assistiram, diversas vezes, ao filme *Titanic* no cinema, de ponta a ponta, em outras palavras, talvez a vida sem emoção não valha a pena ser vivida (BARLOW; MAUL, 2001). As autoras vão além, ao mostrar que uma reclamação pode ser uma verdadeira oportunidade emocional, se bem aproveitada – tendo-se em conta que a maior parte das pessoas descontentes simplesmente não reclama, mas troca de fornecedor. Além disso, apresentam algumas sugestões: a) agradecer sempre pela confiança depositada ao se fazer uma queixa; b) explicar por que a empresa valoriza o *feedback* dos clientes; c) desculpar-se pelas falhas; d) prometer atitudes imediatas e verídicas em relação à correção do problema; e) solicitar as informações necessárias e suficientes; f) corrigir o erro; g) avaliar a satisfação do cliente; e h) evitar erros futuros.

Por falar em emoções: o *estresse* feminino curiosamente não é fruto da dupla jornada

Uma pesquisa da filial brasileira da International Stress Management Association, com 220 funcionárias de grandes empresas e donas de casa, de São Paulo e Porto Alegre, concluiu que conciliar o trabalho, a atenção aos filhos e os cuidados do lar é menos estressante do que se dedicar a apenas uma tarefa. Talvez ao exercer duas ou mais atividades relevantes, a mulher divida suas preocupações e deixe de concentrar todas as expectativas e frustrações em apenas uma delas. Uma pesquisa do University College London corrobora o estudo nacional: foram comparados os registros de saúde de 2 mil voluntárias durante 28 anos: entre as donas de casa, 40% se tornaram obesas, contra apenas 20% das que fazem dupla jornada. De modo geral, as mulheres focadas no lar comem mais e se exercitam menos. A pesquisa brasileira aponta que quanto maior a idade, maior a satisfação feminina em exercer várias funções (ZAKABI, 2006b).

Preocupação com a saúde: aumenta o consumo de água

Em 1995, o Brasil produziu 1,5 bilhão de litros de água – valor que subiu para 6,8 bilhões de litros em 2007. O setor é pulverizado: 35 empresas respondem por 50% da produção nacional. O Departamento Nacional de Produção Mineral (DNPM) teve arrecadação de R$857 milhões em 2008, referentes à compensação do uso das fontes minerais – valor 50% superior ao do ano anterior. Em 1995, o país contava com 319 concessões de lavra de água mineral, número que subiu para 789 em 2008. Assim, o país assumiu a quarta posição no *ranking* nacional, e o consumo de água superou o de refrigerantes (FRASÃO, 2009).

O norte-americano típico foge da compra de medicamentos prescritos

Em 2007, um em sete norte-americanos com menos de 65 anos deixou de comprar medicamentos prescritos – um índice maior que o de 2003, quando apenas 1 em 10 deixava de fazer essas compras. Em parte, o forte aumento dos preços dos remédios motivou esse comportamento. Mesmo pessoas com planos de saúde, às vezes, não conseguem comprar os medicamentos: no mesmo período, o número dos que deixaram de comprar esses itens prescritos subiu de 8,7% para 10% (RABIN, 2009).

Hábitos da terceira idade

Mais da metade dos idosos dos Estados Unidos toma cinco ou mais medicamentos diferentes ao mesmo tempo, aumentando o risco de combinações potencialmente perigosas, segundo estudo publicado em dezembro de 2008 no jornal da associação médica americana. Realizada pelo National Institute of Health e pela Universidade de Chicago, com 2.976 pessoas entre 57 e 85 anos, a pesquisa aponta que, no mínimo, 10% deles fazem combinações de alto risco e que a maioria dos problemas ocorre em razão do uso concomitante de anticoagulantes vendidos sob prescrição com medicamentos de venda livre, como aspirina, suplementos diversos e anti-inflamatórios.

Uma pesquisa do Instituto Karolinska, da Suécia, com 137 idosos internados por terem sofrido fraturas, detectou que o risco desse tipo de acidente aumenta em situações de estresse: assim, as chances de queda eram maiores até uma hora após um acontecimento que os abalasse emocionalmente; o risco subia cerca de 20 vezes depois de um incidente estressante; em episódios de raiva, a probabilidade de queda subiu 12 vezes; eventos tristes mostraram risco 6 vezes maior de fraturas decorrentes de quedas. O estudo levantou hipóteses: esses incidentes deixam os idosos mais distraídos, diminuindo a atenção; além disso, o estresse também pode afetar a capacidade visual (BIDERMAN, 2009).

Um estudo da Universidade de Virginia, realizado com 2 mil pessoas entre 18 e 60 anos, concluiu que em 9 dos 12 testes realizados (como quebra-cabeças e jogos de memória) os melhores resultados foram obtidos por pessoas com 22 anos, e que a piora marcante nesses testes de agilidade mental e raciocínio foi a partir dos 27 anos. Funções como a memória ficam intactas até os 37 anos, e aquelas habilidades baseadas no acúmulo de informações – como desempenho em testes de vocabulário e conhecimentos gerais – aumentam até os 60 anos.

O neurocientista Iván Izquierdo, da PUC-RS, afirma que a memória começa a ficar menos consistente a partir dos 40 anos: o cérebro se altera para consolidá-la e gerenciá-la, privilegiando as lembranças mais importantes (CAPACIDADE..., 2009; GERAQUE e GARCIA, 2009).

Enfim, essas pesquisas trazem *insights* para mostrar as vantagens e possibilidades de jovens recém-formados, apontando igualmente as vantagens da experiência. (Em uma ocasião, um banco norte-americano enviou ao Brasil uma equipe de 10 pessoas na faixa dos 20 anos, que em pouco tempo se retirou, não sem antes perder US$1 bilhão de dólares.) Porém, é preciso considerar que 2 mil pessoas distribuídas dos 18 aos 60 anos pode ser uma amostra frágil, além disso, é possível questionar se jogos desse tipo são realmente representativos da vida real.

Marc Harvey, com 89 anos, responde pela área comercial da Louis Glunz Beer, que representa 172 cervejarias do mundo. Não pretende se aposentar; está nesse negócio há 57 anos, após ter atuado por seis anos em um hotel, no pós-guerra, tendo servido como aviador naval. Um estudo da Warwick University, com 3 mil pessoas, mostrou que em função de seus hábitos, normalmente, o grupo da terceira idade apresenta déficit em vitamina D: 94% do grupo estudado apresentou deficiência dessa vitamina, cujos efeitos negativos apresentam um amplo espectro. Em função desses hábitos diversos, a melhor forma de atenuar esse déficit seria se expor mais ao sol (ELDERLY..., 2009; PALMER, 2009).

Enfim, um santo remédio, gostoso e sem efeitos colaterais...

No 24º andar do Empire State, em Nova York, a Metronaps oferece, por US$14, um espaço privilegiado para os consumidores desfrutarem 20 minutos de sono.

Empresas como Nike, Pizza Hut e British Airways, Cisco Procter & Gamble e Google criaram salas de cochilo para seus funcionários (Minadeo, 2008; O ESTADO DE S.PAULO, 20/7/2004; VEJA, 20/12/2006). O sono auxilia o cérebro a conectar ideias e lembranças, não sendo, portanto, um tempo perdido – pelo contrário, propicia momentos criativos.

O neurologista Jeffrey Ellenbogen, da Harvard Medical School, concluiu que as pessoas possuem 33% mais de probabilidade de *insights* criativos após o sono e afirma que há um traço cultural contra o sono, incluindo trabalhar à noite ou dormir poucas horas.

O psicólogo Mark Jung-Beeman afirma que o sono possui uma contribuição única, e que, embora pareça que não pensamos em nada, ao dormir, na verdade, incubamos ideias.

O maior garoto-propaganda do serviço foi Churchill, que, em sua autobiografia, afirma ter trabalhado, durante a Segunda Guerra Mundial, das 5 da manhã à meia-noite graças a um cochilo estratégico após o almoço (MINADEO, 2008).

Uma equipe da University of California, San Diego, fez experimentos para verificar se "incubar" o problema aumenta as chances de soluções inspiradas e descobriu que sim, especialmente quando as pessoas entram na fase conhecida como REM (Rapid Eye Movement – movimento rápido do olho), estágio do sono em que ocorrem os sonhos mais nítidos. O trabalho foi publicado na *Proceedings of the National Academy of Sciences*. Na manhã dos testes, 77 voluntários receberam uma série de problemas para resolver, sendo orientados a pensar sobre o problema até a tarde daquele dia, descansando sem dormir ou dormindo. Os que dormiram tiveram seu sono monitorado. Comparados aos que apenas descansaram ou dormiram sem alcançar o estágio REM, os que atingiram o estágio REM apresentaram maior probabilidade de sucesso na resolução do problema, em cerca de 40%. Os resultados indicam que não são apenas o sono ou a passagem do tempo que determinam o sucesso na resolução de problemas e, sim, a qualidade do sono. Ou seja, apenas o sono que atinge o estágio REM pode melhorar a criatividade (DORMIR..., 2009).

O tratamento mais apropriado para pacientes terminais

De 1998 a meados de 2009, a proporção de mortes de cidadãos norte-americanos envolvidos em cuidados de asilos passou de 18% para cerca de 40%.

A média de permanência dos pacientes nessas instituições é de apenas 16 dias, ou seja, aquele período mais crítico de uma doença terminal, de modo que a família opta por deixar parte dos cuidados em mãos de profissionais. Cerca de um terço dos pacientes permanece apenas até uma semana. O detalhe é que nos Estados Unidos o programa é gratuito, financiado pelo Medicare. Em 98% das pesquisas, após a morte dos pacientes, os familiares dizem que recomendariam o sistema a outras pessoas. A demora das famílias em solicitarem esses programas representa que eles são mais encarados como um local físico do que um ambiente no qual são prestados inúmeros serviços por profissionais ou vistos como locais lúgubres, exclusivos para pacientes terminais.

Um estudo da Harvard Medical School descobriu que cerca de metade dos pacientes com câncer de pulmão (o que mais causa mortes) em situação de metástase não havia discutido essa opção com seus médicos em um período de quatro a sete meses após o diagnóstico – e a sobrevivência média dos pacientes com metástase em câncer de pulmão varia de quatro a oito meses. Muitas vezes, as famílias não querem nem pensar no serviço, por imaginar que sejam locais abandonados e apenas para pacientes desenganados.

Don Schumacher, presidente da National Hospice and Palliative Care Organization, afirma que as pessoas simplesmente se esquecem da realidade da morte e tentam tratar ao infinito, inclusive quando já não há mais o que se fazer. A escolha desse tipo de serviços pode representar uma preparação melhor para esse momento inevitável, além de diminuir o sofrimento ligado a doenças terminais. Schumacher julga que três meses é um período razoável de estadia para esses pacientes (SPAN, 2009).

4.2 UMA TENTATIVA DE DESBRAVAR O PERFIL DO CONSUMIDOR

A agência Young & Rubicam fez um estudo que classificou os estilos de consumidores de todo o mundo em sete perfis, independentemente de sexo, renda ou cultura: a) *mainstreamer*: fiel a marcas tradicionais, prioriza a segurança e a família, sendo predominante em 42 países; no Brasil representa 26% da população; b) *aspirer*: busca status, ostenta marcas – às vezes, acima de sua renda; c) *succeeder*: empreendedor, faz menos compras, não se exibe, porém escolhe o melhor; d) *explorer*: inquieto, aberto a novidades e de espírito jovem – qualquer que seja sua idade; e) *reformer*: intelectual, o menos materialista dos perfis, que opta por produtos política e ecologicamente corretos; f) *resigned*: avesso às inovações, procura preservar suas raízes; e g) *struggler*: descrê das instituições, da propaganda e do consumo; é imediatista, e suas compras são ligadas ao preço e à busca de imediata gratificação (FIORI, 2008).

Comportamento dos solteiros que vivem sozinhos

Em 2008, os solteiros que vivem sozinhos foram estimados em 2,2 milhões de consumidores no país. Segundo pesquisa da Nielsen, 45% dessa população faz compras em farmácias, em função da conveniência: proximidade e maior número de horas abertas ao público. A indústria se adaptou: a Fugini produz geleias em porções individuais e que não precisam de refrigeração, para atender às drogarias (CUNHA, 2009). Várias empresas se preocupam com esse público; assim, a Nestlé lançou sachês individuais de Nescafé – com a caneca de brinde, que representa a quantidade exata para o aproveitamento do produto.

Consequências da maior expectativa de vida

Surgiram os "adultescentes": pessoas na faixa dos 40 anos que possuem inúmeros comportamentos típicos de adolescentes, como a ausência de compromissos, despreocupação com a ascensão profissional, casa própria e seguro de vida. Às vezes, chegam a incorporar à aparência itens típicos de pessoas 20 anos mais jovens. No início dos anos 1980, esse comportamento recebeu o nome de Síndrome de Peter Pan.

Um alerta: cerca de 6,8 milhões de famílias britânicas possuem filhos com mais de 18 anos que ainda vivem em suas casas, tornando usuais as residências com três ou quatro automóveis.

Um dos fatos decorrentes disso: a média de idade dos analfabetos no Brasil era de 54 anos, tendo uma natural dificuldade para encontrar motivação; porém, o fato de saber que gozarão de mais tempo de vida na condição de leitores, pode ser animador (BBC ONLINE, nov. 2004; SOARES, 2007; PARAGUASSU, 2009). Algumas mudanças sociais permitem e acalentam esses comportamentos: as famílias são mais numerosas, e existem inúmeros pais com boa renda familiar que podem auxiliar financeiramente seus "filhinhos" de 40 e poucos anos – que, em alguns casos, ainda vivem com os pais.

Distribuição desigual da riqueza, um velho problema, sintoma de causas mais graves...

O município paulista de Santos tem o menor índice de pessoas pobres em todo o país: apenas 4,6% da população santista está abaixo da linha da pobreza, contra um índice de 84% do município de Campos Lindos (Tocantins), o líder do *ranking* do IBGE – divulgado no fim de 2008. O *ranking* faz parte do Mapa da Pobreza e Desigualdade 2003, divulgado pelo instituto. O mapa traz uma série de indicadores com base em dados colhidos nas Pesquisas de Orçamentos Familiares 2002/2003 e no Censo de 2000. Dos 25 municípios com a maior incidência de pobres no Brasil, apenas dois não estão no Norte e no Nordeste. Já entre os 25 municípios com a menor incidência de pobreza, todos são de estados das regiões Sul e Sudeste. Depois de Santos, Belo Horizonte teve a menor incidência de municípios com pobres: 5,4%, segundo o IBGE, sendo a única capital a entrar no *ranking* (BELCHIOR, 2008).

4.3 DIFICULDADES LIGADAS À MUDANÇA OU À INTRODUÇÃO DE NOVOS HÁBITOS

"Há um gasto de energia ao trocar de comportamento", diz Nora Volkow, do National Institute on Drug Abuse, em Bethesda. Ou seja, é necessária uma forte motivação. Os hábitos são comportamentos adquiridos, em que há uma facilidade de repeti-los, pois são feitos de forma automática, ou seja, se não houver uma ação consciente, eles serão condutores do comportamento (RAVN, 2009).

A antropóloga Val Curtis, que vivia em Burkina Faso, contatou empresas para solicitar apoio para modificar hábitos de consumo, pois nesse continente morrem milhares de pessoas ao ano, em razão de doenças provocadas pela falta de higiene (não lavar as mãos, por exemplo). Curtis atraiu grandes empresas para a causa. As campanhas anteriores haviam falhado porque as mães não viam os sintomas da diarreia como anormais, e, sim, como parte da infância. O país detinha uma vantagem: metade das pessoas estava acostumada a lavar as mãos com água após usar o banheiro ou antes das refeições. Mas apenas 4% da população usava sabonete nessas ocasiões, embora usasse o produto ao sentir as mãos sujas, por exemplo, depois de cozinhar com gordura. A pista, portanto, era criar um "senso de sujeira" depois do uso do toalete. Uma campanha em 2003 mostrou pessoas saindo de banheiros, depois de lavar as mãos sem sabonete, com grandes manchas, que contaminavam tudo em que tocavam. Em 2007, o hábito de usar sabonetes subira 13% depois de usar o banheiro e 41% antes das refeições. Durante anos, inúmeras campanhas públicas que tentaram alterar esse hábito foram um fiasco.

No início da década, dois pesquisadores da Vanderbilt University avaliaram mais de cem estudos sobre a efetividade das campanhas antidrogas e descobriram que, em alguns casos, o uso de drogas até crescia.

A psicóloga Carol Berning, que atuou na Procter & Gamble, afirma que criar hábitos positivos é parte vital do aperfeiçoamento dos consumidores, sendo também essencial para viabilizar novos produtos. Explica que durante décadas a empresa lançou novos produtos para hábitos já existentes e que nos últimos 10 anos se percebeu a necessidade da criação de novos produtos, que exigiam novos hábitos. Diversos estudos revelaram que até 45% do que se faz cada dia é habitual, ou seja, algo não decidido intencionalmente, porém fruto da repetição criada e que, ao mesmo tempo, a reforça, como a necessidade de checar se há novos e-mails. Os hábitos se formam quando a memória associa determinadas ações a certos lugares ou estados de humor, segundo o Dr. Wood, professor de psicologia em Duke (DUHIGG, 2008).

A Procter & Gamble lançou Febreze, uma água perfumada *spray*, em 1996. O apelo inicial foi a remoção de odores de roupas, com uma campanha na qual se reclamava de uma peça de roupa com cheiro de fumo. O produto fracassou. Outras peças publicitárias focaram outros aspectos, novamente sem sucesso, a ponto de a empresa cogitar descontinuar o projeto. Descobriu-se que pequenos odores não eram um apelo suficiente para mover o consumidor a criar o hábito de usar o produto. O que funcionou foi o ato de limpar um quarto, o que ocorria diariamente, segundo alguns estudos. A empresa fez comerciais em que mostrava mulheres usando o *spray* Febreze sobre uma cama bem arrumada e em roupas recém-saídas da lavanderia – com o pano de fundo de janelas abertas e ar fresco, que é parte do ritual emocional da limpeza. O produto originalmente pensado para ser usado em roupas sujas foi bem-sucedido exatamente na direção contrária. Nos Estados Unidos, o Febreze representou US$650 milhões em receitas no último ano fiscal da empresa (DUHIGG, 2008).

A ditadura da moda e da magreza...

Quase 90% das adolescentes norte-americanas se sentem pressionadas a serem muito magras, com um padrão de beleza inatingível, segundo uma pesquisa do instituto Tru, que entrevistou mil meninas de 13 a 17 pela internet, para a associação das bandeirantes dos Estados Unidos. Três quartos afirmam ser a moda "realmente importante". "A indústria da moda continua sendo uma influência realmente poderosa sobre as meninas e a forma como elas veem a si próprias e a seus corpos", disse Kimberlee Salmond, pesquisadora sênior do Instituto de Pesquisas da Escoteira. Uma em cada três meninas disse que já passou fome para perder peso, e quase metade conhece alguém de sua idade que já se forçou a vomitar após comer. Mais de um terço disse conhecer alguma menina diagnosticada com um distúrbio alimentar (90% DAS..., 2010).

Após alguns problemas pessoais, uma instrumentadora cirúrgica enfrentou uma síndrome de pânico e uma depressão – com a natural queda da autoestima. Os medicamentos não faziam efeito, e o recurso aos doces foi natural – passando dos 55kg para 110kg em três anos. Depois de várias tentativas infrutíferas com ingestão de chás e fitoterápicos, começou uma dieta, com resultados fracos. Depois de consultar-se com um endocrinologista, passou por uma reeducação alimentar: seis refeições ao dia, porém em porções menores e sem restrições absolutas; além disso, um medicamento ajudava a não sentir mais fome. Voltou ao peso original e continua tomando esse medicamento, depois de 15 anos. Apesar de ressalvas para o uso prolongado de medicamentos aprovados para emagrecimento, há médicos que afirmam não haver problemas, desde que seja escolhido o medicamento correto (BIDERMAN, 2008).

A Roche lançou o Xenical contra a obesidade, em 1988, cujo princípio ativo é o orlistate, que impede a absorção pelo organismo de 30% da gordura ingerida; em pouco tempo, se tornou o produto de maior receita da empresa, pode ser tomado por longo período, desde que acompanhado de dieta. O site da Pfizer afirma que no ano 2000 adquiriu a Warner-Lambert, que detinha o Lipitor (atorvastatina cálcica), usado no combate ao colesterol e já comercializado pela Pfizer. O Lipitor fora lançado em 1997 e teve US$6,4 bilhões em receita em 2001.

Cuidados com a pele nas mãos dos médicos

A compra de cremes para o rosto e tratamento da pele passou a ser mais indicada por médicos, em especial para consumidores das classes A e B, reforçando o segmento dos cosméticos que apresentam aparência de medicamentos – denominados cosmecêuticos ou dermocosméticos, no linguajar dos fabricantes, apenas vendidos em farmácias e drogarias. A L´Oreal atua nesse campo através da Vichy e a Johnson & Johnson pela Roc – enquanto o laboratório nacional Gross representa a francesa Uriage. O segmento de produtos de cuidado com a pele cresceu de 25,5 mil toneladas no ano 2000 para 34,9 mil toneladas em 2004 (MAGALHÃES, 2005).

Por falar em preocupação com a beleza...

Foi na clínica do casal de médicos Alastair (dermatologista) e Jean Carruthers (oftalmologista), em Vancouver, que Jean notou que a toxina botulínica, uma substância paralisadora usada para conter espasmos na região dos olhos, também suavizava os sulcos da pele ao redor dos olhos. Eles então testaram a toxina como antirrugas por quatro anos, até 1991, quando anunciaram que o botox era um recurso que ajudava no rejuvenescimento. A nova técnica levou anos para ser aceita.

Em uma viagem ao Brasil, em 1997, os médicos daqui se entusiasmaram. A vida moderna traz maior estresse, e o Botox ameniza seus efeitos na aparência.

Desde o ano 2000, técnicas não invasivas, como botox e preenchimentos, cresceram 53% nos Estados Unidos. Nesse mesmo período, as cirurgias estéticas caíram 5%, sendo maior a queda do *lifting*: 19%. Outros médicos indicam botox para situações como dores de cabeça; inflamação nas cordas vocais; distúrbios de mastigação, salivação e degustação; espasmos do músculo pélvico e até pele oleosa e pele vermelha.

Os procedimentos menos invasivos são mais simples e mais baratos: uma aplicação de botox pode custar até 10 vezes menos que um *lifting*. Além disso, dado que os cuidados com a pele começam desde cedo, a necessidade de uma cirurgia estética no rosto é retardada. Porém, há ações do tempo que apenas uma plástica pode resolver; assim, na faixa dos 60 anos, alguém dificilmente encontra alternativa melhor para apresentar um visual mais jovem.

A lipoaspiração foi inventada pelo francês Yves-Gérard Illouz, em 1977, sendo aperfeiçoada pelo italiano Massimo Maida, que introduziu o uso do *laser* em 2000. O *laser* explode as células de gordura se usado na frequência e no comprimento de onda adequado, sem o risco de atingir os órgãos.

Um aparelho aprovado pelo FDA e pela Anvisa, o Elos – Eletro Optical Synergy, associa massagem a *laser* com a radiofrequência, o que representa um avanço, ao trabalhar a cada sessão, em conjunto, a redução de medidas, a melhora da flacidez e a diminuição da celulite.

A Miss Rio Grande do Sul de 2001, representante de Santa Maria, se submeteu a nada menos que 19 plásticas para ampliar suas chances de ganhar o tão almejado prêmio. No Brasil, foram feitas 457 mil cirurgias estéticas de setembro de 2007 a agosto de 2008 – ou 1.252 ao dia. Pela primeira vez, os implantes de silicone (96 mil) superaram as lipoaspirações (91 mil). Somadas às reparadoras, o total foi de 629 mil operações. A ampla repercussão da cirurgia da ministra Dilma Rousseff aponta a importância da melhoria da imagem pessoal – e não apenas para políticos em campanha. Renato Vieira, seu médico, diz que se fizeram cortes no couro cabeludo, seguidos de descolamento e reposicionamento da pele, com remoção de excessos. Associado ao *lifting* facial, esse procedimento (blefaroplastia) ameniza as linhas de expressão dos olhos e retira bolsas de gordura das pálpebras. Vieira faz de três a quatro cirurgias diárias.

No Hospital São Luiz, um dos que mais realizam plásticas na capital paulistana, entre outubro de 2008 e janeiro de 2009, o número de plásticas cresceu 13,4% em relação ao mesmo período do ano anterior, somando 962 procedimentos.

Clínicas, que até cinco anos atrás atendiam apenas mulheres, agora têm entre 15% e 30% dos pacientes do sexo masculino.

Em relação às cirurgias para a redução de estômago, as mulheres se submetem em proporção cinco vezes superior aos homens. Um dos motivos: a obesidade atinge cerca de 14% de mulheres contra 9% de homens. No país, são feitas mais de 550 cirurgias de estômago por semana, sendo cerca de 10% delas pagas pelo SUS, que patrocinou 3.195 pacientes em 2008. A cirurgia salva vidas por livrar um obeso de continuar engordando e desenvolver doenças como diabete e hipertensão arterial. O número de cirurgiões habilitados passou de 30, em 1992, para 600, em 2008, associados à Sociedade Brasileira de Cirurgia Bariátrica e Metabólica (AVELAR, 2006; BUCHALLA, 2006; MOHERDAUI, 2006; BALDISSERA e ARAUJO, 2007; AYRES, 2008; BASSETE, 2009; MADUREIRA, 2009; NUNOMURA, 2009; OGLIARI, 2009; OS NOVOS..., 2009; SANT´ANNA, 2009; SINGER, 2009).

4.4 ESFORÇO PARA COMPREENDER AS NECESSIDADES DO CONSUMIDOR

Em 2003, a Kaiser Permanente, maior organização de manutenção de saúde dos Estados Unidos, com centenas de escritórios médicos e hospitais, contratou a IDEO, firma de *design* de Palo Alto – Califórnia. Projetistas, arquitetos e engenheiros da IDEO acompanharam o pessoal da Kaiser junto com os pacientes. Descobriram coisas interessantes:

- Os pacientes e seus acompanhantes se incomodavam antes de ver o médico, por causa do incômodo do *check-in* e desconforto das salas de espera.
- Ao visitar o médico, em especial os imigrantes, os jovens e os idosos vão com um acompanhante. Na hora da consulta, essa pessoa era impedida de acompanhar o doente, ficando alienado e ansioso.
- As salas de exame eram detestáveis. Com frequência, os pacientes aguardam cerca de 20 minutos, seminus, sem nada para fazer, cercados de ameaçadoras agulhas. Ou seja, a experiência é terrível – ainda que os pacientes venham a ser curados.

Depois de apenas sete semanas com a IDEO, o pessoal da Kaiser percebeu que não era preciso gastar fortunas em novas construções, mas facilitar a experiência do paciente. Tudo de que ele precisa: salas mais confortáveis para esperar, claras instruções sobre o que o paciente deve fazer, salas espaçosas para exames, podendo acomodar três ou mais pessoas, e cortinas para privacidade. Os médicos também precisam de salas para se encontrar e trocar ideias. Enfim, a IDEO mostrou à Kaiser que o projeto ligado à saúde se trata de experiência humana, e não de construções caras.

Os fornecedores de serviços de saúde tendem a se preocupar com tecnologia. Por sua vez, os pacientes necessitam de bons serviços e informações básicas e esperam por isso. Por exemplo, nas emergências, os pacientes estão ansiosos não apenas com suas doenças, mas por não saberem o momento em que serão atendidos. Um procedimento simples, como um monitor que mostra os números de atendimento, serve para minorar esse tipo de ansiedade. A experiência da IDEO já era grande na área da saúde (BUSINESS WEEK ONLINE, 7/5/2004).

Atacando um problema crescente na sociedade moderna: a solidão

O projeto Eu Preciso de Você, da Secretaria Municipal de Assistência Social do Rio de Janeiro, atendeu 2,5 mil pessoas solitárias, em cerca de cinco meses. Mediante o Disque-Solidão, a pessoa pode expor seus problemas e agendar uma visita domiciliar. Assistentes sociais e psicólogos fazem a inclusão da pessoa em uma série de atividades culturais e de lazer que estimulam a convivência comunitária e familiar. O serviço funciona todos os dias da semana (RIO..., 2009).

Pesquisa de mercado

Um instrumento simples para coletar opiniões e dados do consumidor é formado por questionários de fácil preenchimento. Essa ferramenta auxilia:

- No monitoramento da qualidade dos serviços prestados.
- No conhecimento das expectativas dos consumidores.
- Na concepção e no projeto de novos produtos e serviços.

Assim, por exemplo, a Filarmônica de Minas Gerais, em seus eventos, distribui um questionário com as seguintes questões:

- Dados de identificação do consumidor: endereço, e-mail, celular e faixa etária.
- Avaliação de 1 (ruim) a 5 (excelente) para os itens: repertório, material gráfico, divulgação, pontualidade e atuação da orquestra.

- Modo pelo qual se soube do evento.
- Espaço para sugestões ou comentários.

Levando-se em consideração que uma orquestra filarmônica é patrocinada por diversas instituições públicas e privadas e que os ingressos mal cobrem os gastos da sala de espetáculos, a aferição da opinião do público representa um importante respeito à cidadania e uma prestação de contas de recursos públicos.

> **Veja em www.elsevier.com.br/marketingparaservicosdesaude**
>
> A moda jovem trouxe um inocente adereço – mas que causa problemas de saúde...
> Outro problema usual nos jovens
> Sobe o creme dental, sobe mais ainda o antisséptico oral
> Cai o refrigerante, sobe a água mineral, cai a carne de boi sobe a carne de frango, cai a margarina, sobe o iogurte...
> Alguns dados sobre o Brasil
> O povo reclama da fraca educação pública, mas na hora H tira o corpo ou terceiriza...
> ...infelizmente, porém, também existe o exagero oposto...
> O brasileiro diante da crise
> Parece piada mas sem a televisão, telefona-se mais para a cegonha...
> ...há quem diga que a televisão e até revistas realmente atrapalham...
> O consumidor e o uso de papel-moeda ou cartões de crédito e débito
> A confiança do brasileiro
> Sai o refrigerante, entram filtros residenciais, cai a refeição fora do lar...
> Nos Estados Unidos, cresce o consumo de desodorantes
> O brasileiro aprendeu a se proteger da exposição aos raios solares? Os dados divergem...
> Reflexos da crise no Brasil
> Preferências alimentares do brasileiro
> Ecologia e saúde podem andar juntas
> Gallup se torna sinônimo de pesquisa
> Entre a calvície e a depilação...
> O *glamour* do salto alto também tem preços altos...

Consumismo: comprador compulsivo ou oniomania

Atribui-se à atividade mercadológica comportamentos como o consumismo, ou seja, o ato de comprar demais, de modo compulsivo, ou endividar-se acima dos limites. Em primeiro lugar, cabe recordar algo essencial: existem inúmeras propagandas às quais todas as pessoas estão expostas, incluindo diversas ligadas à poupança ou a numerosos planos privados de aposentadoria, ou seja, representam serviços relacionados a não gastar no presente, com a finalidade de se prevenir para o futuro. Isso porque, normalmente, os rendimentos das pessoas mais idosas são inferiores, e os gastos com saúde aumentam. Assim, cabe questionar se determinada compra é causada pela propaganda ou estimulada por ela, assim como tantos outros estímulos que foram desconsiderados pelo consumidor.

Um estudo de Ricard Elliot, da Universidade de Lancaster, com 61 compradores compulsivos, concluiu que essas pessoas possuem baixa autoestima e falta de autocontrole. Além disso, a maioria sofre de depressão e ansiedade. Com esses resultados, o Centro Médico da Universidade de Stanford começou a usar antidepressivos em compradores compulsivos – que, portanto, constituem um público que necessita de tratamento, como tantos outros grupos com algum tipo de dificuldades psicológicas, nesse caso, relacionada a relações emocionais deficientes (BADRA, 2008).

> **Consumismo ou completa falta de hábitos relativos à previdência?**
> Uma pesquisa de 2007, da Consumer Watch, no Brasil, mostrou que 74% das pessoas não poupam absolutamente nada. Foram entrevistados 9 mil consumidores. Dos 26% que fazem alguma poupança, apenas metade guarda até 10% dos rendimentos (BRASILEIROS..., 2008).

Referências

"90% das jovens sentem pressão da 'ditadura da magreza' nos EUA". Folha Online, 2 fev. 2010.
"ACESSOS de internet rápida sobem 46% no País". O Estado de S.Paulo Online, 18 mar. 2009.
ALVES, G. "Mais tempo para o ensino". *Jornal da Comunidade*, Brasília, 27 jun./3 jul. 2009. Caderno Educação & Ciência, p. 1.
"ANTISSÉPTICOS bucais crescem 24,6%". Valor Online, 28 out. 2008.
ARANHA, F. "Aumenta o uso de esteroides entre jovens brasileiros". *O Estado de S.Paulo*, São Paulo, 15 mar. 2009. Caderno Vida&, p. A25.
AVELAR, A. "Na medida certa". *Revista Encontro*, v. 5, n. 51, p. 34-35, mai. 2006.
AYRES, R. "Três em um". *Revista Encontro*, v. 7, n. 73, p. 84, 8 mar. 2008.
BADRA, C. "A bulimia consumista". *Revista Foco*, v. 13, n. 156, p. 176-180, 2008.
BALDISSERA, R.; ARAUJO, D. C. "Responsabilidade social, diversidade e marketing: o discurso Real Beleza Dove". *Revista Fronteiras – Estudos Midiáticos*, UNISINOS, IX (1): 34-44, jan.-abr. 2007.
BARLOW, J.; MAUL, D. *Valor emocional*. São Paulo: Makron, 2001.
BASSETTE, F. "Mulheres fazem 5 vezes mais cirurgia de redução do estômago do que homens". Folha Online, 10 mar. 2009.
BELCHIOR, L. "Santos é o município com menor índice de pobreza no Brasil; Tocantins lidera ranking". Folha Online, 18 dez. 2008.
BELLUCK, P. "Recession anxiety seeps into everyday lives". The New York Times Online, 8 abr. 2009.
BIDERMAN, I. "De gilete a tratamento, calvos contam como encaram os cabelos a menos". Folha Online, 29 ago. 2008.
BIDERMAN, I. "Mais da metade dos idosos toma ao menos cinco remédios ao mesmo tempo". Folha Online, 19 jan. 2009.
"BRASILEIRO confia no real, nos Correios e em Deus". Valor Online, 13 jul. 2009.
"BRASILEIROS não têm hábito de poupar, mostra pesquisa". Portal IG, 14 nov. 2008.
"BRASILEIROS comem em família e com TV ligada, mostra pesquisa". Folha Online, 6 mar. 2009.
BUCHALLA, A. P. "Elas vão de creme e botox". *Veja*, São Paulo: Abril, v. 39, n. 22, p. 100, 7 jun. 2006.
"CAPACIDADE mental começa a diminuir aos 27 anos, diz estudo". Globo Online, 16 mar. 2009.
"CIDADE holandesa tem 'baby boom' após dois dias sem energia". Folha Online, 29 out. 2008.
COLLUCCI, C. "Crise aumenta estresse e procura por check-ups". Folha Online, 17 jan. 2009.
"COMÉDIAS românticas prejudicam vida afetiva, diz estudo". O Estado de S.Paulo Online, 16 dez. 2008.
"CONSELHO escolar é pouco estimulado pela sociedade". O Estado de S.Paulo Online, 16 mar. 2009.

CUNHA, L. "Margarina perde espaço para iogurte". Valor Online, 26 set. 2008.
CUNHA, L. "Nestlé compra água mineral Sta. Bárbara", Valor Online, 10 dez. 2008.
CUNHA, L. "Solteiros compram mais em farmácias". Valor Online, 6 fev. 2009.
"DORMIR ajuda a resolver problemas, diz estudo". O Estado de S.Paulo Online, 10 jun. 2009.
DUHIGG, C. "Warning: habits may be good for you". The New York Times Online, 13 jul. 2008.
"ELDERLY need more 'sun vitamin'". BBC Online, 16 mai. 2009.
"ESTRESSE eleva risco de queda entre idosos, sugere pesquisa". Folha Online, 2 mar. 2009.
FELITTI, C. "Salto alto 'derruba' corpo e prejudica mais as adolescentes". Folha Online, 22 jun. 2009.
FIORI, V. "As tribos do consumo". *O Estado de S.Paulo*, São Paulo, 16 nov. 2008. Caderno Feminino, p. 6-7.
FRANCO, P. R. "A falta que a família faz". *Estado de Minas*, Minas gerais, 16 out. 2008. Caderno Gerais, p. 21.
FRASÃO, L. "O mercado de 7 bi de litros". *O Estado de S.Paulo*, São Paulo, 22 mar. 2009. Caderno Esp. Sustentabilidade, p. H4.
GARCIA, M. "No Brasil, 30% dos trabalhadores sofrem de estafa profissional". Folha Online, 8 abr. 2009.
GERAQUE, E.; GARCIA, R. "Memória começa a mudar a partir dos 40". *Folha de S.Paulo*, São Paulo, 15 mar. 2009. Caderno Especial MaiorIdade, p. 5.
GONÇALVES, A. "Piercing pode trazer risco à saúde". *O Estado de S.Paulo*, São Paulo, 21 set. 2008. Caderno Vida &, p. A30.
GUIMARÃES, L. "Brasileiros estão se protegendo menos do sol, diz ministério". Folha Online, 8 abr. 2009.
IWASSO, S.; MANDELLI, M. "Aluno escolhe faculdade pelo local e preço". *O Estado de S.Paulo*, São Paulo, 26 set. 2009. Caderno Vida &, p. A30.
"HEAVY drinkers 'lie to doctors'". BBC Online, 20 nov. 2008.
"HOW women are redefining work and success". Business Week Online, 21 mai. 2009.
LACERDA, A. P. "Crise piora a saúde já ruim de executivos". *O Estado de S.Paulo*, São Paulo, 18 dez. 2008. Caderno Negócios, p. B16.
MADUREIRA, D. "Homens fazem mais cirurgia plástica para reforçar autoestima". Valor Online, 6 fev. 2009.
MADUREIRA, D.; CUNHA, L. "Diante da crise, consumidor paga à vista ou gasta menos". Valor Online, 13 out. 2008.
MAGALHÃES, H. "Mulher ouve médico para comprar creme". Valor Online, 4 jul. 2005.
MARTIN, A. "Tap water's popularity forces Pepsi to cut jobs". The New York Times Online, 14 out. 2008.
MARTINS, J. S. "Quem não fez a lição?" *O Estado de S.Paulo*, São Paulo, 2 nov. 2008. Caderno Aliás, p. J6.
"MENINAS bem instruídas têm risco maior de desordem alimentar". O Estado de S.Paulo Online, 21 set. 2009.
MINADEO, R. *Gestão de marketing: fundamentos e aplicações*. São Paulo: Atlas, 2008.
MOHERDAUI, B. "O melhor amigo da mulher". *Veja*, São Paulo: Abril, v. 39, n. 22, p. 158-159, 7 jun. 2006.
MOTA, D. "Americana critica presença excessiva dos 'pais invasivos'". Folha Online, 15 jan. 2009.
NASCIMENTO, S. "Preferência nacional". *Globo Rural*, Local: Editora Globo, v. 23, n. 274, p. 42, ago. 2008.
NEWMAN, A. A. "If you're nervous, deodorant makers have a product for you". The New York Times Online, 16 fev. 2009.
NUNOMURA, E. "Explode o número de cirurgias de obesidade". *O Estado de S.Paulo*, São Paulo, 22 mar. 2009. Caderno Vida&, p. A28.
OGLIARI, E. "Mãos de bisturi". *O Estado de S.Paulo*, São Paulo, 18 jan. 2009. Caderno Aliás, p. J6.
"OS novos usos medicinais do botox". Gazeta Mercantil Online, 17 abr. 2009.
PALMER, A. T. "At 89, Louis Glunz Beer executive doesn't think he'll ever retire". Chicago Tribune Online, 16 mar. 2009.
PARAGUASSU, L. "75% dos analfabetos têm mais de 40". Folha Online, 24 fev. 2009.
PATRICK, A. O. "Nestlé abre guerra contra o refrigerante nos EUA". Valor Online, 13 nov. 2008.
"PIERCING: complicações da língua ao coração". Yahoo Notícias, 3 abr. 2009.
RABIN, R. C. "More Americans skipping necessary prescriptions, survey finds". The New York Times Online, 22 jan. 2009.
RAMALHO, C. "É tudo verdade". *Revista da Cultura*, Local: Livraria Cultura, n. 21, p. 24-26, abr. 2009.
RAMOS, K. "Forget the chocolate: women deal with life changes by buying a car, survey says". Los Angeles Times Online, 13 out. 2009.
RAVN, K. "Habits can be broken, but not forgotten". Los Angeles Times Online, 6 abr. 2009.
"RIO: projeto atende 2,5 mil solitários em seis meses". Portal Terra, 17 de out. 2008.
SANT'ANNA, E. "País registra 1,2 mil plásticas ao dia". O Estado de S.Paulo Online, 13 fev. 2009.
SILVA JR., A. "Cartões querem substituir o dinheiro". Valor Online, 16 set. 2008.
SILVEIRA. J. "EUA aprovam aparelho de depilação a laser portátil". Folha Online, 23 mar. 2009a.
SILVEIRA, J. "Perder emprego eleva em até 83% riscos à saúde". Folha Online, 18 mai. 2009b.
SINGER, N. "So botox isn't just skin deep". The New York Times Online, 11 abr. 2009.
SOARES, R. "Adolescência espichada". *Veja*, São Paulo, v. 40, n. 35, p. 106-107, 5 set. 2007.
SPAN, P. "Avoiding the call to hospice". The New York Times Online, 26 mai. 2009.
VAITSMAN, S.; GIRARDI, S. (org). *A ciência e seus impasses*. Rio de Janeiro: Ed. Fiocruz, 1999.
WHITE, R. D.; HIRSCH, J. "Restaurant industry is starving for customers". Los Angeles Times Online, 24 out. 2008.
WILNER, A. "Entre a intenção e o voto". *Valor Online. 27/10/2006*.
ZAKABI, R. "As preferências nacionais". *Veja*, São Paulo, v. 39, n. 22, p. 152-154a, 7 jun. 2006
ZAKABI, R. "Sem tempo para ninharias". *Veja*, São Paulo, v. 39, n. 22, p. 92-95b, 7 jun. 2006.
ZERBINATTI, E. "Carros – paixão masculina". *Mente & Cérebro*, v. 15, n. 178, p. 62-67, nov. 2007.

CAPÍTULO 5

COMPOSTO MERCADOLÓGICO EM SERVIÇOS

5.1 INTRODUÇÃO

Ao se falar em composto mercadológico, cabe apresentar algumas ideias básicas introdutórias a respeito da atividade de planejamento, de modo a auxiliar os tomadores de decisão na elaboração de planos exequíveis e que auxiliem o crescimento da empresa, bem como o lançamento de novos produtos e serviços.

Um estudo britânico realizado com consumidores da terceira idade, mediante cinco grupos de focos e outros métodos, obteve como resultados: a) as pessoas não se sentem necessariamente ligadas à idade ou ao estilo de vida estereotipado a esse grupo, porém, a elementos diversos, como estrutura familiar, hábitos etc.; b) as pessoas apresentam características ligadas às gerações às quais se julgam associadas (pré-guerra; *baby boomers* etc.) e as pessoas da terceira idade mais recentes costumam ser mais ativas que seus pais e gastam mais do que as antigas gerações; e c) as compras são vistas como forma importante de socialização e de entretenimento (MYERS; LUMBERS, 2008). Essas conclusões podem representar fontes de ideia para o lançamento de produtos e serviços a esse público – de crescente poder de renda.

Características de um bom processo de planejamento

> Planeja quem faz. Não há nada pior do que ter de executar um plano pronto e de cuja execução não participou. Esse tipo de plano tem uma grande chance de ir parar no fundo de gaveta, sem que nunca venha a ser implementado. Portanto, a existência de uma equipe de assessores especializados em planejamento é o início de muitos conflitos potenciais e de muitos planos que nunca serão implementados.

COMPOSTO MERCADOLÓGICO EM SERVIÇOS   101

O papel do plano não pode ser superestimado. Existem coisas que apenas são descobertas na hora da execução. O plano não pode ser completamente detalhado, o que, em primeiro lugar, seria inexequível e, muito mais grave, deixaria os executores de mãos atadas. Um plano é um plano. Não pode pretender substituir o papel dos executores na hora de enfrentar e superar *in loco* as dificuldades que venham a surgir.
Um plano não é uma decisão futura. Cada decisão deve ser tomada a seu tempo. O plano apenas se preocupa com o futuro das decisões definidas no presente. Portanto, ao se fazer o plano, não se elimina nenhuma responsabilidade quanto ao acompanhamento das atividades e quanto à necessidade de a equipe de administração se manter atualizada sobre o que se passa – e de realizar possíveis correções e atualizações a tempo.
Quanto maior o nível hierárquico, maior o tempo alocado às funções de planejar.
Um bom plano deve atribuir responsabilidades. Se não houver pessoas designadas para realizar suas diversas etapas, o plano corre grande risco de não ser efetivado.
O plano deve ser flexível. Ocorrem mudanças, de modo cada vez mais rápido, o que pode impedir que um plano seja consistente com a atualidade. Qualquer inflexibilidade vai atrapalhar. O fato de ter de jogar fora um plano não é grave. Não se perdeu tempo algum, o raciocínio realizado vai facilitar muito a adaptação do plano à nova situação ou abreviar o tempo de fazer um plano completamente novo.
O plano deve ser claro e exequível.
As metas de longo prazo devem ser perseguidas com tenacidade; deve haver flexibilidade nas metas parciais e nos meios a serem empregados.
O plano precisa ser compatível com os valores e com o histórico da organização.

Fonte: Elaboração do autor.

5.2 DEFINIÇÃO

Em todas as sociedades evoluídas, o setor de serviços é o mais dinâmico, de maior crescimento e de maior potencial de geração de renda e emprego. Em função disso, alguns autores falam da sociedade pós-industrial. Além disso, diversos fatores que fomentam a produção industrial migraram para os países em desenvolvimento, que apresentam potencial para produzir a baixo custo, em função de: a) baixos salários; b) elevado potencial de crescimento do mercado interno; e c) abundante mão de obra. Assim, esses países apresentam grande população e excelente potencial de mercado.

Nesse contexto, destacam-se China e Índia, por apresentarem abundância de mão de obra qualificada. Desse modo, inicialmente, a produção de itens como calçados e roupas concentraram-se na Ásia, superando países que eram tradicionais desses setores. Em um segundo momento, esses países passaram a produzir itens mais sofisticados – e a ofertar serviços com vantagens comparativas inigualáveis em função dessa mesma mão de obra.

Assim, em 2009, apesar da crise econômica global, a produção de automóveis na China foi de 13,6 milhões, ultrapassando pela primeira vez a produção norte-americana (VENDA DE..., 2009). Esse volume de automóveis novos no mercado implica um forte crescimento de serviços nos próximos anos para a manutenção dessa frota e elevado potencial de exportações para o pujante mercado asiático.

Corrêa e Caon (2002, p. 24) apresentam alguns fatores que contribuem para o crescimento da importância do setor de serviços:

- Urbanização, que torna alguns serviços indispensáveis, como o transporte público.
- Mudanças demográficas, como o aumento do número de crianças ou de idosos e as consequentes novas demandas desses públicos.
- Mudanças socioeconômicas, como o aumento da participação da mulher no mercado de trabalho, o que levou à necessidade de novos serviços para facilitar a vida familiar, bem como a educação e o cuidado dos filhos.
- Crescimento do grupo formado por consumidores sofisticados ou afluentes, que demandam serviços específicos.
- Mudanças tecnológicas, que ampliam a qualidade ou trazem novos serviços, como a internet.

Outros fatores que podem ser apresentados:

- A crescente complexidade de diversos produtos, que exigem maiores cuidados de manutenção e demandam novos serviços.
- A maior complexidade da realidade empresarial enseja diversas oportunidades em itens como consultoria e treinamento.

O surgimento da internet significou um amplo mercado para produtos como: computadores, fibra ótica, equipamento de rede, impressoras, câmeras digitais etc., porém o potencial de novos serviços associados à internet é praticamente inesgotável: e-commerce, softwares de diversos tipos, manutenção da infraestrutura, provimento de informações pela internet etc. Apenas o campo do e-commerce representa o deslocamento de inúmeras vendas do varejo tradicional, além de trazer várias possibilidades de novos serviços.

Uma grande dificuldade das prestadoras de serviços é representada pelo fato de estes serem intangíveis. Por exemplo, ao fazer o seguro do automóvel, o consumidor apenas leva um contrato para casa; se não ocorrer nenhum sinistro, fica difícil saber qual foi o serviço adquirido. Para contornar essa dificuldade, as prestadoras de serviços procuram tangibilizá-los; por exemplo, uma asseguradora distribui uma revista de elevado padrão, exclusiva, como as revistas de bordo, das companhias aéreas.

Outra dificuldade se refere ao fato de que o consumidor participa ativamente do serviço. Por exemplo, uma companhia aérea pode ter aviões novos, pessoal bem treinado, excelente comida de bordo, pontualidade, mas se o passageiro tem medo de voar e fica preso à poltrona durante as 12 horas de voo internacional, para ele o serviço é péssimo.

A prestação de serviços representa um grande potencial para os profissionais da área de gestão, pelo fato de possuírem inúmeras disciplinas no curso ligadas a marketing, atendimento e recursos humanos.

5.3 MARKETING MIX

Loverlock e Wright (2006: 5) definem serviço como "um ato ou desempenho oferecido por uma parte a outra." Para Las Casas (2002: 18): "Serviços é a parte que deve ser vivenciada, é uma experiência vivida, é o desempenho." Em função de suas particularidades, quando comparado a bens físicos, o marketing que envolve os serviços também possui suas peculiaridades. O fato de os clientes não obterem uma propriedade física, a intangibilidade, a possibilidade de envolvimento dos clientes e também outras pessoas na produção, ausência de estoque, maior variabilidade de insumos, superestimação do atributo tempo e canais alternativos de entrega são algumas dessas características (LOVERLOCK e WRIGHT, 2006). Las Casas (2002) afirma que essas diferenças afetam basicamente a forma como o mix de marketing será trabalhado. O campo para o lançamento de novos serviços é quase ilimitado:

a) O número de membros da Associação de Consultores em Cerimônias de Matrimônio aumentou de 27, em 1981, para 4 mil, em 2004. A profissão de planejadores de casamento praticamente não existia, e o elevado número de divórcios levaria a pensar que essa profissão não encontraria futuro (ANDERSON, 2006). Talvez seja justamente o alto número de divórcios que tenha levado ao crescimento da busca por esse tipo de serviços – visando uniões mais duradouras.

b) No ano 2000, a Zipcar lançou um sistema de aluguel de veículos por hora, em vez das tradicionais diárias do setor; sendo preciso, porém, que o cliente pague uma taxa anual para ingressar no sistema. Em 2008, a Zipcar detinha 5.500 automóveis em 13 cidades, incluindo 1.400 em 300 locais de Nova York (BELSON, 2008).

> **Potencial ilimitado para novos serviços**
>
> **A) Os limites da malhação**
> O cansaço muscular que aparece durante o exercício, apenas nas últimas repetições, geralmente é bom – e pode ser sentido até 48 horas depois do esporte. Não é preocupante quando se manifesta só durante a realização de movimentos cotidianos que envolvem o músculo que foi trabalhado. Para a fisioterapeuta Mônica Gianotti: "É um leve desconforto, não é propriamente dor." Mas, ao sentir "agulhadas", "queimação", sensação de "travação" do movimento no ato da execução de um exercício ou se a sensação dolorida impede alguma tarefa cotidiana, então deve-se parar, pois algum limite foi ultrapassado (HELVÉCIA, 2008). Talvez não se considere uma academia como prestadora de serviços na área de saúde, porém várias possuem acompanhamento médico, para evitar que os consumidores ultrapassem seus limites ou que façam exercícios inadequados a suas circunstâncias.
>
> **B) Adaptando o marketing mix ao público**
> Em sua loja de Detroit, a rede de móveis Ikea mantém um restaurante típico, distribui catálogos em árabe e produz peças de decoração para o Ramadã, principal feriado religioso do islamismo. Os serviços foram criados com a consultoria da Câmara de Comércio Árabe-Americana (PUGLIANO, 2009).

> *Veja em www.elsevier.com.br/marketingparaservicosdesaude*
> Crescimento das mulheres da classe C no ambiente de trabalho
> Mensalistas perdem a vez para as diaristas

5.4 ESTRATÉGIAS DE GESTÃO DE SERVIÇOS

A) Diferenciação: a essência da diferenciação reside na criação de um serviço que é percebido como único. A diferenciação pode tomar várias formas: imagem da marca, tecnologia, características, serviço ao cliente, rede de distribuição.

B) Tornar tangível o intangível: por sua própria natureza, os serviços são quase sempre intangíveis e não deixam uma lembrança material da compra. As empresas de serviços devem reconhecer a necessidade de oferecer algo que torne a compra tangível na lembrança do cliente, como brindes com o nome da empresa.

C) Personalização do produto padrão: proporcionar um toque e personalização pode aproximar a empresa de seus consumidores, a um custo muito pequeno.

D) Redução do risco percebido: a falta de informação sobre a compra de um serviço cria uma impressão de risco para muitos clientes. Os clientes frequentemente acham válido pagar um preço um pouco melhor para terem a sensação de tranquilidade e segurança.

E) Valorização do treinamento de pessoal: os investimentos em desenvolvimento de pessoal e treinamento, que resultam em um aumento da qualidade dos serviços, são uma vantagem competitiva difícil de questionar. Empresas que são líderes em seu ramo de atividade são conhecidas, entre os competidores, pela qualidade de seus programas de treinamento.

F) Controle da qualidade: manter um nível consistente de qualidade de serviços em vários locais diferentes, em um sistema de trabalho intensivo, é um desafio significativo. As empresas têm abordado esse problema de várias maneiras – treinamento de pessoal, procedimentos explícitos, tecnologia, limites no escopo do serviço, supervisão direta e pressão dos colegas, entre outras. A questão da qualidade de serviços complica-se ainda mais pela distância potencial entre as expectativas e as experiências dos clientes.

G) Focalização: a estratégia de focalização reside na premissa de que a empresa pode servir seu mercado-alvo restrito de maneira mais eficaz e/ou eficiente do que as que tentam servir um mercado amplo. Como resultado, a empresa consegue diferenciação nesse mercado menos abrangente por conhecer melhor as necessidades dos clientes ou pelos menores custos.

H) Liderança em custos: essa estratégia requer instalações com eficiência de escala, rígido controle sobre custos e despesas gerais, e, com frequência, tecnologia inovadora. Possuir uma posição de baixo custo proporciona uma defesa contra a concorrência, pois competidores menos eficientes sofrerão primeiro com as pressões competitivas. Implantar uma estratégia de baixo custo requer fortes investimentos em equipamento de última geração, preços agressivos e perdas iniciais para conquistar fatias de mercado. Formas para as empresas conquistarem liderança em custos:
- Procura por clientes de baixo custo.
- Padronizar um serviço personalizado.
- Reduzir a interação no atendimento em serviços: a estratégia, de alto risco potencial, de redução do contato pessoal no atendimento de serviços pode ser aceita pelos clientes se for mais conveniente para eles. Por exemplo, o acesso facilitado a caixas eletrônicos tem afasta-

do gradualmente os clientes da interação pessoal com os caixas dos bancos, reduzindo, consequentemente, os custos para os bancos.
- Operações de serviço off-line: muitos serviços, como cabeleireiros e transporte de passageiros, são on-line, pois só podem ser realizados com o cliente presente. A transação dos serviços em que o cliente não necessita estar presente pode ser executada off-line. Por exemplo, um serviço de conserto de sapatos pode ter vários postos de retirada e coleta, consolidando pedidos para ser entregues a uma oficina de consertos, que pode até mesmo ser localizada na periferia. Os serviços off-line apresentam uma redução de custos, por causa da economia de escala da consolidação, do baixo custo de localização das instalações e da ausência de clientes no sistema. Enfim, a operação de serviço que foi desacoplada funciona como uma fábrica.

Referências

ANDERSON, C. *A cauda longa*. Rio de Janeiro: Campus/Elsevier, 2006.
BERLIN, L. "We'll fill this space, but first a nap". The New York Times Online, 27 set. 2008.
BELSON, K. "Hertz tosses some car keys into the ring, battling Zipcar". Business Week Online, 16 dez. 2008.
CORRÊA, H. L.; CAON, M. *Gestão de serviços*. São Paulo: Atlas, 2002.
HELVÉCIA, H. "Exercício benfeito causa só leve desconforto". Folha Online, 14 out. 2008.
LAS CASAS, A. L. *Marketing de serviços*, 3ª ed. São Paulo: Atlas, 2002.
LOVELOCK, C.; WRIGHT, L. *Serviços: marketing e gestão*. São Paulo: Saraiva, 2001.
"MULHERES da classe C impulsionam vendas de produtos práticos". O Estado de S.Paulo Online, 17 jul. 2009.
MYERS, H.; LUMBERS, M. "Understanding older shoppers: a phenomenological investigation". *Journal of Consumer Marketing*, v. 25, n. 5, p. 294–301, 2008.
PINHO, A. "Empregada doméstica dá lugar a diarista no Brasil, aponta estudo". Folha Online, 1 nov. 2009.
PUGLIANO, B. "A meca do varejo". Portal Exame, 3 abr. 2008. Acesso em 12 out. 2009.
"VENDA de automóveis na China cresce 46% em 2009 e ultrapassa EUA". Valor Online, 11 nov. 2009.

CAPÍTULO 6

PECULIARIDADES DOS SERVIÇOS EM SAÚDE

6.1 PLANOS DE SAÚDE

Os serviços de saúde podem ser considerados como que oferecidos em um *continuum*, que varia de um provimento completamente estatal ao outro extremo, em que predomina a iniciativa privada. A maior parte dos países se encontra em uma situação intermediária dessa linha.

A medicina de grupo – mediante planos de saúde – apresenta os inconvenientes clássicos de qualquer sistema baseado em médias de utilização e em socialização do tratamento: filas de atendimento, dezenas de médicos conveniados para a mesma especialidade na mesma cidade, realização de atendimentos relativamente rápidos. Uma situação concreta: uma dermatologista recebeu o paciente em uma segunda consulta, de cinco minutos, como a primeira, que relatou que a pomada indicada fora ineficaz. Ela indicou outra, porém acrescentou a frase infeliz: "É isso aí, vai tentando!", o que simplesmente destruiu qualquer possibilidade de relação médico-paciente, e este, que jamais pensou ser cobaia dessa profissional, não percebeu que o convênio disponibilizara inúmeras opções de dermatologista no mesmo prédio em que ela atendia, e que para essa profissional sobreviver, seria preciso conjugar a qualidade do atendimento com o valor recebido pelo convênio, porém, sem abrir mãos dos compromissos assumidos enquanto profissional, dado que ela se associou ao convênio livremente e que não possuía clientela particular e, provavelmente, jamais iria formar.

Ambiente norte-americano no provimento de serviços de saúde

Cabem algumas linhas sobre o maior mercado mundial – ao menos por enquanto –, pois existe uma visão falsa a respeito do que se passa por lá. Por exemplo, cerca de 120 mil norte-americanos morrem ao ano por erro de diagnóstico, tratamento ou medicamento: as mortes por erro médico superam aquelas de acidente de carro (43.458), câncer de mama (42.297) ou Aids (16.515), segundo relatório do ano 2000 do Instituto de Medicina dos Estados Unidos (ALBRECHT, 2001; HOLTZ, 2008). Assim, a Amil quis reproduzir nos Estados Unidos os mesmos pressupostos adotados no Brasil, sem sucesso.

Em 2004, os gastos dos Estados Unidos com saúde foram de US$ 6.102 por pessoa – praticamente o dobro da maior parte das democracias do Primeiro Mundo. Mas a expectativa média de vida nos Estados Unidos era de 77,5 anos e a mortalidade infantil (6,9 mortes/mil nascimentos) estava abaixo do encontrado no mundo desenvolvido. Em média, um cidadão norte-americano gasta US$5.300 ao ano com saúde, o dobro dos britânicos, porém, sua expectativa média de vida é um ano mais curta – porque os britânicos possuem menor incidência de infarto, derrame cerebral, câncer e diabetes.

O sistema de emergência nos Estados Unidos é fragmentado, com fornecedores independentes que não compartilham informações com facilidade; assim, um paciente chega a uma sala de emergência e todo o ônus cabe ao plantonista, enquanto na Suécia, 90% dos clínicos gerais mantêm registros médicos digitais de seus pacientes (HOLTZ, 2008).

Em novembro de 2008, havia 10,3 milhões de desempregados nos Estados Unidos, ou 2,8 milhões a mais que em janeiro. Cerca de 4,4 milhões de pessoas estavam recebendo seguro-desemprego ao final do ano – um crescimento de 60% em relação ao número de igual período do ano anterior. Nesse país, a maior parte das pessoas possui planos de saúde empresariais, de modo que fica sem cobertura nas situações de desemprego. Em setembro desse ano, 31,6 milhões de pessoas receberam um benefício alimentar, similar a nosso Bolsa-Família, um número que aumentou em dois milhões de pessoas em apenas um mês. Ainda outro programa federal apoiava 1,7 milhão de famílias. A crise de 2007-2008 levou à redução das receitas dos prestadores de serviços de saúde e a alguns fechamentos. A ShandsHealthCare, organização não lucrativa da Flórida, fechou um de seus oito hospitais, com 367 leitos, em função dessa unidade ter tido US$12 milhões em prejuízos em 2007. A Shands totalizou uma filantropia de US$115 milhões no ano fiscal de 2008.

Nos Estados Unidos existem vários programas governamentais, como: a) Medicare (para cidadãos com mais de 65 anos de idade – foi criado em 1965, cerca de 30 anos depois representava US$200 bilhões anuais em despesas ou cerca de 20% dos gastos públicos do país com saúde); b) Medicaid (para pessoas das camadas sociais menos favorecidas); c) State Children's Health Insurance Program – que atendia a cerca de 7 milhões de crianças no início de 2009, com renda familiar acima do necessário para serem atendidas pelo Medicaid; e d) COBRA, que visava atender aos desempregados, porém, ao consumir cerca de 30% do seguro-desemprego deixou de ser atrativo.

Alguns médicos dos Estados Unidos não mais atendem pacientes pelo Medicaid, porque algumas contas não são pagas ou porque há atraso nos pagamentos. Em Nova York, o pagamento é feito depois de 140 dias, comparado com 41 dias na Carolina do Sul. Além disso, se um médico atende pelo programa e necessita indicar o paciente a outro especialista, há um elevado risco de que este não o aceite, assim, a relação médico-paciente fica manchada. O Medicaid é o sistema de atendimento primordial para 55 milhões de norte-americanos de baixa renda, porém não atende a 60% deles. Há ainda outros 47 milhões que não são atendidos.

Um sinal da atuação dessas agências: as despesas da Medicare apenas com remédios contra câncer subiram de US$3 bilhões, em 1997, para US$11 bilhões, em 2004. Os planos de saúde para as famílias dos trabalhadores, cobertos pelos empregadores, tiveram aumento de custo de 97% entre o ano 2000 e 2008; assim, um plano médio passou de US$6.438 para US$12.680 ao ano. Além disso, a participação do trabalhador passou de US$1.619 para US$3.354. Os hospitais respondem pela maior fatia das despesas médicas dos Estados Unidos: 31%, cerca de US$650 bilhões em 2007, segundo a Medicare. De acordo com a lei, os desempregados podem continuar no plano de saúde empresarial pagando uma taxa de administração de 2%, porém isso representa uma elevada fatia de seu auxílio-desemprego.

Em função da maior cobertura governamental da saúde infantil, bem como do menor número de empresas privadas que concedem esse benefício, o número de pessoas sem seguros de saúde nos Estados Unidos diminuiu pela primeira vez no governo Bush: o número de pessoas cobertas por programas governamentais passou de 80,3 milhões, em 2006, para 83 milhões em 2007. A população coberta com planos privados passou de 67,9%, em 2006, para 67,5% em 2007, mantendo-se na faixa dos 202 milhões de pessoas, sendo cerca de 177,4 milhões relativas a planos ligados ao emprego.

Em 2008, 63% dos trabalhadores norte-americanos que não possuíam planos de saúde trabalhavam por conta própria ou em companhias com menos de 100 pessoas, e apenas 47% das empresas com 500 empregados oferecem planos de saúde – uma diminuição do índice de 58% de 1997. Pessoas sem planos de saúde apenas podem ser atendidas em situações de pronto-socorro. Em 2008, publicou-se no *Annals of Internal Medicine* que milhões de norte-americanos com doenças crônicas como diabetes ou pressão alta não possuem tratamento adequado por falta de seguro-saúde. O estudo estima que cerca de um em três adultos na idade de trabalhar (11 milhões dos 36 milhões nessas condições, em 2004) e que não possuem seguro receberam um diagnóstico de doença crônica. Muitos desses pacientes deixam de ir ao médico, indo apenas a atendimentos de pronto-socorro. O crescente número de pessoas sem planos de saúde tem lotado os pronto-socorros, cujos médicos passaram a atender outros traumas além de ataques cardíacos, fraturas e o que normalmente é de sua especialidade, dado que são obrigados a atender a todos os que ingressam nesse tipo de serviços.

Já em 2005, o Hospital da Univesidade de Chicago lançou o programa Urban Health Initiative, liderado por Michelle Obama, para orientar a população quanto ao uso correto do serviço de pronto-atendimento. Estimou-se que em 2006 houve 120 milhões de visitas aos pronto-socorros – um terço a mais que uma década antes. O hospital público Denver Health teve 19% de aumento de visitas por pessoas sem cobertura de planos, em relação a novembro de 2007, chegando a 3.325 atendimentos; os serviços realizados e não pagos foram de US$276 milhões em 2007 – estimando-se que em 2008 superassem a marca dos US$300 milhões. O pronto-socorro nos Estados Unidos posssui outra função: em quase todo o mundo, abandonar os filhos é considerado um crime, lá, se não houver violência, os filhos podem ser deixados pelos pais nessas instituições: de setembro a novembro de 2008, 36 crianças e adolescentes foram abandonados nos hospitais de Nebraska – estado cuja recente legislação permite o abandono de crianças de qualquer idade sem muitas perguntas, enquanto nos demais há certos limites, normalmente acolhe apenas bebês. Até a legislação de proteção aos animais é mais rigorosa nos Estados Unidos do que aquela que trata dos filhos.

Milhões de norte-americanos – considerados de elevado risco para os planos de saúde – pagam por caros tratamentos, além de se julgarem vítimas de arbitrariedades. Quatro empresas – WellPoint Inc., UnitedHealth Group, Aetna Inc. e Cigna Corp. – cobrem mais de 85 milhões de pessoas ou metade do mercado dos Estados Unidos. No último trimestre de 2008, a UnitedHealth teve receita de US$20,45 bilhões. Em 2007, a receita da Apria somou US$1,6 bilhão, com dois terços desse total provenientes do Medicare. Em função da pressão de Wall Street, essas empresas são obrigadas a excluir doentes crônicos, como portadores de asma ou diabetes, e fazem pressão para que o governo assuma os gastos com esses pacientes. Em função desse quadro, 46 milhões de norte-americanos não possuem qualquer plano, e as dívidas médicas se tornaram uma importante causa de famílias que entraram em insolvência – ou que fazem apólices individuais, que são menos reguladas pelo governo. Vários executivos apontam a necessidade da cobertura universal, cuja lógica econômica é que em função de os jovens estarem contribuindo, o sistema consegue suportar as pessoas que demandam tratamentos caros. Outra injustiça da ótica totalmente econômica dos planos de saúde dos Estados Unidos: as mulheres pagam mais do que os homens de igual idade. Assim, em Columbus, Ohio, uma mulher aos 30 anos paga 49% mais que um homem da mesma idade, em um plano Blue Access Economy, da Anthem.

Um estudo da Universidade de Harvard apontou notável aumento do número de famílias que passaram à situação de inadimplência de 2001 a 2007, parcialmente causadas pela elevação dos custos dos planos de saúde. Das falências nesse período, o percentual em que parte das causas se deveu à espiral dos custos médicos subiu de 55% para 62%. Visto que a crise se agudizou após os últimos dados levantados, é provável que a situação tenha apresentado um leve agravamento. O estudo mostrou que as famílias que apresentavam algum tipo de cobertura mostravam contas médicas na faixa média de US$17.749; já nas famílias sem cobertura, o valor era de US$26.971. As contas hospitalares representaram as maiores despesas nas famílias que chegaram a essa situação.

O ambiente de crise favoreceu a Medco Health Solutions, que vende genéricos pelo correio: suas vendas no quarto trimestre de 2009 foram de US$12,96 bilhões – alta de 14%; os lucros foram de US$274,4 milhões – superiores aos US$207,6 milhões de igual período de 2007 (ABELSON, 2008a; ABELSON, 2008b; ABELSON, 2008c; ABUJAMRA, 2009; ARNST, 2009a; BERENSON; 2008; COBRA..., 2009; FARRELL, 2008; HERPER, 2008; GIRION, 2008; GIRION, 2009; GIRION e HILTZIK, 2008; HSU, 2008; NÓBREGA, 2007; LAZARUS, 2008; PEAR, 2008a; PEAR, 2008b; SCHIFFERES, 2008; CVS..., 2009; UNITED..., 2009; WHELAN e RAGHAVAN, 2008; FREUDENHEIM, 2009; JAPSEN E GROTTO, 2009; SEAMAN, 2009).

> **Universidades adquirem hospitais**
>
> A estatal e bicentenária University of South Caroline, em 2009, adquiriu, por US$275 milhões, da Tenet Healthcare Corp., dois hospitais localizados em seu campus. A Tenet abrira o USC University Hospital em 1991, com 411 leitos, 11 novas salas cirúrgicas, e adquiriu o Norris Cancer Hospital em 2003 – que soma 60 leitos. O plano da universidade é criar um polo de excelência em medicina, com esses dois hospitais mais o que ela já detinha. Também nesse ano, a University of Kentucky adquiriu o Samaritan Hospital, do grupo Ventas, localizado em Lexington, por US$35 milhões (GIRION, 2009; MILLER, 2009).

Assistência médica administrada *versus* planos convencionais

Em 2008, a Blue Cross Shield, de Massachusetts, maior companhia de seguro saúde no estado, e a Caritas Christi Health Care, segunda maior rede de hospitais, pretendiam mudar de um sistema que cobre todos os serviços médicos prestados para um de taxa fixa por paciente, ao estilo da assistência médica administrada. A taxa anual seria por idade e enfermidade. O estado de Massachusetts é o único a tornar obrigatório o seguro saúde para todos os seus residentes, desde julho de 2007. A Caritas vislumbra a possibilidade de diferenciar seus seis pequenos centros médicos dos grandes hospitais-escola de Boston, que cobram taxas a cada visita, exame ou procedimento médico. Já a Blue Cross Shield espera cortar pela metade o crescimento dos gastos médicos em um ano. Porém, a assistência médica administrada era rejeitada pelos pacientes, desamparados ante um tratamento caro. A Caritas e a Blue Cross pretendem criar garantias de que as taxas serão justas tanto para os pacientes como para os médicos. Porém, mesmo os que criticam as taxas únicas concordam que os custos médicos precisam cair. Os gastos dos Estados Unidos com saúde aumentaram mais de 10% ao ano nos últimos anos, e o sistema de saúde passou a representar 16% do PIB. Os médicos culpam os planos na base do pagamento por serviço, que encorajam o volume, em vez da qualidade. As estruturas de pagamento por taxas fixas foram moda nos anos 1980. Uma década depois, os consumidores passaram a vê-la como uma maneira de hospitais e seguradoras racionarem procedimentos caros. Os médicos estavam insatisfeitos porque sentiam que o sistema limitava seus ganhos. A Blue Cross espera ganhar a confiança dos pacientes e dos médicos oferecendo bonificações para os médicos se a qualidade dos cuidados melhorar. Além disso, se os custos dos tratamentos ficarem abaixo da taxa acertada, o médico fica com a diferença.

O Geisinger Health System, da Pensilvânia, começou oferecendo taxas fixas para pontes de safena em 2006. Um estudo feito entre 181 pacientes tratados no primeiro ano mostrou que as taxas de readmissão caíram 44% e as contas ficaram 5% menores (ARNST, 2008).

> **O preço foi reduzido, mas o plano vigia os segurados**
>
> Os clientes da britânica PruHealth pagam apenas três mensalidades ao ano para frequentar uma academia durante todo o ano; além disso, ganham de presente um podômetro com monitor cardíaco, para estimular a prática de caminhadas. Mas se o consumidor não gosta desse esporte, pode ganhar uma bicicleta. Em troca dessa vigilância, os preços começam com descontos de 20% depois crescem de acordo com o compromisso dos segurados com hábitos saudáveis (HESSEL, 2008).

Planos de saúde no Brasil

Iniciou-se uma consolidação dos planos de saúde no Brasil, em função de uma nova regra da Agência Nacional de Saúde Suplementar (ANS) no sentido de exigir que as operadoras de saúde precisem provisionar o equivalente a 20% da contraprestação de serviços dos últimos 12 meses ou 33% do total de sinistros dos últimos três anos. Esperava-se que muitas empresas teriam dificuldades para atingir esses índices. O setor de planos privados encerrou 2007 com 39 milhões de beneficiários, segundo a Agência Nacional de Saúde (KOIKE, 2008a; KOIKE, 2008b). Enfim, o número mínimo de consumidores que viabilizam a existência de um plano de saúde que consiga cumprir suas obrigações é maior do que a média usual entre os planos nacionais – havendo ainda espaço para maior consolidação –, que redunda em benefício para os consumidores. A crise bancária mundial de 2008, pela qual nosso país passou ileso, mostra o valor de empresas fortes e bem estruturadas.

Entre 2000 e meados de 2008, cerca de 500 operadoras de saúde fecharam as portas, permanecendo em atividade cerca de 1,6 mil planos, segundo a ANS, já que uma nova regra, citada anteriormente, dessa agência reguladora, de janeiro de 2008, limitou ainda mais o panorama das pequenas operadoras.Em 2007, surgiram 10 novos hospitais de propriedade de empresas de medicina de grupo, que aumentou para 250 o total de unidades próprias no mercado, segundo a Abramge, entidade que reúne empresas chamadas de medicinas de grupo – um tipo de convênio que pode ser dono de hospital. Em janeiro de 2008, a Colômbia, cujo modelo de assistência à saúde é semelhante ao brasileiro, estabeleceu que as operadoras devem se limitar a 30% dos atendimentos realizados em rede própria (KOIKE, 2008a).

Uma pesquisa da ANS entre dirigentes de planos de saúde apontou que a ferramenta mais eficaz é a implantação de "fatores moderadores de consumo", em particular, planos de co-participação do consumidor no custeio de suas despesas. Por exemplo, uma empresa com 450 mil usuários apresentava 220 mil consultas ao mês (cerca de sete em média ao ano por usuário) e 2,5 exames complementares em média gerados por consulta. Os brasileiros com mais de 60 anos representam 11% dos usuários de planos de saúde: 4,5 milhões de pessoas; os convênios facilitam o acesso a hospitais, profissionais e programas de saúde preventivos (ANS, 2005; LOPES, 2008).

Zilber e Lazarini (2008) conduziram uma pesquisa com 624 indivíduos, nos dias úteis de novembro de 2004, entre as manhãs e as tardes, no Hospital Cema, na Zona Sudeste do município de São Paulo, que possui 90% de participação no mercado da região Sudeste, nas especialidades de otorrinolaringologia e oftalmologia. Os indivíduos possuíam plano de saúde e usaram os serviços do hospital durante outubro e novembro. Descobriu-se que o tempo médio dos clientes no plano de saúde era de 21,3 meses, o valor médio da mensalidade era de R$313,90 e o número médio de dependentes de 0,51.

Home Care

É o serviço de saúde prestado na residência dos pacientes por uma equipe multidisciplinar da operadora ou contratada. São pacientes com doenças crônicas que precisam de cuidados permanentes, mas que são mais bem atendidos em casa. Suas finalidades são: a) assistência domiciliar eficaz para evitar reinternações; b) diminuição do risco da infecção hospitalar; c) readaptação gradativa ao convívio familiar; d) assistência com maior qualidade aos pacientes; e) diminuição dos custos, em especial ao se evitarem internações, e f) melhor controle desses pacientes. Obstáculos normalmente enfrentados: a) familiares com medo de um doente em casa; b) sentimento de invasão de privacidade; c) dificuldade de trato entre as equipes e os familiares; e d) problemas com a programação de materiais e medicamentos entre as equipes e os familiares que atendem aos pacientes (KUAZAQUI; TANAKA, 2008).

Aumento abusivo freado pelo STJ

Em 2008, o Superior Tribunal de Justiça (STJ) vetou reajustes de até 200% nas mensalidades dos planos de saúde da Unimed Natal a partir de janeiro de 2004, aplicados a clientes com 60 anos ou mais. A ministra Nancy Andrighi, relatora do caso, considerou abusivo o acréscimo de 100% no valor mensal do plano fixado pela Unimed no Rio Grande do Norte. O Ministério Público (MP) do estado entrou com uma ação civil contra a empresa, que enviara uma carta informando os clientes dos aumentos, com base na mudança de faixa etária, em dezembro de 2003. O MP alegou que os reajustes feriam o Código de Defesa do Consumidor e o Código Civil de 2002. Ao julgar o caso, o Tribunal de Justiça do Rio Grande do Norte havia estabelecido que os reajustes fossem parcelados em quatro vezes, a cada trimestre. Mas o MP recorreu, e a Terceira Turma do STJ vetou os aumentos de forma unânime (STJ..., 2008).

Plano de Saúde da Santa Casa de Belo Horizonte

Em outubro de 1996, foi criado o Plano de Saúde da Santa Casa, para alterar seu perfil de 70% de atendimentos provenientes do SUS (CASO DE..., 2008). Assim, pode-se considerar como uma alternativa estratégica para um hospital apresentar receitas mais sólidas ao depender menos das baixas remunerações do SUS.

Peculiaridades de algumas empresas do setor de planos de saúde: dificuldades de alguns planos e descaso com os pacientes

Parece novela mexicana, mas, infelizmente, é verdade: a Avimed comprou parte da carteira de clientes da Saúde ABC, que quebrou. Esta, por sua vez, havia comprado a carteira da Interclínicas, em 2004, empresa que tinha Oswaldo Cruz e outros hospitais de ponta em sua rede, mas que desapareceu do mercado. Em 2009, a Avimed quebrou (LEITE, 2009). Ao longo desses anos de crise e de inúmeros contratempos, a ANS talvez pudesse ter sido mais enérgica, forçando uma aquisição, nem que fosse a R$1, a alguma operadora de porte, afinal, seu papel é defender o consumidor, e não esse tipo de companhias – que apenas denigrem o setor e a classe empresarial. De qualquer forma, a ANS impediu a Avimed de ser adquirida pela Itálica – uma empresa que também não estava em boa situação (ANS..., 2009).

Plano de classe A abocanha fatia maior do bolo

A Omint foi criada na Argentina em 1967 e chegou ao Brasil em 1980. No país de origem, soma 400 mil vidas, atendendo das classes A à C; porém, no Brasil, focou a classe A. Adquiriu a carteira de 45 mil vidas do Hospitaú, em 1997. Dois anos depois, lançou a marca Skill, para atuar no mercado corporativo. Em 2004, lançou o Plano Access, para a classe B+, com algumas restrições em relação a seu plano – por exemplo, não indica o

Hospital Albert Einstein –, e já no ano seguinte, esse plano representava um terço das receitas da empresa. As receitas de 2007 foram de R$388 milhões, com R$32,4 milhões em lucros. Em outubro de 2008, somava 86 mil vidas seguradas. Na Argentina, a empresa também atende às classes B e C e soma 400 mil vidas seguradas.

Outro plano focado na classe A é o da Lincz, cuja maior parte da clientela foi obtida por 38 vendedoras de alto padrão social e com uma boa rede de contatos, o que permite a realização de vendas em eventos sociais, que representam 60% das receitas da Lincz, que apenas em 2007 passou a trabalhar com corretores profissionais (BANCO DE DADOS DE FUSÕES E AQUISIÇÕES DO AUTOR; GAZETA MERCANTIL: 13/8/2004; 17 e 31/5/2006; O ESTADO DE S.PAULO, 3/1/2005; KOIKE, B. Omint investe R$50 milhões em sede e revê crescimento; VALOR ONLINE, 3/11/2008; KOIKE, B. **Voltada para alta renda, Lincx reduz metas para 2009, VALOR ONLINE, 13/11/2008**).

Ingresso na cobertura odontológica

Em 2008, a SulAmérica Seguros e Previdência lançou seu plano odontológico para empresas. É um mercado que cresce cerca de 20% ao ano e já conta com mais de 9 milhões de clientes, segundo a ANS, contra apenas 3,2 milhões de usuários em 2001. Ainda conforme a agência, o país contava com 39 milhões de usuários de planos de saúde. Uma pesquisa da consultoria Mercer apontava o plano odontológico como o terceiro benefício mais solicitado pelos funcionários, atrás de seguro saúde e alimentação. A empresa somava 1,5 milhão de vidas seguradas, das quais 76% são planos empresariais. O seguro-saúde responde por 53,2% das receitas do grupo, que também oferece outros seguros, previdência e investimentos, com mais de 6 milhões de clientes. A SulAmérica Saúde, com 1,6 milhão de clientes, e a Bradesco Saúde, com 3,4 milhões de beneficiários, utilizam hospitais independentes em função da cobertura nacional obtida, que seria impossível de ser atingida mediante hospitais próprios (KOIKE, 2008a; PLANO..., 2008; SULAMÉRICA..., 2008).

Primeiro plano de saúde a abrir seu capital na Bolsa

Contratado em abril de 2006 para profissionalizar a Medial, Luiz Kaufmann, 62 anos, deixou o comando da empresa dois anos depois. Em seu lugar, foi contratado Emílio Humberto Carazzai Sobrinho, ex-presidente da CEF e do Banco Pine. A saída de Kaufmann estava planejada: seu objetivo era reestruturar a empresa. Nesse período, a Medial entrou em medicina diagnóstica e hospitais e foi a primeira companhia brasileira de saúde a entrar na bolsa, levantando R$750 milhões. Em 2008, a empresa adquiriu o laboratório de análises SAE por R$18 milhões e anunciou a construção de mais quatro hospitais próprios em São Paulo ao longo de três anos, a serem somados aos 11 que já operava (KOIKE, 2008c; KOIKE, 2008e).

Segmentos específicos: segunda opinião médica

Atuando no Brasil desde 2001, após sete anos, a Asther Serviços em Seguros – braço comercial da WorldCare do Brasil – passou a oferecer aos corretores de seguros a comercialização do segmento empresarial. A Segunda Opinião Médica (SOM) se baseia no direito dos beneficiários e de seus médicos assistentes de contar com um novo diagnóstico e plano de tratamento em caso de doenças graves, emitido por médicos especialistas. Nesses casos, a WCB pode confirmar a doença ou ter certeza do tratamento, e o serviço é prestado por médicos especialistas vinculados a universidades e hospitais dos Estados Unidos, sem a necessidade de o paciente ter que sair do Brasil. As doenças graves amparadas pela SOM são as cardíacas, neurológicas, renais, neoplásticas, ortopédicas, cancerosas, cirúrgicas, transplantes de órgãos ou qualquer doença que seja considerada grave pelo médico assistente do beneficiário (SEGUNDA..., 2008).

6.2 HOSPITAIS

Rede D'Or

O grupo se iniciou em 1977, quando o cardiologista Jorge Moll fechou o consultório, alocou seus recursos, obteve financiamento e montou um centro de diagnóstico de doenças do coração por imagem, o Cardiolab. Nos anos 1980 abriu outras unidades, até que em 1989 ampliou o conceito e criou a rede Labs – que em 2009 somava 40 unidades no Estado do Rio e Vale do Paraíba. O primeiro hospital da Rede D´Or foi inaugurado em 1998, na Barra da Tijuca. A integração dos serviços – atendimento de emergência, internação e centro de diagnóstico – foi o diferencial, fazendo os moradores de bairros vizinhos passarem a utilizá-lo. Foi adquirido o edifício do Hotel Copa D´Or para nele sediar um hospital. Em 2007, a Rede D´Or adquiriu 50% do Hope-Esperança, hospital de Recife, sua primeira incursão fora do Rio de Janeiro. O imóvel não foi incluído no negócio, porém, apenas as atividades hospitalares. Em 2009, o grupo inaugurou em Jacarepaguá, no Rio de Janeiro, o quarto hospital de marca própria e o 14º da rede que atua no Rio de Janeiro e em Pernambuco (MAGALHÃES; SANTOS, 2009).

Novos serviços

O Hospital Sírio-Libanês, o Hospital do Coração (HCor) e o Oswaldo Cruz começaram a fazer *check-up* em adolescentes, para identificar doenças ou alterações genéticas já existentes mas ainda não manifestadas. Além disso, é preciso levar em conta que cerca de 80% das chances de se ter um enfarte são evitáveis. Após uma conversa entre médico e paciente, é feito um exame físico para ver peso, altura, pressão, batimentos cardíacos e postura. Em seguida, uma nutricionista trata da dieta. No fim, são feitos exames: hemograma, ecocardiograma, teste ergométrico e raios X (IWASSO, 2008).

Parceria inédita para manter um hospital-escola

Em 1944, o empresário Benjamim Guimarães criou o Hospital da Baleia, em Belo Horizonte, visando o atendimento da população carente. Em 2008, a fundação mantenedora era dirigida por sua bisneta. O hospital fica em uma área de 102 hectares, que abriga o Parque Estadual Mata da Baleia. Oferece 35 especialidades médicas, sendo seis delas referência em Minas Gerais (4% de seus atendimentos são feitos pelo SUS. De 1997 a 2007, ofereceu Residência a 215 médicos. Em 2008, o Hospital somava 295 médicos. Dos seus 237 leitos, 106 são destinados a crianças. A Drogaria Araújo começou um programa, em 2005, para seus clientes deixarem o troco para o hospital; em três anos, 4 milhões de clientes deixaram R$2,2 milhões. Em 2007, o MEC concedeu ao hospital o título de hospital-escola) (CUNHA, 2008).

Nova técnica para a ponte de safena

A competência de um hospital em tratamento do coração depende da integração de competências em diagnóstico, cirurgia cardiovascular, cuidados pré e pós-operatórios, bem como várias competências administrativas e de apoio. No Brasil, o InCor, Instituto do Coração, recebe 7,7% de seus pacientes de outros estados – em especial, Minas Gerais, Rio de Janeiro e Bahia. Assim, mesmo com o apoio do SUS, parte dos custos é paga pelo contribuinte paulista ou pela Fundação Zerbini. Desse modo, o InCor preconiza a criação de hospitais cardiológicos de referência em outras regiões. Uma cirurgia infantil custa de R$35 a R$40 mil, embora o SUS pague apenas R$8 mil (GRANT, 1995; MARCHI, 2009).

Surgiram novas técnicas para a cirurgia de revascularização do coração ou ponte de safena – iniciada nos anos 1960, que usa a veia da perna que leva o nome de safena. O problema é que essa veia se deteriora – estima-se que de 20% a 30% das safenas se fecham em 10 anos. Uma opção de enxerto são as duas artérias mamárias, pois estas sofrem uma remodulação e se tornam mais adequadas a receber maior fluxo de sangue. Outra opção é a artéria radial, do braço, mas ela é curta. O InCor iniciou estudos com a artéria da perna, que fora adotada por cirurgiões da Itália e já fora aplicada em cerca de 20 pacientes (LAGE, 2009a).

Hospitais com mais especialidades e hospitais com inovações simples

O Hospital Albert Einstein é a instituição brasileira com o maior número de especialidades médicas: 44. Em segundo lugar, figura o Hospital das Clínicas, da USP, com 43 especialidades, e os Hospitais Sírio-Libanês e Oswaldo Cruz – ambos com 42. Em 2009, o Sírio introduziu PCs ligados à internet em todos os seus 318 quartos, mediante R$1,5 milhão em investimento. Primariamente são focados na informatização das prescrições médicas, de modo a minimizar os erros, porém também estarão à disposição dos pacientes.

> O Hospital Maternidade Estadual Leonor Mendes de Barros, na Zona Leste de São Paulo, abriu um serviço de maternidade para as mães bolivianas que trabalham no setor de confecções da cidade, muitas vezes em condições insalubres e em situação ilegal. O hospital procura capacitar as enfermeiras na língua castelhana. As bolivianas se tranquilizam com a maternidade, pois com um filho brasileiro aumentam as chances de regularizarem sua situação no país (GONÇALVES, 2008; GONÇALVES, 2009; KOIKE, 2009a).
>
> A seguir, foto do famoso Hospital John Hopkins.

Fonte: <http://commons.wikimedia.org/wiki/File:Johnshopkins.jpg>. Acesso em 12 de março de 2010.

6.3 ATENDIMENTO PÚBLICO

A saúde pública ganha especial destaque quando surgem epidemias, como a dengue – com maior força a partir dos anos 1990 – ou outras. Assim, em 1892, ano da inauguração do primeiro trecho do cais do Porto de Santos, nada menos que 6% da população da cidade foi dizimada pela febre amarela (ASSECOB, 1984: 51).

Samu – Serviço de Atendimento Móvel de Urgência

Diversos municípios criaram programas para o atendimento médico emergencial, em alguns casos, usando a sigla Samu – Serviço de Atendimento Móvel de Urgência. Em Ribeirão Preto, o Samu foi criado em 1996. Doze anos depois, contava com nove veículos de suporte básicos e um de suporte avançado. Os primeiros levam um auxiliar de enfermagem e um motorista e é enviado quando não há risco iminente à vida. O outro veículo conta com um médico, um auxiliar de enfermagem e um motorista, além de equipamento mais aprimorado. Esses veículos estão distribuídos em cinco bases; para solicitá-los, basta os cidadãos ligarem para 192 e a central faz a distribuição.

O Corpo de Bombeiros de Belo Horizonte criou, em setembro de 2008, um serviço de resgate por motocicletas, por causa do trânsito: uma ambulância pode levar até 22 minutos no deslocamento, enquanto as motos chegam ao local em oito minutos. O serviço conta com 10 motos Honda Falcon 400, equipadas e espalhadas pelos batalhões e postos dos bombeiros da cidade – acessíveis pelo telefone 193. Além disso, as motos chegam a trilhas inacessíveis às ambulâncias, nas quais são frequentes acidentes com esportistas. O Corpo de Bombeiros realiza cerca de 250 atendimentos por dia, e 14% são de motociclistas; as vítimas são, normalmente, jovens, que necessitam de longa internação hospitalar. As motos já fizeram parte dos Bombeiros da cidade entre 1927 e 1950; à época, a frota era formada por Harley-Davidson dotadas de *sidecar*.

Em Minas Gerais, o Corpo de Bombeiros contava com 4.679 militares na ativa, mas atendia a situações em municípios distantes que não possuíam qualquer efetivo, como Santa Luzia, Ibirité e Conselheiro Lafaiete, todos com mais de 100 mil habitantes. Assim, a criação do Samu se tornou fundamental.

O Hospital Risoleta Neves, conhecido como Hospital de Venda Nova, responde por 9,5 mil atendimentos mensais de pronto-socorro e recebe 16% dos encaminhamentos do Samu-BH; a partir de 2006 passou a ser administrado pela UFMG/Fundep (GALERIA..., 2007; HERDY, 2008; SOUZA e NETO, 2008; VIDAL, 2008).

Hospital de câncer atrai pacientes de outros estados

Um terço da demanda do Hospital de Câncer de Barretos (SP) é formada por pacientes de outros estados, em especial do Norte, Nordeste e Centro-Oeste. Alguns municípios até compraram casas na cidade para abrigar seus cidadãos em tratamento (PACIENTES..., 2009).

Programas públicos de excelência no país

O país se tornou referência no combate à Aids, pela distribuição pública dos medicamentos aos pacientes. Porém, inúmeros outros portadores de doenças não cobertas pelos planos de atendimento público passaram a recorrer à Justiça, que acata 90% dos pedidos: as despesas de 2007, fruto dessas demandas, foram estimadas em R$600 milhões (AZEVEDO, 2007).

Existem diversos serviços públicos de excelência: InCor e o Hospital das Clínicas são bons exemplos. O Hospital Universitário Oswaldo Cruz, da Universidade de Pernambuco, no Recife, confirmou um caso raro de cura da raiva humana: um garoto de 15 anos, da cidade de Floresta, que fora mordido por um morcego que se alimenta de sangue. Foi o terceiro caso de cura da raiva no mundo. A doença, contraída geralmente por pessoas que tiveram contato com animais infectados, como cães, gatos, morcegos ou macacos, era 100% letal até 2004, quando médicos norte-americanos desenvolveram um tratamento baseado em antivirais, sedativos e anestésicos e curaram uma paciente em Milwaukee – o que deu nome ao método de combate. Segundo Gustavo Trindade, responsável pelo sucesso de Pernambuco, o protocolo Milwaukee foi adaptado à realidade brasileira: o quadro clínico deve se estabilizar e provar a cura da infecção da doença, através de exames laboratoriais que comprovem a eliminação completa do vírus. Durante o tratamento, que teve início em 13 de outubro, Trindade manteve contato diário com o idealizador do protocolo de Milwaukee, o Ministério da Saúde e o Centro de Controle e Prevenção de Doenças de Atlanta. Ele espera que o caso brasileiro sirva para aperfeiçoar o tratamento da raiva no mundo. O médico responsável pelo grupo técnico da raiva do Ministério da Saúde, Marcelo Wada, disse que o tratamento e a prevenção da raiva apresentam elevado custo e que, nos últimos cinco anos, mais de 100 brasileiros morreram acometidos pelo vírus. O país, no entanto, vem se aproximando do controle da doença: cerca de 35 milhões de cães são vacinados anualmente e 270 mil pessoas procuram assistência e recebem pelo menos uma dose de vacina antirrábica humana. Na década de 1980, a média era de 40 a 50 casos por ano. Em 1990, aumentou pra 70 casos; neste ano foram apenas dois casos (HOSPITAL PÚBLICO..., 2008).

Na odontologia, o Programa Brasil Sorridente foi criado em 2003, e investiu R$2,6 bilhões em cinco anos, atendendo pessoas de todas as idades – com um total de 85 milhões de procedimentos nesse período (KOIKE, 2008f).

Programa Saúde da Família – PSF

Em 1994, foi criado o Programa Saúde da Família (PSF), que se tornou a principal estratégia do governo para implantar a atenção básica no país, a partir de 1998. De 1994 a 2004, o número de equipes passou de 328 para 20.822; cada equipe é formada por um médico, dois enfermeiros, dois auxiliares de enfermagem e cinco agentes comunitários de saúde – com a incumbência de responder por 3 mil pessoas. Em julho de 2004, dos 5.561 municípios do país, 4.701 (84,55%) contavam com o PSF. No fim de abril de 2009, o país possuía 29,3 mil equipes cadastradas e um programa reconhecido pela OMS como um modelo.

Cabe ao médico do PSF prestar assistência integral a pessoas de todas as idades, acompanhando o paciente e incorporando ao tratamento ações emocionais, familiares, sociais e preventivas, além de participar de projetos com outros profissionais. Porém, o índice de rotatividade dos profissionais é elevado.

Entre 2002 e 2005, o PSF cresceu de 2.258 em 668 municípios de Minas Gerais, para 3.309 em cerca de 800 municípios, cobrindo 11,4 milhões de pessoas do estado. Também nesse período, o PSF recebeu 863 veículos. Entre 1994 e 2008, o Programa Saúde da Família se consolidou e sua presença nos municípios passou de 1,1% para 93,8%. A maior cobertura do programa é no Nordeste – segundo a 16ª edição do boletim *Políticas sociais – acompanhamento e análise*, do Instituto de Pesquisa Econômica Aplicada (Ipea), enquanto no Rio de Janeiro, em função de conflitos políticos, as metas jamais foram cumpridas, tendo-se chegado ao ponto de o Ministério Público Federal recorrer ao Judiciário para obrigar as autoridades a ampliarem o número de equipes – havendo uma sentença de abril de 2009 da 2ª Vara Federal do Rio que acata essa solicitação. A cobertura do PSF varia de 95,6% da população em Teresina a apenas 7,9% no Rio de Janeiro (CAMPOS; MALIK, 2008; PARA..., 2008; SUDESTE..., 2008; SANT'ANNA, 2009).

Programas de distribuição de medicamentos

Em 2008, o Programa Farmácia Popular resultou em R$166,8 milhões de receita nas farmácias conveniadas com o Ministério da Saúde, com mais de 7 milhões de atendimentos e 15,8 milhões de medicamentos dispensados. Em 2009, o Programa Bolsa-Família passou também a atender às crianças obesas, em número estimado em 300 mil, e na região Sudeste esse grupo supera o dos desnutridos.

Outro programa de sucesso: entre agosto e dezembro de 2008, 67,2 milhões de brasileiros foram vacinados contra a rubéola (ABELHA, 2009; FARMÁCIAS..., 2009; OBESIDADE..., 2009).

Programa de combate ao HIV

A sobrevida dos pacientes portadores do vírus HIV passou de 58 para 108 meses, de 1995 a 2007, nas regiões Sul e Sudeste, segundo estudo do Ministério da Saúde em 23 cidades. Causas da melhora: a) diagnóstico precoce; b) acesso a medicamentos antirretrovirais; e c) acompanhamento clínico adequado. A sobrevivência de crianças com Aids também aumentou. Em 1980, uma criança com menos de 13 anos diagnosticada com a doença tinha 25% de chances de estar viva após 60 meses. Entre 1999 e 2002, o percentual aumentou para 86%. Entre 1980 e junho de 2008, foram registrados 506.499 casos de Aids no Brasil. Nesse período, 205.409 morreram em decorrência da doença. A média anual de casos entre 2000 e 2006 foi de 35.384 anos e a epidemia é considerada estável. Estima-se que 630 mil pessoas estão infectadas com HIV (RODRIGUES, 2008).

Altera-se uma política pública, e as consequências iniciais são desastrosas

O número de operações de catarata pelo SUS caiu 23% em três anos. A queda deixou um saldo de 146,6 mil novos cegos no País só em 2008. Em 2005, o saldo era de 67.512. O governo diz que os procedimentos mudaram e, contra as evidências, alega ter havido "redução natural da demanda".

A coordenadora do serviço de Oftalmologia da Unicamp, Denise Fornazari, diz que as verbas extraordinárias foram suspensas – antes de 2006, elas eram destinadas às cirurgias de catarata. O procedimento passou a ser financiado por um caixa comum, voltado para todas as operações de média complexidade, o que fez a Unicamp reduzir a oferta de 300 cirurgias mensais para 150. Nos primeiros meses após a alteração, a cota havia caído para 50.

Quando a mudança foi determinada, em 2006, José G. Temporão, então secretário de Assistência à Saúde, afirmava ser preciso acabar com o que ele definia de "populismo sanitário" dos mutirões, criado pelo ex-ministro José Serra, que privilegiava um número restrito de doenças, não garantia redução da fila de espera e era de difícil gestão. No lugar dos mutirões, foi criada a Política Nacional de Procedimentos Eletivos de Média Complexidade, que contempla 64 cirurgias, em vez das quatro do antigo mutirão – catarata, varize, próstata e retinopatia (doença degenerativa da retina). O governo ampliou as opções, mas tirou o foco da catarata. "Os números estão aí para mostrar o impacto dessa lacuna", diz o professor de oftalmologia da USP e da Unicamp Newton Kara José. "Uma canetada foi suficiente para provocar um enorme retrocesso na política de combate à cegueira, que inquestionavelmente avançava", avalia o professor, um dos idealizadores e defensores do mutirão.

Um ano antes de a política ser mudada, em 2005, foram feitas, pelo SUS, 331.488 operações. Em 2006, foram 201.496 procedimentos. Para o consultor do Ministério da Saúde, Alexandre Talebe, a situação se normalizou. Denise Fornazari discorda: "Como pode haver redução na procura se a população envelhece?" Pelas estimativas internacionais, um país com as características do Brasil deveria fazer 570 mil cirurgias de catarata por ano, incluindo as realizadas do sistema privado, cerca de 30%. "Há um inegável déficit no atendimento público. Além disso, a tendência natural é de a demanda aumentar, pois a população está envelhecendo", diz Carlos Leite Arieta, coordenador no Brasil do Programa 2020 – iniciativa da Organização Mundial da Saúde (OMS) para acabar com a cegueira tratável até 2020 (FORMENTI, 2009).

Nova técnica substitui os colírios para tem glaucoma

Clínicas brasileiras passaram a oferecer um tratamento a laser para glaucoma que substitui ou diminui o uso de colírios. Age na região que drena o líquido dentro do olho, e que, quando entupida, leva ao aumento da pressão intraocular, sintoma de glaucoma – doença que afeta de 2% a 4% da população com mais de 50 anos no país e que é a principal causa da cegueira não reversível.

O método é a trabeculoplastia seletiva a laser (TSL) indicada a pacientes com glaucoma primário de ângulo aberto – o tipo menos grave, mas responsável por 80% a 90% dos casos. Há um tratamento com outro tipo de laser, de argônio, mas com a desvantagem de queimar a região que drena o líquido do olho e, por isso, não pode ser repetido após o fim do seu efeito – cerca de seis a oito meses. Outra desvantagem do laser de argônio: após sua aplicação, os colírios não funcionam mais tão bem.

A TSL também tem efeito temporário e não possui efeito superior para reduzir a pressão, mas pode ser reaplicada várias vezes – pois não queima e não tem efeitos colaterais. O laser é disparado por um tempo de apenas três nanossegundos (a bilionésima parte de um segundo). A nova técnica é alternativa para a falta de aderência ao tratamento com colírios – tratamento que serve apenas para não piorar a perda da visão e não traz melhoras. A cada novo colírio acrescentado, a aderência diminui de 20% a 30%. Além disso, o preço também é um problema. Apesar de o primeiro colírio indicado poder sair por R$10 mensais, o terceiro sai por R$150, e muitas pessoas usam mais de um colírio. Outro problema são os efeitos colaterais do colírio, como irritação e escurecimento da região (MANTOVANI, 2009).

> **Nem tudo são flores no SUS...**
>
> Uma paciente de 53 anos passou todo o ano de 2008 tentando marcar uma cirurgia para a retirada de três hérnias pelo SUS, porém, sem resultados. As gestões para a operação haviam se iniciado em 2005. Hipertensa e diabética, ela precisava ser operada. Após a pressão da imprensa, em 26 de janeiro de 2009, ocorreu a operação, na Santa Casa de Belo Horizonte (MELO, 2009a; MELO, 2009b). Enfim, não é à toa e nem por possuir recursos em excesso que milhões de brasileiros pagam planos de saúde.

> **Inovações na gestão de serviços públicos de saúde**
>
> O governo do Distrito Federal inovou: o Hospital Regional de Santa Maria, aberto em abril de 2009, é gerido pela Real Sociedade Espanhola de Beneficência; um mês depois da abertura, realizava cerca de 600 atendimentos diários. De igual forma, o Hospital Infantil Menino Jesus, de São Paulo, criado em 1938 e municipalizado em 1960, passou a ser gerido, em 2009, por uma organização social criada pelo Sírio-Libanês. No Rio de Janeiro, de 1999 a 2005, quatro hospitais federais foram geridos pelo muicípio e voltaram para a gestão federal mediante decretação de estado de calamidade pública. Em 2009, o Ministério da Saúde resolveu contar com o esforço de quatro reconhecidos hospitais privados para a tarefa de recuperar essas instituições, tendo em contrapartida a isenção de contribuições fiscais. Também em 2009, a Câmara de Mauá aprovou, em primeira instância, por unanimidade, o repasse da gestão do Hospital Doutor Radamés Nardini para uma organização social (CABRERA, 2009; EM SP..., 2009; GESTÃO..., 2009; KOIKE, 2009b). Ou seja, cabe romper a automática associação entre a obrigatoriedade constitucional no provimento de serviços em saúde e educação com a existência de entidades públicas, geridas exclusivamente por funcionários públicos.

Interconexão entre as políticas públicas: influência da iluminação pública na transmissão de doenças

O Ministério da Saúde nunca produziu um estudo epidemiológico sobre o impacto da eletrificação de zonas rurais no Brasil. Uma série de levantamentos de um pesquisador da USP, Alessandro Barghini, desde 2004 tem dado indícios de que a iluminação artificial perto de áreas selvagens contribui para espalhar doenças como malária, doença de Chagas e leishmaniose, dado que a luz atrai insetos. Apontou uma simples solução: uma luminária de plástico tratado contra raios UV, material relativamente barato e que pode reduzir a atração de insetos. Comparadas a lâmpadas incandescentes ou de vapor de sódio, as de mercúrio emitem mais radiação ultravioleta, que é a que mais atrai insetos (GARCIA, 2009).

A simples gripe não é assim tão trivial

Estudo publicado na revista *Archives of Internal Medicine* sugere que aplicar metade da dose habitualmente usada na vacina contra *influenza* (gripe) pode ser eficaz na imunização de adultos saudáveis entre 18 e 49 anos. A vacina da gripe está no Calendário Nacional de Vacinação do Ministério da Saúde desde 1999 apenas para idosos. A pesquisa avaliou 1.100 adultos. Um grupo recebeu metade da dose e outro recebeu a dose inteira. Os resultados mostraram que a resposta à metade da dose foi igual àquela observada em adultos que receberam a dose inteira da vacina. De acordo com o virologista Cláudio Sérgio Pannuti, diretor do Instituto de Medicina Tropical da Universidade de São Paulo (USP), existem vários estudos em andamento que buscam definir qual seria a dose ideal da vacina contra a gripe, caso aconteça uma pandemia mundial da doença – cujo risco existe, pois o vírus muda constantemente. A vacinação em calendário nacional é direcionada para idosos por uma questão de custo-benefício, dado que eles têm mais complicações com a doença. Em 2008, o Ministério da Saúde investiu R$150 milhões na campanha que vacinou cerca de 14 milhões de pessoas com mais de 60 anos – 87% do público-alvo (BASSETE, 2008).

Atendimento diferenciado a portadores da síndrome de Down

Em março de 2009, o estado de São Paulo lançou um programa para crianças e adolescentes com síndrome de Down, que passam a ter acesso a um calendário de vacinação diferenciado e com vacinas que não estão disponíveis na rede pública. A iniciativa é inédita no país e visa fortalecer a saúde dessas crianças, que têm o sistema imunológico menos resistente do que as que não possuem a síndrome. A síndrome de Down é caracterizada por uma trissomia do cromossomo 21 e está associada a algumas dificuldades de habilidade cognitiva e desenvolvimento físico, pois uma das funções do cromossomo 21 é organizar o sistema imunológico. Estima-se que no Brasil existam 300 mil pessoas com Down – sendo 30 mil em São Paulo (BASSETTE, 2009a).

O governo também faz pesquisas e produtos para a saúde

A Fundação Oswaldo Cruz (Fiocruz) e a norte-americana Genzyme firmaram acordo de cooperação para pesquisar medicamentos para doenças negligenciadas, como hanseníase, doença de Chagas, malária e tuberculose. Segundo o Ministério da Saúde, mais de 35 milhões de pessoas em países em desenvolvimento sofrem delas, pois não despertam interesse na indústria farmacêutica por não representarem um mercado lucrativo – dado que esses países não adquirem medicamentos para suas populações.

Em 2008, a Fundação Oswaldo Cruz concluiu a nacionalização de um teste que permite detectar a presença do HIV em apenas 15 minutos. Desenvolvida pelo laboratório norte-americano Chembio, a tecnologia começou a ser transferida para o Brasil em 2004. A Fiocruz atuará na produção do teste, vendido ao governo por US$2,60 cada um, incluindo os *royalties* para a Chembio. Antes, o governo gastava US$5 por teste. Além disso, após estudos com 17 mil pacientes de malária no

Acre, um medicamento desenvolvido pela Fiocruz comprovou redução de 70% dos casos após seu uso. O ASMQ é uma combinação de artesunato (AS) e mefloquina (MQ). Foi resultado de uma parceria da Fiocruz e Farmanguinhos com a Iniciativa de Medicamentos para Doenças Negligenciadas (DNDi, Drugs for Neglected Deseases Initiative) (FIOCRUZ..., 2007; PRESIDENTE..., 2008; VEJA..., 2008).

Em 2009, a Fiocruz fez acordo para transferir para a Argentina tecnologia para a produção de vacina contra a febre amarela – que é pré-qualificada pela OMS e exportada para mais de 50 países. A Fiocruz já organizou dois mestrados para equipes daquele país para formar quadros especializados. Em outro acordo envolvendo a Fiocruz e o país vizinho, há a cooperação na área de bancos de leite humano (OLIVEIRA, 2009).

Pesquisas com o intuito de criar a vacina contra a dengue

Em 2009, o governo assinou contrato com a GlaxoSmithKline para investir, meio a meio, R$70 milhões na Fiocruz, para a criação de uma vacina para a dengue, doença que já começa a se alastrar pelos países do primeiro mundo. Estima-se em 100 milhões de casos anuais pelo mundo, e o país tivera 387 mil casos no primeiro semestre desse ano (MILANESE, 2009).

Hospital da UFMG

Em 1801 foi criada, em Minas Gerais, a primeira Escola Médica do Brasil, vindo depois a Escola de Farmácia e a Escola de Minas – ambas em Ouro Preto. Esse curso médico pioneiro operou por quatro décadas. Em 1907, foi inaugurada, em Belo Horizonte, a Escola Livre de Odontologia, seguida quatro anos depois pela Escola de Medicina, que utilizou até os anos 1950 a Santa Casa como campo de ensino. Os hospitais ligados a essa escola de medicina – criados a partir dos anos 1930 – foram reunidos no Hospital de Clínicas da Faculdade de Medicina, em 1955. Em 1967, foi incorporado ao HC o Hospital Borges da Costa, e dois anos depois, o Hospital Bias Fortes foi doado pelo governo estadual. Em 1976, o HC se tornou independente.

A partir de 1981, foram criadas novas bases de remuneração dos hospitais universitários, em que a receita é condicionada à oferta de serviços sociais. Em 1995, o HC passou por uma crise, com redução de leitos e demissão de grande contingente de pessoal contratado pela Fundep, fundação ligada à UFMG. A crise se agravou em 1997, e como solução a instituição foi definida como unidade de referência secundária, terciária e quaternária para o SUS (COSTA; MOTA; FIGUEIREDO, 2008).

Clínicas para dependentes

Em 2009, foram inauguradas uma clínica para dependentes em Cotia (SP), focada no público adolescente, e outra em São Bernardo do Campo, para adultos, com 30 leitos. Essa ação é fruto de uma parceria do governo com a Sociedade Assistencial Bandeirantes, que administra o Hospital Bandeirantes. Cada paciente internado representará um custo de R$3 mil por mês ao governo. Nas clínicas privadas chega-se a cobrar até R$15 mil (COLUCCI, 2009d).

6.4 MEDICINA FAMILIAR

A medicina familiar procura resgatar o médico de família, que vê o paciente como um todo, e não de modo fragmentado, como um somatório de partes. Esse profissional consegue resolver uma boa quantidade de casos e conta com a ajuda de profissionais, como enfermeiras e farmacêuticos, confiáveis para os quais pode repassar os problemas que não lhe competem, porém continua acompanhando o tratamento e aconselhando a família. Quando o paciente liga, o profissional já conhece todo o seu histórico. Suas consultas são mais demoradas, normalmente em torno de uma hora. Enfim, trata-se de uma opção não disponível a toda a população em função dos custos, apenas às classes mais favorecidas.

Um estudo de 2004 dos Estados Unidos mostrou que se cada paciente contasse com um médico de família, os custos cairiam 5,6%, ou cerca de US$67 bilhões ao ano. Em vez disso, o paciente procura diretamente o especialista, que lhe dedica sete minutos de atenção, em média.

A IBM economizou US$1,3 bilhão em 2008 ao oferecer o serviço de medicina familiar para seus funcionários e aposentados (ARRIEL, 2007; ARNST, 2009b). Uma revisão de 10 estudos com um total de 1.327 pacientes de 70 anos ou mais com doença pulmonar obstrutiva crônica, que tiveram AVC ou com condições médicas agudas, comparou a saúde dos que recebem cuidados em casa em comparação com os internados em hospitais. Depois de três meses, as taxas de mortalidade foram semelhantes. Já após seis meses, concluiu-se que pessoas em *home care* tiveram um risco menor de morte: 63 pacientes entre 302 morreram (20%) e 83 pacientes entre 305 morreram (27%) no hospital. A satisfação dos pacientes era mais alta entre aqueles que receberam tratamento em casa – 93% dos que sofreram de celulite (inflamação do tecido subcutâneo) estavam mais felizes em casa, contra 67% dos internados em hospital. Mas as taxas de mortalidade, após três meses, mostraram-se menores entre os pacientes internados em hospital por AVC em comparação com os tratados em casa (HOME..., 2009).

6.5 FABRICANTES DE MEDICAMENTOS

O lançamento de novos medicamentos exige centenas de milhões de dólares para seu desenvolvimento e aprovação pelas autoridades governamentais – o que tem sido um dos motivos para inúmeras fusões entre laboratórios, visando maior porte, sinergia e economia de escala. Esses grandes laboratórios possuem centros de pesquisa em várias partes do mundo, com centenas de cientistas que podem se dedicar durante vários anos a suas pesquisas. Normalmente, os grandes laboratórios possuem algumas linhas de medicamento nos quais procuram se especializar, de modo a obter certa liderança nelas. Os laboratórios gozam de um período de proteção patentária, porém, no fim, entram em cena os genéricos, e as receitas caem drasticamente. O quadro a seguir apresenta algumas situações que ocorreram em razão da proteção patentária ou de sua perda.

O Antak foi um dos remédios de maior sucesso na história da indústria farmacêutica. Usado para combater a úlcera, a partir de 1986, passou a ser o mais vendido do mundo. Em 1981, ano do lançamento, a empresa fabricante ocupava o 25º lugar do *ranking* mundial; em 1994 já era a líder. O Antak trouxe receita de US$29 bilhões. Mas em 26 de julho de 1997, sua patente expirou nos Estados Unidos. Apenas no ano anterior, a receita do Antak havia sido de US$3 bilhões. A empresa contava com 10 mil pesquisadores para elaborar novos medicamentos, sendo 2 mil focados na asma (MONTE; SOUZA F.; 1999).
Em 1994, expirou a patente do Tagamet, da SmithKline Beecham. Em um ano, as vendas nos Estados Unidos caíram 75% (MONTE; SOUZA F.; 1999).
A Ely Lilly lançou o antidepressivo Prozac em 1988. Sua receita em 1998 foi de US$2,6 bilhões. O antiesquizofrênico Zyprexa teve receita de US$550 milhões em seu primeiro ano de mercado (MONTE; SOUZA F.; 1999).
Em 1998, foram lançados no Brasil os inibidores de apetite Plenty e Reductil, com a sibutramina como princípio ativo. A patente da Abbott expirou em 2006, e como ela não queria fabricar genéricos, seis meses antes do final da patente, permitiu à Medley lançar o genérico para ganhar uma dianteira perante as rivais (PREÇO..., 2008).
Em 2003, a Bristol-Meyers Squibb perdeu a proteção de patente de: Monopril (hipertensão), Serzone (antidepressivo, cloridrato de nefazodona), Glucophage e Glucovance (diabetes) e Paraplatin (câncer de ovário). Em parte, os problemas foram minorados com o lançamento do Reyataz – para o tratamento da Aids.
A Lilly obteve, em 2009, a aprovação na Europa para fabricar o Efient (plasugrel), que evita a formação de coágulos em pessoas que receberam *stents*. Concorre com o Plavix (clopidogrel), da Bristol-Myers, segundo mais vendido sob prescrição médica no mundo em 2008, com US$4,9 bilhões em receita (EU..., 2009).
Em 2009, a Pfizer estava se preparando para a perda da patente do hipolipemiante (para baixar o colesterol) Lipitor (atorvastatina cálcica), que vai ocorrer em 2011, e que representara um quarto de seus US$48 bilhões em receita no ano de 2007 e US$13 bilhões em 2008. Por isso, adquiriu a Wyeth, por US$68 bilhões, apesar da crise mundial de crédito – o que ilustra os altos e baixos do setor –, já que a adquirida possuía vários remédios em desenvolvimento. O preço pago foi equivalente a quatro vezes sua receita (PAIN..., 2003; SORKIN e WILSON, 2009; VIEIRA, 2009a; JACK, 2009a).

Fonte: Elaboração do autor.

As vendas totais de medicamentos no país ficaram em R$30,2 bilhões em 2009. Desse total, 15%, ou R$4,5 bilhões, foram de produtos genéricos e 20%, em unidades (PERDA..., 2010).

Também há espaço para os fabricantes menores

Porém, apesar dos elevados investimentos necessários para novos tratamentos, há oportunidade para empresas pequenas e médias. Assim, uma empresa que era minúscula no ano 2000, a NeilMed Pharmaceuticals, em oito anos chegou a 250 funcionários, liderando o setor de medicamentos vendidos sem receita médica para sinusite nos Estados Unidos, que soma US$6 bilhões ao ano, com o Sinus Rinse, além de outros. O investimento inicial foi de cerca de US$100 mil, e os primeiros lucros chegaram apenas em 2006. O dr. Mehta sofria de sinusite. Depois de passar por uma operação em 1993 e fazer os primeiros desenvolvimentos, abriu sua empresa em 1999 (VILLANO, 2008).

Primeiro medicamento aprovado que usa animais transgênicos

Em 2009, foi aprovado o Atryn, que auxilia os portadores da deficiência hereditária de antitrombina (doença genética) quando necessitam de cirurgia. Serve para prevenção de coágulos, e seu princípio ativo é uma proteína produzida por cabras com DNA alterado. A GTC Biotherapeutics, que desenvolveu o medicamento, estima que a doença atinja entre 60 mil e 600 mil pessoas nos Estados Unidos (EUA APROVAM..., 2009).

Pioneirismo nacional

Criada em 1971, em Montes Claros, pelo médico Marcos Luiz dos Mares Guia, a Biobrás contou com o apoio da Sudene e da UFMG. Em 2002, era a única fabricante nacional de insulina, um pioneirismo nacional, sendo vendida à dinamarquesa Novo Nordisk, que investiu cerca de US$200 milhões para ampliar a capacidade fabril (RECONHECIMENTO..., 2008).

Criação nacional

A seringa SoloMed foi uma criação dos engenheiros da Becton Dickinson do Brasil. O produto tem dois dispositivos de segurança que impedem a reutilização e acidentes com a agulha. Primeira do gênero a ser desenvolvida e fabricada no país, a empresa previa exportar a SoloMed para mercados emergentes. Com material e *design* simples, foi lançada a US$0,24 (GAZETA MERCANTIL, 5/6/2006).

Depois do botox, que tal fazer os cílios crescerem, escurecerem e ficarem mais fortes?

A Allergan, famosa por popularizar o botox, obteve autorização da FDA para lançar o Latisse, remédio pioneiro vendido sob prescrição para o crescimento e fortalecimento dos cílios. O produto possui a mesma fórmula do medicamento da empresa para o glaucoma – à base de prostaglandina –, de nome Lumigan, do qual a Allergan já vendera 65 milhões de frascos desde sua aprovação, em 2002. Alguns analistas estavam céticos quanto à possibilidade de haver clientes dispostos a gastar US$120 ao mês para essa finalidade. As vendas para o uso cosmético do botox foram de US$600 milhões em 2007. O dr. Harry A. Quigley, professor de oftalmologia na Johns Hopkins School of Medicine, disse que os pacientes que usam esse princípio ativo para se tratarem do glaucoma reclamam de efeitos colaterais como: olhos vermelhos por algum tempo e escurecimento da pele em torno dos olhos. A Allergan fez testes clínicos em 280 voluntários – metade deles usou o Latisse diariamente por 16 semanas. O estudo foi revisto pela FDA, que aprovou o medicamento: os cílios crescem 25% a mais, ficam 106% mais grossos e 18% mais escuros. Apenas 3,6% dos pacientes apresentaram leves efeitos colaterais (SINGER, 2009).

Veja em www.elsevier.com.br/marketingparaservicosdesaude

Surgem os mitos... e surge uma inglória luta da ciência contra eles...
Inventando a aspirina... & a mala direta... ainda no século XIX...
A Legião Americana da Filadélfia de 1976 causa problemas...
A Merck pede ajuda aos universitários
Ingresso da Novartis na produção de vacinas no Brasil
O tratamento do câncer vale ouro... fumo e álcool jogam contra o consumidor...
Pode haver algo genético até nas manifestações das emoções
Alta definição melhora o diagnóstico
A névoa matadora de Londres de 1952: falhas na saúde pública

6.6 VAREJO DE MEDICAMENTOS

Em 2002, o país contava com 54.789 farmácias e drogarias registradas no Conselho Federal de Farmácia, das quais 11.690 eram de propriedade de farmacêuticos. Além disso, havia um total de 5.291 farmácias hospitalares. A Associação Brasileira de Redes de Farmácias e Drogarias (Abrafarma) congrega cerca de 1.200 lojas, empregando 21 mil pessoas, com média de 17 por estabelecimento. Em 1998, as farmácias somaram receita de US$12,09 bilhões, e as independentes totalizaram receita de US$8,95 bilhões. Em 1999, os medicamentos mais vendidos foram os voltados para o trato alimentar e o metabolismo (US$808 milhões), doenças cardiovasculares (US$733 milhões), sistema nervoso central (US$640 milhões), aparelho respiratório (US$492 milhões), geniturinários (US$485 milhões) e anti-infecciosos (US$473 milhões). Houve uma diminuição do número de farmácias filiadas à Abrafarma que operam 24 h/dia: das 1.900 existentes em 2007, apenas 334 continuaram em operação no ano seguinte. A falta de segurança foi apontada como um fator dessa queda. Porém, as entregas domiciliares tiveram crescimento de 17,6%, representando R$379 milhões em 2007, com 9,2 milhões de pedidos. A entidade reúne 23 redes, cuja receita total foi de R$7,7 bilhões em 2007, com um crescimento de 13,8% sobre o ano anterior (BRASIL, 2003; FACCHINI, 2008).

Em 2009, um dos maiores vendedores ilegais de remédios pela internet foi preso pela Anvisa em ação com a Vigilância Sanitária de Goiás e as polícias Civil e Federal. Com ele, foram encontradas mais de 15 mil caixas de medicamentos, inclusive alguns de venda controlada, e três computadores com acesso à internet (VENDEDOR..., 2009). O mais curioso é que haja compradores para esses medicamentos, que não oferecem nenhuma referência nem segurança.

> **Iniciativas para baratear o preço de medicamentos nos Estados Unidos**
>
> 1) A Together Rx Access é financiada pela indústria farmacêutica e provê medicamentos gratuitos e com desconto para pessoas sem cobertura médica; 2) a United HealthCare e a Anthem Blue Cross fornecem a seus clientes medicamentos que podem ser partidos e também o instrumento para realizar a divisão; 3) existem outros programas da indústria ou governamentais que auxiliam famílias de quatro pessoas com até US$40 mil de renda anual ou de duas pessoas com renda até US$25 mil; e 4) Jim Robbins, que tivera experiência na United HealthCare, criou a PS Card, que oferece descontos em medicamentos prescritos, em mais de 56 mil drogarias conveniadas, incluindo CVS, Rite Aid, Walgreens, Walmart e Target. Robbins negociou descontos com esses varejistas, que são repassados aos clientes portadores do cartão (HIRSCH, 2009).

Demanda de medicamentos

O consumo *per capita* de remédios no país é de US$51 ao ano. Em 1996, as despesas com medicamentos responderam por quase 10% da despesa das famílias com até dois salários mínimos mensais de renda. Estima-se que cerca de 40% da população não apresenta condições de adquirir medicamentos nas farmácias, necessitando, portanto, dos diversos programas governamentais em vigor. Uma parcela dos aposentados do país (74,6%) ganha até dois salários mínimos, e é a população que apresenta a maior taxa de doenças crônicas e necessita de medicação contínua, algumas de elevado custo. Com a liberalização da economia, o governo apenas manteve o controle de preços sobre os medicamentos vendidos sob prescrição médica (BRASIL, 2003; MOTTA, 2008).

> **Soluções criativas**
> - Em 2008, a Casas Bahia fez uma aliança com a Drogaria Onofre: em quiosques de 9m², localizados na loja, são vendidos remédios, produtos de perfumaria e cosméticos. Os investimentos da drogaria no formato são de cerca de R$10 milhões. A drogaria já possui uma solução interessante: realiza 170 mil entregas mensais (CASAS..., 2008).
> - Em 2008, a Farmais, com cerca de 500 drogarias no país, implantou, em 20 lojas de São Paulo, a TV Farmais, com programação exclusiva e produzida para seus clientes, pela Interactive, e pretende, nos próximos anos, estender a TV Farmais para as demais unidades em todo o país. A programação foca a prestação de serviços: dicas de saúde, aplicação de remédios com orientação da farmacêutica responsável, divulgação de campanhas, lançamento de produtos e serviços e benefícios da rede. Também se prevê que haja informações de interesse geral, como economia, esportes, ecologia (TV..., 2008).

Mercado de genéricos e farmácias populares: em busca de menores preços

O mercado de genéricos no Brasil apresentou crescimento de 15% no primeiro semestre de 2008 em relação a igual período do ano anterior, com a venda de 128,3 milhões de unidades. Em valor, o crescimento foi de 45,8%, de US$681,4 milhões para US$994,1 milhões. No primeiro semestre de 2008, o total de receita da indústria farmacêutica no país envolveu 789,4 milhões de unidades, no valor de US$7,4 bilhões; no primeiro semestre de 2007, os valores haviam sido, respectivamente, de 741,9 milhões de unidades e de US$5,5 bilhões.

Outro programa governamental que oferece medicamentos à população de menor renda é a Farmácia Popular, com 124 unidades instaladas no início de 2006 e a previsão de chegar, em pouco tempo, a 500 unidades em todo o país (FARMÁCIA..., 2006; MAIS..., 2008).

6.7 PRODUTORES DE BENS E SERVIÇOS HOSPITALARES/ODONTOLÓGICOS

Em 2008, o setor registrou, no Brasil, crescimento de 4% nas receitas, somando US$4 bilhões, o que mostra sua robustez – dado o panorama de crise em muitos setores (INDÚSTRIA..., 2009).

6.8 ACADEMIAS E SPAS

Academias

Carlos Eduardo Ribeiro Cardoso, formado em Educação Física pela Uerj, em 1978, tinha experiência em vôlei e outros esportes e em academias ligadas aos hotéis Sheraton e Othon. Notou que seu futuro como profissional de Educação Física estava limitado: os técnicos normalmente eram escolhidos entre os esportistas famosos da geração anterior. Carlinhos sabia que não bastava ser um bom técnico para ter seu espaço como profissional. Como nunca havia se destacado nos esportes praticados, foi fácil constatar que seria preciso buscar seu futuro em outra direção. Finalmente, não se pode perder de vista o elevado cunho político do técnico esportivo, pois há um alto grau de improvisação e amadorismo nos clubes. Então, em 1980, Carlinhos criou a Corpore, que revolucionou a maneira de prestar serviço na área. O primeiro endereço da academia foi em São Conrado, local inexplorado, e possuía área de cerca de 500m² com várias salas: instalações para ginástica, dança, judô, musculação e sauna, além de loja e bar. Na época, as academias ofereciam apenas uma atividade em uma ou duas salas. Outra inovação da Corpore foi o conceito de horário flexível: a mensalidade dava direito ao aluno fazer quantas aulas quisesse nos horários e dias que desejasse, enquanto as outras obrigavam a escolher dia e hora. A academia também criou eventos ligados à prática de execícios que, além de representarem novas fontes de receita, funcionaram também como promocional, pois ofereciam ao aluno um "pacote" amplo, com opções para a família, churrasco na praia e jogos com os filhos, entre outras atividades Isso criou um ambiente único, que cativou os sócios e fez com que trouxessem seus amigos e familiares. Em quatro anos, a Corpore era a mais conhecida academia do Rio de Janeiro (MINADEO, 2001).

No ano 2000, segundo a Associação Brasileira de Academias (ACAD), o país contava com 7.102 academias de ginástica, número que superou a casa das 20 mil em apenas cinco anos, colocando o país na liderança da proporção de academias por habitante, havendo cerca de 3,2 milhões de praticantes habituais. Um destaque de crescimento: a Curves já detinha mais de 11.500 unidades franqueadas em 27 países, sendo 126 no Brasil, e foca o público feminino. Por um lado, as demandas do corpo feminino diferem daquelas do público masculino, por outro lado, existem mulheres que não gostam de participar de academias mistas – desse modo, a Curves encontrou um amplo potencial e pôde apresentar esse rápido crescimento. Além disso, preparou um método eficiente, que consiste em 30 minutos de exercícios, três vezes por semana, que visa o emagrecimento e aumento da massa muscular. Assim, a Curves pode ser definida como inovadora ao lançar um método *fast fitness* – que se coaduna com as crescentes atividades exercidas pelo público feminino (MASCARENHAS, 2007).

Pioneirismo nos spas: Kellogg

Ellen G. White, líder adventista, vislumbrou a possibilidade de trazer mais adeptos mediante campanha em prol de uma vida com mais saúde. Em 1866, abriu o Western Health Reform Institute, em Battle Creek, Michigan, que oferecia formação adventista, exercícios e alimentos saudáveis. Porém, era difícil as pessoas levarem a sério suas prescrições, pois preferiam médicos diplomados. White selecionou John Harvey Kellogg, pagou sua educação na University of Michigan e depois o enviou ao Bellevue Hospital, em Nova York, pagando seu salário. Em 1876, Kellogg volta a Battle Creek e assume a administração do hospital adventista. Ele considerava o indivíduo saudável aquele que tivesse bom desempenho do aparelho digestivo, em especial do cólon (intestino grosso) e para isso prescrevia uma dieta vegetariana e exercícios frequentes. John Kellogg transformou o pequeno centro médico num dos primeiros sanatórios do mundo, uma combinação de hospital e *spa* de saúde, para a elite. O programa do dr. Kellogg incluía exercícios e ar fresco, aliados a uma dieta. Porém, Kellogg exagerou, atribuindo a cura de praticamente tudo ao fato de estarem os intestinos desobstruídos. Fruto de anos de pesquisas, em especial de seu irmão, foi o *corn-flake*, que originou a Kellogg's (POWELL, 1956; ROOT-BERNSTEIN, 1998).

6.9 ATIVIDADES DE P&D - PESQUISA & DESENVOLVIMENTO

A pesquisa em qualquer campo do conhecimento é uma tarefa árdua, pois, muitas vezes, há algo que aparenta ser a solução de um problema, porém, mais tarde, alguns problemas são resolvidos por acaso, em associação com outras razões ou apenas de modo parcial ou transitório. No caso da saúde, como é fruto de preocupação da maioria das pessoas, existem colunas diárias nos principais periódicos que mostram desde o resultado de pesquisas científicas até simples dicas para o dia a dia das pessoas. As pesquisas, porém, precisam ser vistas com certo cuidado: se o número de pessoas é representativo, se há comparação entre um grupo que utilizou um procedimento e um semelhante que não o usou, se os pesquisadores são isentos, e não patrocinados por companhias farmacêuticas, e assim por diante.

Dado que as pesquisas levam muitos anos, às vezes a imprensa publica resultados de etapas parciais, que podem ser tomados por definitivos em uma leitura apressada. Porém, todas essas dificuldades apenas ressaltam a importância da atividade de P&D para que possa haver novos tratamentos, novos métodos diagnósticos ou procedimentos mais simples para lidar com os problemas já diagnosticados.

Assim, nos anos 1990, a mídia alardeou que o betacaroteno – encontrado em inúmeros vegetais e frutas – poderia reduzir os riscos de câncer. Surgiram produtos, suplementos alimentares e novas pesquisas que pareciam reafirmar essa hipótese. Até que três estudos científicos bem embasados mostraram que o betacaroteno não apenas não combate os riscos de câncer como até pode aumentá-los (KOLATA, 2008). O mesmo pode ser dito a respeito de vários outros temas.

Ainda é preciso levar em consideração que determinados institutos de pesquisa precisam dar mostras de sua contribuição à sociedade, além de buscar recursos para novos projetos. Assim, as notícias podem também ser encaradas como parte de uma campanha mercadológica de angariação de fundos ou de *lobby*.

O farmacologista Antonio Carlos Martins de Camargo traz um contraponto no tema da pesquisa no país: começou a dirigir o Centro de Toxinologia Aplicada do Instituto Butantã em 2001, porém pediu demissão em 2009, em função do fraco quadro institucional para as empresas investirem em pesquisas e garantir a propriedade intelectual. O centro que dirigiu recebeu US$11 milhões em investimentos da Fapesp para descobrir novos princípios ativos para medicamentos, com base na biodiversidade brasileira. Ele, então, publicou diversos artigos, patenteou 13 moléculas e fez vários acordos com a indústria nacional, porém, a partir de 2005, o quadro mudou, e as empresas abandonaram os investimentos (ESCOBAR, 2009).

Dificuldades reais em conhecer os benefícios de um procedimento de US$30 mil...

A cada ano cerca de 80 mil pessoas saudáveis nos Estados Unidos, na faixa dos 55 anos, sofrem de infarto por razões desconhecidas. Alguns pesquisadores apontam possível defeito congênito cardíaco que afeta 40% dessas pessoas, que prejudica o fechamento completo das câmeras superiores do coração. Com base nessa teoria, inventou-se um pequeno selo flexível que foi implantado em milhares de corações infartados, na esperança de que fechar a falha evitaria possíveis infartos futuros. As autoridades federais não aprovaram ainda o procedimento – que pode custar até US$30 mil –, pois não está claro se auxilia ou prejudica o paciente. Já que tem sido implantado de forma abrangente, é difícil encontrar um grupo para se estudar a eficácia em relação a pacientes que não o receberam. Dado que o procedimento é aprovado para outras prescrições, os médicos dispõem de liberdade de adotá-lo no caso citado se julgarem que os riscos de um segundo infarto seriam muito sérios. Tratar todos que apresentam o problema não teria lógica, pois representam 25% das pessoas, e a maior parte deles não apresenta risco (MEIER, 2008).

> **Um cientista de sucesso**
>
> O britânico James Block obteve participação crucial na elaboração de dois sucessos da indústria farmacêutica: o propranolol, primeiro betabloqueador a combater a hipertensão, e a cimetidina, que atua contra a úlcera péptica. Assim, parece que o Nobel de Medicina de 1988 foi um prêmio justo. O primeiro foi em sua atuação na ICI. Já a descoberta da cimetidina representou o início do processo da química medicinal, que envolve o planejamento molecular de novas fórmulas capazes de apresentar os efeitos farmacológicos desejados, com biodisponibilidade adequada a seu emprego terapêutico, seguro e de uso confortável. Aos 83 anos, Block desconfia das megafusões em curso entre os grandes laboratórios – como a compra da Wyeth pela Pfizer por US$68 bilhões em 2009 –, dizendo que uma nova entidade com esse porte que fica paralisada uns anos perde muito de sua capacidade de inovação (BARREIRO, 2002; JACK, 2009b).

> **Para evitar os males na terceira idade: nada como ser sociável e calmo...**
>
> Uma pesquisa feita pelo Instituto Karolinska, da Suécia, e publicada na *Neurology*, da Academia Americana de Neurologia, com 506 idosos que não sofriam de nenhum tipo de demência durante seis anos, apontou que 144 deles desenvolveram a doença. No questionário preenchido pelo grupo, as questões relativas à personalidade identificaram pessoas com diferentes graus de estresse e níveis de extroversão. Constatou-se que as pessoas que não se estressavam com facilidade eram calmas e satisfeitas, e as de comportamento contrário eram instáveis, negativas e ansiosas. Os extrovertidos eram socialmente ativos e otimistas, em comparação com pessoas com menor pontuação, normalmente reservadas e introspectivas. A pesquisa também comprovou que as pessoas mais reclusas e menos ativas socialmente foram mais afetadas, em função de que os hormônios geradores do estresse surgem no hipocampo, área responsável pelas memórias recentes.
> Um estudo das Universidades de Cambridge e de Michigan, com 2 mil pessoas com 65 anos ou mais, revelou que a falta da vitamina D pode elevar o risco de déficit cognitivo em idosos. Esse déficit, caracterizado por falhas de memória e de processamento das informações, é um dos principais fatores de risco para a demência. Os pesquisadores verificaram que quanto menores os níveis de vitamina D, maiores são as taxas de déficit cognitivo. Os idosos que tinham deficiência dessa vitamina, quando comparados com aqueles que apresentavam bons níveis desse nutriente, apresentaram o dobro de chances de danos cognitivos. Essa substância já existe no organismo e é "ativada" pelo sol, sendo responsável pela absorção de cálcio, essencial para o desenvolvimento dos ossos.
> O geriatra Eduardo Ferrioli, da USP de Ribeirão Preto, diz que os neurônios do sistema nervoso central possuem receptores para a vitamina D. Estudos anteriores sugeriram que maiores níveis de vitamina D poderiam exercer um efeito neuroprotetor, que melhorariam os níveis de cognição.

> Krister Håkansson, da Växjö University, acompanhou 2 mil pessoas na Finlândia, com 50 anos, durante 21 anos. Ele descobriu que as que estavam casadas tiveram 50% a menos de chances de desenvolver algum tipo de demência ao atingir idade mais avançada; os maiores riscos foram encontrados nos que enviuvaram e não tornaram a casar.
>
> O cardiologista Herbert Benson, que dirige o Instituto de Medicina Mente-Corpo do Hospital Geral de Massachusetts, diz que nossos pensamentos causam o estresse, que libera noradrenalina, adrenalina e cortisol. Este enfraquece o sistema imunológico; a adrenalina afeta a ovulação e interfere na fertilidade. Com a finalidade de tentar dominar os pensamentos, Benson chega a sugerir a prática da oração (MARRIAGE..., 2008; SEGATTO e BUSCATO, 2007; CALMOS..., 2009; COLLUCCI, 2009b; RABIN, 2009).

> **A Unifesp facilita a vida dos diabéticos**
>
> O Hospital do Rim e da Hipertensão de São Paulo, ligado à Unifesp, tem normalizado as taxas de glicemia de 70% dos diabéticos com descontrole glicêmico. Mediante um medidor digital de glicemia, a pessoa dosa os níveis de açúcar no sangue sete vezes ao dia (antes e após as três principais refeições e na madrugada), durante três dias. Os dados ficam armazenados no aparelho e são transferidos para um computador; um software calcula a glicemia média semanal do paciente. Com base na interpretação dos gráficos, o médico faz o ajuste no tratamento – aumentando a dose de remédios ou mudando a dieta. Estima-se que apenas 10% dos diabéticos tipo 1 e 25% dos diabéticos tipo 2 tenham a doença controlada. O descontrole glicêmico causa complicações: doença arterial, derrame cerebral, cegueira, amputação de pés e pernas, coma e infecção. A variabilidade da glicemia também é um fator de risco para as complicações crônicas (COLLUCCI, 2009c).

Diversos tipos de demência

Demência é um termo genérico que envolve a perda de funções como memória, linguagem, orientação e julgamento. Existem vários tipos, mas a doença de Alzheimer, com dois terços dos casos, é a forma mais comum. Uma pesquisa, divulgada no *American Journal of Epidemiology*, feita por cientistas finlandeses, sugere que o excesso de trabalho pode aumentar o risco de declínio mental e, possivelmente, de demência. O estudo analisou 2.214 funcionários públicos britânicos de meia-idade e descobriu que os que trabalhavam mais de 55 horas/semana tinham menos habilidades mentais do que os que faziam o horário normal. Os que trabalhavam demais tinham problemas com a memória de curto prazo e lembrança de palavras. Os fatores mais importantes podem incluir aumento de problemas do sono, depressão, estilo de vida prejudicial à saúde e aumento do risco de doenças cardiovasculares, possivelmente ligado ao estresse. Os funcionários públicos que participaram do estudo fizeram cinco testes diferentes para avaliar a função mental, uma vez entre 1997 e 1999 e, novamente, de 2002 a 2004. Os que faziam mais horas extras tiveram pontuações menores em dois dos cinco testes, que avaliavam raciocínio e vocabulário. Os efeitos eram cumulativos – quanto mais longa a semana de trabalho, piores eram os resultados nos testes. Os empregados que trabalhavam em excesso tinham menos horas de sono, relatavam mais sintomas de depressão e consumiam mais bebidas alcoólicas do que os que trabalhavam apenas no horário normal (TRABALHAR..., 2009).

O Grupo de Estudos em Envelhecimento Cerebral da Faculdade de Medicina da USP avaliou 137 cérebros de pessoas que manifestaram demência moderada e grave e constatou que 30% deles tinham origem apenas vascular, contra os 25% que foram causados apenas por Alzheimer. Foram excluídos casos de AVC. A confirmação de um possível diagnóstico de Alzheimer e de demência vascular só pode ser feita por autópsia. Algumas alterações nos vasos cerebrais, no entanto, podem ser apontadas em exames de ressonância magnética em vida. A pesquisa também mostrou que somente metade dos casos de demência vascular havia sido diagnosticada clinicamente. Entre os casos de demência estudados, 17,5% tinham sido considerados (ainda em vida) decorrentes de alterações vasculares. Depois de análise neuropatológica dos cérebros (após a morte), viu-se que 33,3% era demência vascular. A neuropatologista Lea Grinberg, coordenadora do Banco de Cérebros da USP, concluiu que houve falhas no diagnóstico de demência vascular. Para ela, 40% da demência poderia ser ao menos adiada com controle de fatores de risco vascular – sendo o mais importante a hipertensão, que leva a microinfartos em pequenos vasos no cérebro, o que prejudica a oxigenação e a chegada de nutrientes à região.

Além das demências causadas somente por um fator, existem ainda as mistas, manifestadas por alterações vasculares e Alzheimer. Nesses casos (14% no estudo), os problemas nos vasos sanguíneos aceleram os sintomas. Os demais cérebros analisados (31%) apresentavam outros causadores de demência.

No Brasil, estima-se que de 8% a 12% da população com mais de 65 anos apresente algum grau de demência. Em países desenvolvidos, o Alzheimer responde por mais casos de declínio cognitivo do que as alterações vasculares. "Aqui, as alterações vasculares são mais importantes porque nossa população come mal, tem baixa escolaridade, não faz exercício e não tem um bom acesso à saúde", diz Grinberg. Já se sabe que o nível de escolaridade é um dos fatores que postergam ou reduzem os riscos de demência. Outra hipótese para explicar o fato está na idade da população estudada. No Brasil, ela é cerca de 10 anos mais jovem do que a avaliada em países ricos. E a manifestação de demência vascular é mais precoce que a doença de Alzheimer (SILVEIRA, 2009a).

A boa notícia: distúrbios mentais não impedem a realização de obras artísticas. Assim, o pintor Friedrich Schröeder-Sonnernstern iniciou suas obras após a manifestação de distúrbios mentais. Já Vincent van Gogh pintava antes do surgimento de sintomas. Edvard Munch e Louis Soutter também tiveram um histórico de distúrbios mentais. Parece que, em todos esses casos, os artistas não criam em função de seus problemas, porém, apesar deles (FUCHS, 2007).

Musicoterapia no tratamento da doença de Alzheimer

A doença de Alzheimer é primeiramente associada à perda da memória, um de seus principais sintomas. Um estudo publicado no *Archives of Neurology*, da Associação Médica Americana, mostrou que a perda de habilidades espaciais – como montar um quebra-cabeças ou ler um mapa – pode ocorrer antes disso. Pesquisadores da Universidade de Kansas acompanharam 444 pessoas por seis anos, em média. Os voluntários passaram por testes de habilidades visuoespaciais, avaliações de memória e cognição. Desses, 134 desenvolveram demência; 44 tiveram o cérebro examinado após a morte e foi confirmada a Alzheimer. Os pesquisadores observaram que a perda das habilidades visuoespaciais se manifestou até três anos antes do diagnóstico da demência. As habilidades visuoespaciais estão relacionadas à localização espacial – como estar em um supermercado conhecido, mas não achar a prateleira de certo produto. Atividades que exijam uma noção em três dimensões também podem ser prejudicadas caso haja declínio nesse domínio. A musicoterapia parece ser um auxiliar nesses casos. Uma senhora com diagnóstico de Alzheimer há sete anos toca piano várias horas ao dia, embora, em outras esferas da vida, desnecessário dizer, a doença avança inexoravelmente (SACKS, 2007; SILVEIRA, 2009c).

Demência precoce associada às condições de menor escolaridade

Uma revisão científica, com estudos de países como Brasil, Cuba, Uruguai, Venezuela, Chile e Peru e dados de mais de 30 mil pacientes, sugere que a demência acomete pacientes latino-americanos mais precocemente do que europeus. O estudo foi realizado por pesquisadores da USP, Unesp e UFMG e publicado em agosto de 2009 na revista *International Psychogeriatrics*. A prevalência da doença em pessoas entre os 65 e os 69 anos, faixa mais jovem avaliada, é duas vezes maior na América Latina. Entre as mulheres, 2,65% apresentam demência, contra 1% das europeias. Entre os homens, são 2,27% contra 1,6%. "A frequência de demência encontrada é semelhante como um todo. Mas quando olhamos a faixa etária, a frequência entre os idosos mais jovens é significativamente mais alta", defende Paulo Caramelli, da UFMG.

Duas hipóteses talvez expliquem por que a demência aparece mais cedo na América Latina. A primeira é a escolaridade mais baixa: em pessoas mais intelectualizadas – que estudaram por mais tempo ou falam várias línguas –, o cérebro desenvolve mais conexões entre os neurônios, que permitem melhor fluxo de informações. Essa reserva faz esses pacientes lançarem mão de mais recursos para lidar com as perdas causadas pela demência. Com isso, as manifestações clínicas da doença são diferentes em pessoas com mais escolaridade.

Outro estudo, publicado no ano passado no *Journal of Aging and Health* por pesquisadores canadenses, avaliou dados de demência de sete cidades da América Latina e do Caribe, entre elas, São Paulo. A conclusão foi a de que condições socioeconômicas ruins estavam diretamente associadas a problemas cognitivos no fim da vida.

Ainda outra causa que pode explicar os maiores índices de demência são doenças cardiovasculares não controladas, que são fatores passíveis de prevenção. A hipertensão não tratada aumenta riscos de demência vascular (SILVEIRA, 2009b).

A USP descobre a área na qual a Alzheimer se origina

As pesquisas na área de saúde são complexas, e as descobertas – que podem significar anos de trabalho de uma equipe – podem representar apenas o avanço em uma parte do problema. Assim, por exemplo, a doença de Alzheimer é altamente debilitante, destrói lembranças e impossibilita a execução de atividades simples. A estimativa é de que 6% dos 15 milhões de pessoas com mais de 60 anos sofram da doença no Brasil.

Pesquisadores da USP descobriram a área no cérebro onde ela surge. O significado da descoberta é enorme, ao permitir a inibição do avanço do problema.

Para proporcionar uma formação mais ampla a seus estudantes, a Faculdade de Medicina da USP fez convênio com a prefeitura, assumindo os postos de saúde da região do Butantã e Jaguaré e tendo o Hospital Universitário como apoio secundário a essa população. Assim, com a ajuda de profissionais formados com melhor conhecimento da realidade dos pacientes espera-se melhor contribuição à sociedade, em todos os sentidos.

Uma pesquisa do Instituto Karolinska, da Suécia, estabeleceu uma relação direta entre comidas gordurosas e ricas em colesterol e o risco de desenvolver Alzheimer. O trabalho de Laura Mateos Montejo e Ángel Cedazo-Mínguez foi publicado na *Brain Pathology*. A pesquisa foi feita com ratos, submetidos a uma dieta com alto teor de gorduras e colesterol, por nove meses. Depois desse período, houve alterações em nível cerebral na expressão de genes implicados nos processos neurodegenerativos, destacando-se a redução dos níveis de ARC, proteína-chave nos processos de formação de memória. O que se encontrou nesses animais não é diferente do que ocorre nos cérebros com Alzheimer. Outra conclusão: o colesterol da dieta é transformado no fígado em 27-hidroxicolesterol, que atravessa a barreira hematoencefálica e chega ao cérebro, podendo ser esse metabolismo do colesterol o responsável pela queda nos níveis de ARC.

Outro estudo, de Robert Vassar, da Universidade Feinberg, de Chicago, apontou que a redução do fluxo de sangue, cujo impulso é dado pelo açúcar (em um processo chamado hidroeletricidade), priva a energia do cérebro, impedindo a produção de proteínas – o que os pesquisadores acreditam ser a causa de Alzheimer. Um grupo de Chicago revisou 44 estudos da década de 1990 e concluiu que pessoas que bebiam vinho, cerveja e destilados com moderação apresentavam menor risco de desenvolver a doença do que os abstêmios. Ou seja, o álcool em excesso causa inúmeros males; porém, sua total ausência também pode ser fonte de problemas.

Outro estudo, conduzido por Sei J. Lee, do San Francisco Veterans Affairs Medical Center, sugere que a partir dos 55 anos o consumo diário de uma dose de álcool é importante contra uma série de doenças. Foram acompanhadas 12 mil pessoas durante quatro anos, que confirmou que o consumo moderado de álcool esteve associado a menos 28% de riscos de mortes (BAKALAR, 2009).

Drogas antipsicóticas usadas para tratar distúrbios de comportamento de pacientes com Alzheimer podem dobrar a taxa de mortalidade de idosos, após dois ou três anos de tratamento, segundo estudo publicado na revista *The Lancet Neurology*. Os antipsicóticos ou neurolépticos são usados para tratar, em especial, agitação, irritabilidade, agressão e alucinação que acometem os portadores de Alzheimer. O estudo, feito de 2001 a 2004, envolveu pacientes entre 67 e 100 anos que recebiam antipsicóticos, como a tioridazina, a clorpromazina, o haloperidol, a trifuorperazina ou a risperidona – também usados no Brasil. Selecionaram-se ao acaso 165 pacientes, 128 dos quais receberam tratamento: 64 à base de antipsicóticos e outros 64, com placebos. Após 12 meses, o índice de sobrevivência entre os do primeiro grupo era de 70%, contra 77% entre os que tomavam placebo. Dois anos depois, a sobrevivência dos doentes que recebiam antipsicóticos era de 46% contra 71% no grupo do placebo. Depois de três anos, 30% que recebiam antipsicóticos continuavam vivos, contra 59% entre os que tomavam placebo. A maior parte das mortes ocorreu por problemas pulmonares, um dos efeitos das drogas.

Um experimento da Universidade do Sul da Flórida, publicado no *Journal of Alzheimer's Disease*, mostrou que uma dose de cafeína equivalente a cinco xícaras diárias de café fez os ratos com sintomas de doença de Alzheimer recuperarem a memória. A cafeína reduziu de forma significativa os níveis anormais de proteína beta-amiloide – um dos principais responsáveis de Alzheimer – no cérebro e no sangue dos ratos. O autor principal do estudo, o neurocientista Gary Arendash, não duvidaria em recomendar às pessoas que não têm hipertensão e que não estão grávidas uma dose diária de 500 miligramas de cafeína, preferivelmente em forma de café ou comprimidos. Essa dose equivale a cerca de cinco xícaras de café. Outros estudos apontam efeitos benéficos do café também na doença de Parkinson (BEBER COM..., 2008; CERQUEIRA, 2008; ESTUDO APONTA..., 2008; ESTUDO SUGERE CAFEÍNA..., 2009; FAST-FOOD..., 2008; COLLUCCI, 2009a; TOLEDO, 2009).

Para conhecer melhor a doença de Parkinson

A doença de Parkinson ataca a parte do cérebro que controla nossos movimentos e afeta atividades que fazemos automaticamente, como falar, escrever ou andar. Segundo Silberman et al. (2004), cerca de 40% dos que padecem dessa doença apresentam depressão, que antecede os problemas motores em 25% dos parkinsonianos deprimidos. Os autores aduzem que o tratamento precoce e eficaz da depressão apresenta impacto positivo sobre o comportamento cognitivo desses pacientes, porém, não se permite correlacionar depressão com Parkinson, havendo interações complexas e bidirecionais. Alguns sintomas da doença de Parkinson: tremores, insônia, cansaço e letargia, além da dificuldade de exprimir emoções faciais.

Um casal britânico apresenta a doença há vários anos – uma situação bastante rara, porque apenas uma em cada 500 pessoas desenvolve o mal. Por exemplo, em todo o País de Gales, há 6 mil doentes e apenas 12 enfermeiras especializadas; em todo o Reino Unido, há 120 mil casos e cerca de 10 mil novos casos são diagnosticados ao ano. O casal relatou que o humor é uma boa forma de aumentar a qualidade de vida. Kieran Breen, da Parkinson's Disease Society (PDS), disse que a doença apresenta causas genéticas e ambientais, porém, ainda se desconhece sua causalidade. Um estudo feito com mais de mil pacientes em todo o mundo apontou que o uso da rasagilina logo após o diagnóstico (já aprovada no Reino Unido, vendido como Agilect) pode tornar mais lento o desenvolvimento dos sintomas; porém, apontou a necessidade de 10 a 15 anos para novos estudos definirem melhor a forma de tratamento (DRUG..., 2008; YAPP, 2008).

Paranoia, esquizofrenia, transtorno obsessivo-compulsivo... enfim, há muito trabalho para psiquiatras, psicólogos e neurologistas...

Uma doença mental é o transtorno obsessivo-compulsivo (TOC), imortalizado nas telas de cinema em *Dormindo com o Inimigo*, com Julia Roberts no papel da esposa de um portador dessa doença, que é obrigada a passar horas alinhando toalhas. Outros filmes que abordam o tema: *Melhor Impossível*, com Jack Nickolson, e *O Aviador*, em que Leonardo di Caprio interpreta o primeiro bilionário da história, Howard Hughes, que sofria da doença mas não se tratou, tendo uma vida avessa ao convívio social. A atriz Luciana Vendramini pensou ter enlouquecido quando surgiram os primeiros sintomas. A doença prejudicou seu trabalho e sua vida por seis anos – passava horas contando os táxis na rua ou tomava banhos de dez horas. O auge foi uma agonia de 11 dias sem sair da cama. O recurso mais usado atualmente emprega antidepressivos, que aumentam o neurotransmissor serotonina, além de ansiolíticos.

Outra doença mental conhecida é a paranoia. O especialista britânico Daniel Freeman afirma que um em cada quatro britânicos possui pensamentos paranoicos regulares; em grandes centros, muitos eventos ambíguos podem levar a isso. Há inúmeras variedades de paranoia, de ilusões perigosas que levam os esquizofrênicos à violência e até aos medos irracionais mais banais.

Um estudo britânico com mais de 8.500 adultos comprovou que 21% pensam que outras pessoas agiam contra eles. Outra pesquisa, com 10 mil adultos de Nova York, concluiu que quase 11% julgam que alguém os segue ou espiona. A atmosfera pós-11 de Setembro aumentou os níveis paranoicos no Ocidente.

O escritor Rodrigo de Souza Leão teve seu primeiro surto de esquizofrenia aos 23 anos, e começou a escrever ficção, editando uma revista literária e mantendo o blog Lowcura. Em 2008, publicou, pela editora 7 Letras, seu primeiro livro em prosa, *Todos os Cachorros São Azuis*, sendo um dos 50 finalistas do Prêmio de Literatura Portugal Telecom, ao lado de nomes consagrados. Seu romance é quase uma autobiografia: uma imersão no mundo da esquizofrenia. Teve a última crise 20 anos depois, em 2009, ao assistir a uma cena da novela *Caminho das Índias*, de Glória Perez, da Globo, em que um personagem esquizofrênico atira em uma pessoa. Rodrigo se perturbou, pois, segundo seus conhecimentos, uma pessoa com esquizofrenia não mata; foi internado e teve um ataque cardíaco fatal.

A Unifesp criou um programa em que médicos e outros profissionais da saúde vão às escolas ensinar os professores a identificar alunos com suspeita de doenças psiquiátricas graves, como a esquizofrenia (são focados alunos entre 11 e 18 anos de 40 escolas públicas de São Paulo). Depois de identificados, os alunos seguem para o Projeto de Esquizofrenia da Unifesp para confirmar o diagnóstico, o que envolve entrevistas com os jovens e seus familiares e exames de neuroimagem. Em maio de 2009, 300 estudantes passaram por avaliações. Entre os sinais investigados, estão queda no rendimento escolar, relatos de perseguição ou de ouvir vozes, agressividade e quadros depressivos e de isolamento. Cerca de 90% dos casos de esquizofrenia são diagnosticados entre 15 e 25 anos. Estima-se que 1,8 milhão de brasileiros sejam portadores da doença. A esquizofrenia preocupa pela dificuldade do diagnóstico precoce, o estigma social que a acompanha e a não adesão à terapia. Uma revisão de estudos feita pelo Instituto de Psiquiatria da USP mostrou que metade dos portadores do mal não adere ao tratamento, o que aumenta em 88% as chances de recaída, que também são causadas quando o doente desenvolve resistência aos antipsicóticos convencionais. Entre 30% e 40% das pessoas com esquizofrenia podem apresentar essa resistência. Porém, a esquizofrenia é degenerativa, como a Alzheimer: cada surto representa a perda de neurônios e o declínio mais rápido do paciente, daí a necessidade de seguir à risca o tratamento (BRACHER, 2008; PARANÓIA..., 2008; COLLUCCI, 2009e; COLLUCCI, 2009f; VIEIRA, 2009b).

Novos tratamentos para a esclerose múltipla

A esclerose múltipla ocorre quando o sistema imunológico passa a atacar as células nervosas, levando à perda parcial dos movimentos e dos sentidos. Um novo tratamento une quimioterapia com transplante de células-tronco. O paciente recebe quimioterápicos, que inibem a produção das células imunológicas na medula óssea, e um soro, que "desliga" o mecanismo de combate ao sistema nervoso. Depois, células-tronco retiradas previamente do próprio paciente são implantadas e reativam a medula. O método consegue estagnar a doença em parte dos casos e, em alguns, pode levar à recuperação de movimentos. Um estudo da Faculdade de Medicina da USP de Ribeirão Preto com o Albert Einstein mostrou que o tratamento freou o avanço da doença em 28 de 41 pacientes (LAGE, 2009b).

Tratamento nacional inovador para uma doença do coração

A anomalia de Ebstein, normalmente descoberta na infância, é provocada por uma deficiência na válvula tricúspide (entre o átrio e o ventrículo direitos), que impede que ela funcione bem, fazendo o sangue que sai do átrio para o ventrículo voltar para o átrio. Assim, o sangue se acumula do lado direito do coração, que aumenta de tamanho. Os principais sintomas são cansaço, falta de ar, arritmias e pele arroxeada (por causa da dificuldade de oxigenação do sangue).

Existem várias cirurgias para corrigir o defeito – a maioria faz a troca da válvula, substituindo-a por uma prótese. Mas isso é feito na infância, e, com o passar dos anos, o paciente precisa passar por outra cirurgia para substituir essa prótese.

O cirurgião cardíaco José Pedro da Silva, do Hospital Beneficência Portuguesa, desenvolveu a chamada Técnica do Cone, método que usa o tecido da própria válvula doente para reconstruí-la, em forma de cone, para que ela volte a funcionar corretamente. Assim, o paciente não precisa passar por outra cirurgia para trocar a válvula anos depois, não existe rejeição e ela reconstrói a válvula, deixando a anatomia próxima do normal.

Silva reúne 88 casos de pacientes operados com sucesso com auxílio da Técnica do Cone. Um estudo foi apresentado nos Estados Unidos em

2006 e, desde então, a metodologia passou a ser usada por vários centros de cirurgia do mundo.

Marcelo Jatene, cirurgião cardíaco pediátrico do Hospital do Coração (HCor), usa a Técnica do Cone em seus pacientes desde o final de 2007. De acordo com ele, o método tem detalhes importantes que tornam o procedimento mais eficaz do que os outros. Jatene diz que, apesar de ser uma cirurgia relativamente nova no mundo, trata-se de uma técnica que tende a ser difundida e ser escolhida como primeira opção. O cirurgião Gilberto Barbosa, presidente da Sociedade Brasileira de Cirurgia Cardíaca, também elogia a metodologia. Ele diz que a técnica brasileira é "bem original e criativa. A cirurgia beneficia fundamentalmente as crianças e tem resultados positivos. Melhora a sobrevida e tem menos mortalidade. Vários centros do mundo querem aprender a fazer" (BASSETTE, 2009b).

P&D e os limites éticos

Os medicamentos inovadores envolvem investimentos de centenas de bilhões de dólares; assim, apesar de todo o cuidado das companhias, podem ocorrer casos em que os limites éticos em relação ao que é de fato inovador e pode ser levado ao mercado são relativamente tênues, ou, até mesmo, desconsiderados por alguns funcionários. Assim, em 2008, a editora Elsevier anunciou que iniciaria a investigação de uma afirmação de um senador de que uma de suas revistas médicas publicara, em 2003, um artigo feito na verdade por um laboratório que estava promovendo seu produto, e não pelo cientista que assinou o texto (WILSON, 2008).

Em 2009, a Sequenon demitiu seu presidente, Harry Stylli, e a responsável pelas pesquisas, Elizabeth Dragon, por manipulação de dados de estudos relativos a possíveis medicamentos para a síndrome de Down, além de três outras pessoas cujos nomes foram preservados. As investigações foram conduzidas por uma empresa independente, que concluiu que a empresa falhou ao utilizar protocolos e controles inadequados. Além disso, o diretor financeiro e um executivo da área comercial renunciaram. As ações, que haviam chegado a US$28 em setembro de 2008, caíram para US$3,23 depois das demissões. Hixson, vindo da Amgen, assumiu interinamente a presidência (POLLACK, 2009).

Referências

ABELHA, P. "Livre de rubéola". Distrito Federal: *Hoje em Dia*, n. 620, p. 28, 22 mar. 2009.
ABELSON, R. "Millions with chronic disease get little to no treatment". The New York Times Online, 5 ago. 2008.
____. "Hospitals seeing drop in paying patients". The New York Times Online, 5 ago. 2008b.
____. "Uninsured put a strain on hospitals". The New York Times Online, 8 dez. 2008c.
ABUJAMRA, A. "Filhos, melhor não tê-los?" Valor Online, 16 jan. 2009.
ALBRECHT, K. A terceira revolução da qualidade. In: E-business e tecnologia (vários autores), p. 77-84. São Paulo: HSM Management/Publifolha, 2001.
ANS. Duas faces da mesma moeda – Microrregulação e modelos assistenciais na saúde suplementar. Série Regulação e Saúde, v. 4. Rio de Janeiro, 2005, 272p.
"ANS veta negociação da Itálica e Avimed". *O Estado de S.Paulo*, São Paulo, 4 abr. 2009. Caderno Vida&, p. A30.
ARNST, C. "Taxa fixa por paciente está de volta". Valor Online, 9 set. 2008.

_____. "Soaring cancer drug costs may cripple Medicare". Business Week Online, 27 jan. 2009a.
_____. "The family doctor: a remedy for health-care costs?" Business Week Online, 25 jun. 2009b.
ARRIEL, S. "É só chamar". *Revista Encontro*, v. 6, n. 68, p. 30-33, out. 2007.
ASSECOB. "Associação dos empresários da construção civil da Baixada Santista". Santos: Assecob, 1984, 128p.
AZEVEDO, S. "Remédios nos tribunais". *Época*, São Paulo: Editora Globo, n. 501, p. 68-70, 24 dez. 2007.
BAKALAR, N. "Prevention: one drink a day tied to lower death risk". The New York Times Online, 30 mar. 2009.
BARREIRO, E. J. "Estratégia de simplificação molecular no planejamento racional de fármacos: a descoberta de novo agente cardioativo". *Química Nova*, v. 25, n.6b, nov.-dez. 2002.
BASSETE, F. "Aplicar metade da dose da vacina da gripe é eficaz em adultos". Folha Online, 17 dez. 2008.
_____. "Criança com Down ganha gibi e calendário de vacinação diferenciado". Folha Online, 19 mar. 2009a.
_____. "Cirurgia brasileira trata defeito em válvula cardíaca". Folha Online, 22 set. 2009b.
BASSETE, F; BOTELHO, R. "Suplementos não evitam câncer". Folha Online, 8 jan. 2009.
"BEBER com moderação pode reduzir risco de Alzheimer, diz pesquisa". O Estado de S.Paulo Online, 30 dez. 2008.
BERENSON, A. "Weak oversight lets bad hospitals stay open". The New York Times Online, 8 dez. 2008.
BRACHER. B. "Reféns da mente". *Revista Encontro*, v. 7, n. 76, p. 96-100, abr. 2008,.
BRASIL. Acesso aos medicamentos, compras governamentais e inclusão social. Ministério da Saúde – Fórum de competitividade da cadeia produtiva farmacêutica. Brasília: 23 dez. 2003.
CABRERA, P. "Câmara de Mauá aprova terceirização do hospital Nardini". *Diário do Grande ABC*, 17 jun. 2009.
"CALMOS têm menos risco de demência". *Estado de Minas*, Minas Gerais, 21 jan. 2009. Caderno Ciência, p. 20.
CAMPOS, C. V. A.; MAKIK, A. M. "Satisfação no trabalho e rotatividade dos médicos do Programa de Saúde da família". *RAP – Revista de Administração Pública*, Rio de Janeiro: FGV, v. 42, p. 347-368, mar.-abr. 2008.
"CASAS Bahia faz parceria para venda de remédios". Monitor Mercantil Online, 10 nov. 2008
"CASO de saúde". *Estado de Minas*, Minas Gerais, 7 dez. 2008. Caderno Especial 80 Anos, p. 18.
CERQUEIRA, P. "A nova prova da USP". Valor Online, 12 dez. 2008.
"COBRA health insurance too costly for the unemployed, study says". Los Angeles Times Online, 10 jan. 2009.
COLLUCCI, C. "Antipsicóticos fazem doente de Alzheimer viver menos". Folha Online, 14 jan. 2009a.
_____. "Falta de vitamina D eleva risco de falha de memória". Folha Online, 27 jan. 2009b.
_____. "Unifesp lança novo método para medir açúcar no sangue de diabéticos". Folha Online, 27 fev. 2009c.
_____. "SP ganha clínica pública para adultos alcoólatras e dependentes de drogas". Folha Online, 18 mar. 2009d.
_____. "Universidade treina professor para identificar esquizofrenia". Folha Online, 18 mar. 2009e.
_____. "Esquizofrenia sob controle". *Folha de S.Paulo*, São Paulo, 6 jun. 2009e. Caderno Saúde, p. C5.
COLLUCCI, C.; BOTELHO, R. "Beber álcool todos os dias aumenta risco de câncer de pâncreas". Folha Online, 4 mar. 2009.
COSTA, M. A.; MOTA, J. A. C.; FIGUEIREDO, R. C. P. "Hospital das Clínicas da UFMG: da origem como hospital de ensino à inserção no Sistema Único de Saúde". *Revista Médica de Minas Gerais*, v. 18, n. 3, p. 212-219, jul.-set. 2008.
CUNHA, A. "Tudo começou em 1944". *Revista Encontro Especial*, n. 76, abr. 2008.
"CVS trimming minute clinics". Chicago Tribune Online, 11 mar. 2009.
"DRUG 'may slow down Parkinson's'". BBC Online, 27 ago. 2008.
"EM SP, servidor em ritmo de empresa". Valor Online, 1 jun. 2009.
ESCOBAR, H. "É irreal fazer inovação no Brasil". *O Estado de S.Paulo*, São Paulo, 29 mar. 2009. Caderno Vida&, p. A30.
"ESTUDO aponta baixo açúcar no sangue como causa de Alzheimer". Folha Online, 26 dez. 2008.
"ESTUDO sugere que expressões faciais de emoção têm origem genética". Folha Online, 29 dez. 2008.
"ESTUDO sugere cafeína como forma de combater Alzheimer". Folha Online, 7 jul. 2009.
"EUA approves Lilly blood drug". Chicago Tribune Online, 24 fev. 2009.
"EUA aprovam primeira droga feita com animal transgênico". Folha Online, 7 fev. 2009.
FACCHINI, C. "No delivery da Onofre, vale até subir o morro". Valor Online, 24 nov. 2008.
"FARMÁCIA popular já conta com 124 unidades". Monitor Mercantil Online, 30 mar. 2006.
"FARMÁCIAS faturaram R$ 10 bi em 2008". Monitor Mercantil Online, 30 mar. 2006.
FARRELL, M. "Easing the pain of expensive health care". Forbes Online, 4 fev. 2009.
"FAST-FOOD ligado ao Alzheimer". *Estado de Minas*, Minas Gerais, 11 dez. 2008. Caderno Ciência, p. 22.
"FIOCRUZ investe em remédios para doenças ignoradas". Monitor Mercantil Online, 23 jul. 2007.
FORMENTI, L. "Recuo em nº de cirurgias eleva taxa de cegueira". O Estado de S.Paulo Online, 19 abr. 2009.
FREUDENHEIM, M. "Hospitals begin to move into supermarkets". The New York Times Online, 11 mai. 2009.
FUCHS, T. "Artes da Loucura". *Mente & Cérebro*, 15, n. 177, p. 34-37, out. 2007.
"GALERIA Fundep". *Jornal da Fundep*, Minas Gerais: UFMG, p. 3, mar. 2007.
GARCIA, R. "Eletrificação rural espalha endemias, diz pesquisador". Folha Online, 21 abr. 2009.
"GESTÃO do Hospital de Santa Maria é legal". *Jornal da Comunidade*, Brasília, 9 a 15 maio 2009. Caderno Imóveis & Construção, p. 2.
GRANT, R. M. *Contemporary strategy analysis: concepts, techniques, applications*. Cambridge: Blackwell Publishers, 1995.

GIRION, L. "Number of americans without health insurance fall". Los Angeles Times Online, 27 ago. 2008.
_____. "USC buys 2 disputed hospitals on campus". Los Angeles Times Online, 10 fev. 2009.
_____. "Medical bills play a role in 62% of bankruptcies, study says". Los Angeles Times Online, 4 jun. 2009.
GIRION, L; HILTZIK, M. A. "An eroding model for health insurance". Los Angeles Times Online, 21 out. 2008.
GONÇALVES, A. "Estudo traz hospitais mais citados por especialistas". *O Estado de S.Paulo*, São Paulo, 20 dez. 2008. Caderno Vida&, p. A18.
GONÇALVES, A. "Maternidade de SP cria projeto especial para mães bolivianas". O Estado de S.Paulo Online, 3 jan. 2009.
GUTERMAN, M. "Usamos só 10% de nosso cérebro?" O Estado de S.Paulo Online, 05 jan. 2009.
HARMON, F. G.; JACOBS, G. *The vital difference – unleashing the powers of sustained corporate success*, Nova York: AMACOM, 1993.
HERDY, T. "Vidas ameaçadas". *Estado de Minas*, Minas Gerais, 24 nov. 2008. Caderno Gerais, p. 1.
HERPER, M. "The worst places to be sick and poor". Forbes Online, 22 dez. 2008.
HESSEL, C. "Barato, mas vigiado". *Época Negócios*, São Paulo: Editora Globo, v. 2, n. 13, p. 30, mar. 2008.
HIRSCH, J. "Winning the medicine game". Los Angeles Times Online, 15 mar. 2009.
HOGAN, D. J. População e meio ambiente: a emergência de um novo campo de estudo. In: HOGAN, D. J. (org.) Dinâmica populacional e mudança ambiental: cenários para o desenvolvimento brasileiro. Campinas: UNICAMP, 2007.
HOLTZ, A. *A ciência médica de House*. São Paulo: Best Seller, 2008.
"HOME care é tão efetivo quanto internação". Folha Online, 22 jan. 2009.
"HOSPITAL público registra cura inédita de raiva no Brasil". Portal Terra, 14 nov. 2008.
HSU, T. "Apria healthcare agrees to $ 1,6-billion buyout offer". Los Angeles Times Online, 20 jun. 2008.
"INDÚSTRIA hospitalar ainda não sentiu a crise mundial". Monitor Mercantil Online, 14 mai. 2009.
IWASSO, S. "Depois dos pais, são os filhos que vão para *check-up*". O Estado de S.Paulo Online, 24 ago. 2008.
JACK, A. "Executivo diz que, desta vez, resultado será diferente". Valor Online, 27 jan. 2009a.
_____. "Remédios equivocados para um diagnóstico correto". Valor Online, 4 fev. 2009b.
JAPSEN, B.; GROTTO, B. "University of Chicago med center to 'review, refine' proposal to divert patients from the emergency room". Chicago Tribune Online, 13 mar. 2009.
KOIKE, B. "Rede própria de planos de saúde acirra concorrência com hospitais". Valor Online, 10 jun. 2008a.
_____. Humberto Carazzai assume em agosto a presidência da Medial. Valor Online, 09 jul. 2008b.
_____. "Medial prepara-se para a consolidação". Valor Online, 10 set. 2008c.
_____. "Turbulência agrava situação de pequenas e médias operadoras". Valor Online, 20 out. 2008d.
_____. "Medial construirá mais quatro hospitais em São Paulo até 2011". Valor Online, 7 nov. 2008e.
_____. "Programa público receberá R$ 1,9 bi". Valor Online, 24 nov. 2008f.
_____. "Paciente do Sírio já tem PC no quarto". Valor Online, 12 jan. 2009a.
_____. "Hospitais ajudarão na gestão de rede pública". Valor Online, 1 jun. 2009b.
KOLATA, G. "Searching for clarity: a primer on medical studies". The New York Times Online, 29 set. 2009.
LAGE, A. "Ator usa palhaço para lidar com limitações da esclerose múltipla". Folha Online, 4 jan. 2009b.
LAGE, A. "Instituto do Coração testa nova cirurgia cardíaca". Folha Online, 2 jan. 2009a.
LAZARUS, D. "Employer-based health insurance plans no longer work". Los Angeles Times Online, 10 dez. 2008.
LEITE, F. "O ocaso da Avimed". O Estado de S.Paulo Online, 31 mar. 2009.
LOPES, A. D. "Aos 60 com pique de 50". Veja, São Paulo: Abril, v. 41, n. 30, p. 102-103, 2008.
MAGALHÃES, H.; SANTOS, C. "Grupo D'Or amplia rede de hospitais". Valor Online, 9 mar. 2009.
"MAIS brasileiros compram remédio". *Estado de Minas*, Minas Gerais, 13 ago. 2008. Primeiro Caderno, p. 14.
MANDL, C. "Novartis transfere tecnologia à Funed". Valor Online, 2 set. 2009.
MANTOVANI, F. "Novo laser para glaucoma pode dispensar colírios". Folha Online, 31 de out. 2009.
MARCHI, C. "Falta centro de cardiologia no país". *O Estado de S.Paulo*, São Paulo, 11 jan. 2009. Caderno Vida&, p. A21.
"MARRIAGE, divorce and Alzheimer´s risk". The New York Times Online, 1 ago. 2008.
MASCARENHAS, F. et al. "Acumulação flexível, técnicas de inovação e a grande indústria do *fitness*: o caso Curves Brasil". *Pensar a prática*, v. 10, n. 2, p. 237-259, jul.-dez. 2007. Disponível em http://revistas.ufg.br/index.php/flf/article/view/1070/1671. Acesso em 13 de maio de 2010.
MEIER, B. "A device to avert strokes lacks proof that it works". The New York Times Online, 13 jan. 2008.
MELO, L. "Via-crúcis de Maria". *Estado de Minas*, Minas Gerais, 4 jan. 2009a. Caderno Gerais, p. 17, 20-21.
MELO, L. "Operação traz alívio e fé em dias melhores". *Estado de Minas*, Minas Gerais, 27 jan. 2009b. Caderno Gerais, p. 21.
MILANESE, D. "Brasil fecha PPP com multinacional para vacina contra dengue". O Estado de S.Paulo Online, 25 set. 2009.
MILLER, J. P. "Ventas closes sale of Kentucky hospital". *Chicago Tribune*, Chicago, 20 fev. 2009.
MINADEO, R. *Marketing internacional: conceitos e casos*. Rio de Janeiro: Thex, 2001.
MONTE, E. F.; SOUZA F, J. C. "Varejo de medicamentos no Brasil: uma visão comparativa com a tendência mundial. In: III Semead. São Paulo: USP, 1999. CD-ROM, Anais Eletrônicos.
MOTTA, S. B. "Controle de preços só se mantém para remédios". Monitor Mercantil Online, 3 jun. 2008.

"NANOPARTÍCULAS de ouro podem ajudar a tratar câncer, diz estudo". O Estado de S. Paulo Online, 5 jan. 2009.
NÓBREGA, C. "E no Brasil... Os mesmos males (e sua cura)". Época Negócios, São Paulo: Editora Globo, p. 68-69, dez. 2007.
"OBESIDADE infantil avança no país e atinge crianças do Bolsa-Família". O Estado de S.Paulo Online, 8 mar. 2009.
OLIVEIRA, N. "Argentina produzirá vacina contra febre amarela com tecnologia brasileira". Folha Online, 17 dez. 2009.
"PACIENTES de outros Estados dividem casas em Barretos". Folha de S.Paulo, São Paulo, 13 jun. 2009. p. C5.
"PAIN relief for Bristol-Myers?" Business Week Online, 3 set. 2003.
"PARA todos os mineiros". Revista Encontro, Belo Horizonte: Ed. Especial, p. 22-23, dez. 2006.
"PARANOIA está em alta, afirmam especialistas". Gazeta do Povo, Curitiba, 7 dez. 2008. Caderno Vida Pública, p. 12.
PEAR, R. "Women buying health policies pay a penalty". The New York Times Online, 29 out. 2008a.
_____. "When a job disappears, so does the health care". The New York Times Online, 6 dez. 2008b.
"PERDA de patente deverá movimentar R$800 milhões". Valor Online, 28 jan. 2010.
"PLANO odontológico para pequenas e médias empresas". Monitor Mercantil Online, 4 jun. 2008.
POLLACK, A. "Biotech company fires chief and others over handling of data". The New York Times Online, 29 set. 2009.
POWELL, H. B. The original has this signature – W. K. Kellogg. Englewood Cliffs: Prentice-Hall, 1956.
"PREÇO mais magro". Veja, São Paulo: Abril, v. 39, n. 25, p. 96, 28 jun. 2006.
"PRESIDENTE da Fiocruz critica indústria farmacêutica". Monitor Mercantil Online, 17 abr. 2008.
RABIN, R. C. "Dementia more likely in some isolated and inactive seniors, study finds". The New York Times Online, 22 jan. 2009.
"RECONHECIMENTO mundial". Estado de Minas, Minas Gerais, 7 dez. 2008. Caderno Especial 80 Anos, p. 18.
RODRIGUES, L. "Sobrevida média de pacientes com Aids chega a nove anos no Brasil". Folha Online, 25 nov. 2008.
ROOT-BERNSTEIN, R. A incrível história dos remédios. Rio de Janeiro: Campus/Elsevier, 1998.
SACKS, O. Alucinações musicais. São Paulo: Companhia das Letras, 2007.
SANT'ANNA, E. "Aos 15 anos, desafio da saúde da família é diminuir desigualdade". O Estado de S.Paulo, São Paulo, 17 mai. 2009. Caderno Vida&, p. A28.
SCHIFFERES, S. "Is healthcare reform still possible?" BBC Online, 2 nov. 2008.
SEAMAN, M. "Medco Health Solutions' 4th-quarter profit rises on boost in clients, brand-name drug prices". Chicago Tribune Online, 24 fev. 2009.
SEGATTO, C.; BUSCATO, M. "Aprenda a respirar num mundo irrespirável". Época, São Paulo: Editora Globo, n. 459, p. 82-89, 5 mar. 2007.
"SEGUNDA opinião médica avança no Brasil". Monitor Mercantil Online, 15 out. 2008.
SINGER, N. "Love the long eyelashes. Who's your doctor?" The New York Times Online, 13 jan. 2009.
SILBERMAN, C. D. "Uma revisão sobre depressão como fator de risco na Doença de Parkinson e seu impacto na cognição". Rev. Psiquiatria RS, 26 (1): 52-60, jan./abr. 2004.
SILVEIRA, I. "Alterações vasculares cerebrais são maior causa de demência no país". Folha Online, 15 jul. 2009a.
_____. "Demência é mais precoce em latino-americano, mostra pesquisa". Folha Online, 30 set. 2009b.
_____. "Habilidade espacial pode sofrer dano por Alzheimer antes de memória". Folha Online, 19 out. 2009c.
SORKIN, A. R.; WILSON, D. "Pfizer agrees to $ 68 billion deal for Wyeth". The New York Times Online, 25 jan. 2009.
SOUZA, R. M.; NETO, R. M. N. Estudo preliminar das flutuações de demanda do SAMU-RP. In: ENEGEP, 28. Rio de Janeiro: ABEPRO, 2008. CD-ROM... Anais Eletrônicos.
"STJ veta ajuste de 200% em plano de saúde de idosos". Portal Terra, 14 nov. 2008.
"SUDESTE é a única região a reduzir mortes por armas de fogo, indica pesquisa do Ipea". Portal IG, 17 dez. 2008.
"SUL AMÉRICA no seguro dental". Valor Online, 8 ago. 2008.
TOLEDO, K. "Posto de saúde vira sala de aula". O Estado de S.Paulo Online, 13 abr. 2009.
"TRABALHAR demais 'aumenta risco de demência', diz estudo". O Estado de S.Paulo Online, 25 fev. 2009.
"TV Farmais em São Paulo". Monitor Mercantil Online, 23 mai. 2008.
"UNITED Health Buoyed by Revenue Gain". The New York Times Online, 22 jan. 2008.
"VEJA o que aconteceu de mais importante na ciência em 2008". Folha Online, 26 dez. 2008.
"VENDEDOR virtual preso". Estado de Minas, Minas Gerais, 1 fev. 2009. Caderno Nacional, p. 7.
VIDAL, M. N. "Anjos de plantão". Estado de Minas, Minas Gerais, 16 nov. 2008. Caderno Veículos, p. 16.
VIEIRA, A. "Aquisição dá a Pfizer lucrativos remédios biológicos da Wyeth". Valor Online, 27 jan. 2009.
VIEIRA, M. "Vivo numa bomba relógio circular". O Estado de S.Paulo, São Paulo, 12 jul. 2009. Caderno Aliás, p. J6.
VILLANO, M. "Sinus sufferer turns nasal spray project into sales leader". The New York Times Online, 15 nov. 2008.
WEINTRAUB, A. "Olympus leva alta definição para os hospitais". Valor Online, 10 dez. 2008.
WHELAN, D.; RAGHAVAN, A. "Two girls two countries one cancer", Forbes Online, 8 dez. 2008.
WILSON, D. "Medical publisher to review claim about article's writer". The New York Times Online, 19 dez. 2008.
YAPP, C. "Laughs, but no joke for 'shakers'". BBC Online, 29 dez. 2008.
ZILBER, M. A.; LAZARINI, L. C. "Estratégias competitivas na área da saúde no Brasil: um estudo exploratório". Revista de Administração Contemporânea, Local: ANPAD, v. 12, n. 1, p. 131-154, jan.-mar. 2008.

CAPÍTULO 7

ATENDIMENTO E ENDOMARKETING

Confunde-se prestação de bons serviços com amabilidade ou gentileza – o que é bastante superficial. A noção de serviço valoriza o trabalho da empresa: trata-se de agregar valor aos clientes ou, em outras palavras, atender as necessidades dos consumidores é a razão de ser da empresa, que lhe permite gerar lucros e pagar salários a seus colaboradores. O profundo desejo de satisfazer plenamente aos que depositam confiança na empresa é uma fonte de satisfação para o empresário e seu pessoal. Prestar um bom serviço satisfaz e transforma os lucros da empresa em algo justo e merecido – ainda mais no acirrado clima empresarial da atualidade. Procura-se contribuir com a sociedade através de algo que pode levar a marca de algo relevante e – na medida do possível – único, feito apenas por determinada companhia. Finalmente, todas as empresas devem ter essa ótica, sejam produtoras ou prestadoras de serviços. Por exemplo, mediante a famosa política do "tapete vermelho", a TAM obteve resultados fantásticos de crescimento, em situação de inferioridade na concorrência, ou seja, mediante a oferta de serviços superiores.

É um conjunto de pequenos detalhes que faz a diferença. Essa atitude deve enraizar-se na cultura da empresa e dos funcionários. É algo que não se obtém do dia para a noite. Encorajar os funcionários a atender bem. Apoiar suas iniciativas. Com frequência se pensa que o fator que mais motiva o funcionário é a remuneração. Mas não é o mais importante. Criar um ambiente que permita às pessoas terem um campo para tomar decisões e assumir riscos em nome da empresa é o melhor caminho para motivar os colaboradores. Ao mesmo tempo, a qualidade do que se faz será maior.

A seguir, o resultado da pesquisa on-line, formada por perguntas fechadas, na qual o respondente pode escolher apenas uma resposta, da Anthropos Consulting, sobre o que o leitor considera atendimento excelente. Os 6.816 votos foram dados entre 17 de junho de 2007 e 10 de novembro de 2008.

Falar a verdade em qualquer circunstância	2.574	37,8%
Cumprir o que prometer	1.696	24,9%
Ser ágil e rápido	779	11,4%
Fazer acompanhamento após a venda	640	9,4%
Acompanhar você durante o atendimento	529	7,8%
Falar olhando em seus olhos	425	6,2%
Sorrir para você	173	2,5%

Fonte: <http://www.anthropos.com.br/>. Acesso em 10 de novembro de 2008.

A importância de conceder responsabilidade ao pessoal

Um dos elementos mais importantes na administração de serviços, mas que talvez seja o menos compreendido, é a filosofia de dar responsabilidade ao pessoal de linha de frente, para que possam tomar as decisões sem consultar aos superiores. Com isso, o atendimento fica mais eficiente. Carlzon (1994: 66) cunhou a expressão "hora da verdade" para os momentos em que o cliente está vulnerável, à espera de algum atendimento; e conta uma história reveladora sobre um episódio na companhia aérea SAS, então por ele presidida: "Cheguei a um aeroporto no início de uma manhã e notei que o sistema de informação havia caído – o sistema que lhe diz de onde viria a bagagem de seu voo. Havia filas no saguão de desembarque. Eu estava realmente furioso, porque isso era tão fácil de resolver. Bastava alguém fazer um cartaz manuscrito informando de onde viria a bagagem. Por isso, procurei a funcionária no balcão e disse: 'Por Deus, por que você não pode fazê-lo à mão – um cartaz – para informar as pessoas?' 'Isso é exatamente o que eu acho', ela disse. 'Procurei meu supervisor e lhe pedi permissão para fazer um cartaz. Mas ele respondeu que não adiantaria nada, já que o sistema voltará em umas duas horas, portanto, não há nenhum problema.'" A linha de frente é a face de que a organização dispõe para mostrar ao cliente. Pelo desempenho da linha de frente, a organização será julgada para bem ou para mal. Não adianta nada o presidente de uma grande loja de departamentos pensar em todos os detalhes que envolvem a organização, como preços, distribuição, fornecedores e tudo que maximize os lucros da empresa, se na linha de frente tiver uma vendedora mal treinada que não atende bem aos clientes. Não adianta a empresa gastar milhões em publicidade se o cliente for mal atendido na hora da compra.

Alguns anos atrás, vários funcionários dos Parques da Disney perceberam que apenas os profissionais de destaque possuíam cartões de visita; assim, a empresa decidiu conceder cartões a todos os funcionários, com o título Gerente de Atendimento ao Cliente – percebendo um aumento na motivação de todos. Além disso, todos os 45 mil funcionários dos parques estão especialmente atentos no que tange à limpeza, quaisquer que sejam seus cargos formais. Para o Epcot Center ficar pronto pontualmente em primeiro de outubro de 1982, a empresa parava as obras um domingo por mês, promovia um piquenique com os funcionários das empreiteiras e seus familiares e mostrava uma miniatura do parque – à época a maior construção privada do mundo em andamento. A obra ficou pronta na data marcada, pois os operários adquiriram orgulho de mostrar aos familiares o que faziam e, de certa forma, se sentir parte da Disney (CONNELLAN, 1998). São detalhes modestos, porém significativos, que deixam a cultura da empresa em evidência – cuja excelência no atendimento é bastante reconhecida.

Albrecht (1992) apresenta algumas horas da verdade em uma viagem aérea:

1. O cliente telefona para o setor de informações da empresa aérea.
2. O cliente reserva o voo com um representante da empresa.
3. O cliente chega ao balcão do aeroporto.
4. O cliente espera na fila.
5. O atendente de passagens chama o cliente ao balcão.
6. O atendente de passagens processa o pagamento e emite a passagem.
7. O cliente se dirige ao portão de embarque.
8. O atendente do portão dá boas-vindas ao cliente e valida o cartão de embarque.
9. O cliente espera no saguão de embarque até a partida do voo.
10. O atendente de embarque recebe a passagem do cliente e convida-o ao embarque.
11. O cliente embarca no avião e é saudado pelo comissário.
12. O cliente procura seu assento.
13. O cliente procura um lugar para acomodar sua bagagem de mão.
14. O cliente ocupa seu assento.

Uma hora da verdade se define por aquele momento crucial no qual o consumidor está sendo atendido e necessita de alguma decisão, resolução ou aprovação. Afinal, os milhões de usuários de uma companhia de telefonia celular não conhecem os principais executivos, entram em contato apenas mediante o call center. Esses momentos podem ser positivos ou negativos, dependendo de como ocorrer. O que conta é o resultado final. O cliente se sentiu bem com o preço da passagem? Encontrou o assento certo, houve cortesia dos comissários de bordo? O voo atrasou? Assim, a qualidade da prestação dos serviços forma a base para uma diferenciação eficaz entre as ofertas de diversos prestadores de serviços, e, portanto, uma grande fonte de vantagem competitiva – propiciando a construção de relacionamentos duradouros.

Nos serviços médicos, existe uma semelhança em relação aos serviços aéreos: a grande variedade de profissionais envolvidos, bem como o elevado número de especialistas que interagem com o paciente. Por sua vez, este se encontra com a natural ansiedade de quem está em um processo de busca da saúde, ou seja, tende a ser mais exigente do que uma pessoa que está fazendo uma viagem a passeio.

Albrecht (1992: 30) apresenta uma situação típica em um hospital. Alguém se interna para se submeter a uma cirurgia no dia seguinte. A enfermeira entra no quarto carregando uma bandeja com uma seringa e alguns outros objetos. O que estaria pensando o paciente nesse momento? Ele poderia indagar:

"Quem é essa pessoa?"
"É alguém em posição de autoridade?"
"Ela é uma enfermeira?"
"Vai usar essa agulha em mim?"
"Ela sabe o que está fazendo?"
"Como sei que ela está no quarto certo, com o paciente certo e com o medicamento certo?"
"Vai doer?"
"Por que estão me dando uma injeção?"
"O que essa injeção vai fazer em mim?"
"Será que vão me explicar alguma coisa ou simplesmente vão enfiar a injeção em mim?"

Para o paciente, esse é um evento importantíssimo. Supera todos os outros momentos da verdade, como a espera na hora da internação e o atendimento na recepção do hospital. Portanto, essa é uma hora da verdade crítica para ele.

Para a pessoa que entra para aplicar a injeção pode não ser muito importante, pois ela já está acostumada a esse tipo de serviço e este é apenas mais um paciente, mais uma injeção. Seu sistema de prioridade é muito diferente do sistema do paciente. Ela pode estar pensando: "Mais nove 'remedinhos' para aplicar antes de terminar meu turno."; "É melhor telefonar para o pessoal da limpeza para tirar aquele carrinho de roupa suja do corredor.";

"Gostaria de saber se o dr. X se acalmou e já superou aquela troca de medicamento de seu paciente."; "Puxa, espero ter alguma chance de conquistar aquele emprego de enfermeira-chefe."; "Meus pés estão cansados!"; "Não vejo a hora de terminar meu turno.".

Nesse quadro, encontram-se os ingredientes básicos do sucesso ou do fracasso do serviço. Se a enfermeira concentrar sua atenção nos elementos importantes desse momento, ela poderá enfrentá-lo de maneira a maximizar o impacto positivo sobre o cliente ou pelo menos minimizar o impacto negativo. O que ela poderá fazer para enfrentar com eficácia essa hora crítica?

1. Apresentar-se com simplicidade.
2. Cumprimentar o cliente com uma "ferramenta" de validade universal – um sorriso – para tranquilizá-lo.
3. Dar atenção à situação enfrentada pelo paciente.
4. Acalmar o paciente com uma conversa descontraída.
5. Explicar a finalidade e o benefício dos procedimentos a serem aplicados.
6. Aplicar a injeção de uma maneira gentil e cuidadosa.
7. Certificar-se de que o paciente está confortável.
8. Perguntar se há alguma necessidade ou preocupação especial.

Se a enfermeira estiver com pressa, preocupada, fatigada, entediada ou se for insensível, ela poderá tratar essa hora da verdade de uma maneira mecânica e impessoal, o que, frequentemente, ocorre nas instituições de saúde. A combinação de uma hora da verdade crítica para o cliente com uma pessoa de serviço insensível, indiferente ou incompetente é uma grande receita de desastre. A diferença (gap) entre o tipo de tratamento que o cliente está esperando (expectativas) e o que ele realmente experimenta (efetivo) cria uma sensação negativa do serviço realizado.

Essas horas críticas exigem cuidados especiais. Como os administradores não estão em todos os lugares ao mesmo tempo e não entendem os aspectos técnicos dos serviços médicos, cabe, de um modo geral, à equipe de enfermagem o atendimento primário aos pacientes. O papel dos gestores é ajudar a equipe de enfermagem, no sentido de propiciar aquelas ferramentas de que elas não dispõem ou que se encontram acima de suas respectivas áreas de responsabilidade.

Segundo Sewell e Brown (1993), a gestão do atendimento também necessita mensurar a disponibilidade, ou seja, a frequência com que o cliente obtém o que necessita. Se algo é solicitado e o prestador de serviços não pode atender, uma venda é perdida. Isso pode ter alguma gravidade para revendas de veículos – o ramo no qual os autores eram os líderes nos Estados Unidos –, porém, no caso da saúde, pode resultar em problemas de maior gravidade. Sewell e Brown afirmam que copiaram uma técnica dos restaurantes e lojas de departamentos: contratam empresas que duas vezes ao ano envia pessoas para comprar carros em suas revendas e que envia depois relatórios a respeito da qualidade dos serviços prestados. Apontam uma situação em que uma importante empresa solicitou às revendas Cadillac da área que apresentassem propostas ao carro do Presidente, e um de seus funcionários simplesmente levou quatro veículos ao estacionamento do comprador, para que este pudesse fazer uma escolha mais privadamente.

Universidade Corporativa em Saúde

Em 2004, o Hospital Mãe de Deus, de Porto Alegre, criou sua Universidade Corporativa, que se tornou um centro de especialização em saúde procurado na região. Mais recentemente, criou uma parceria com a Sociedade Brasileira de Cardiologia, para atender aqueles médicos que querem essa especialidade, mas que ainda não passaram nos exames seletivos de residência (MÜLLER, 2009).

Inovações no atendimento

Thomaz de Carvalho, fundador da Drogaria São Paulo, teve papel importante na renovação do visual das farmácias, tradicionalmente dotadas de mobiliário de pinho-de-riga escurecido. Ele percebeu as vantagens de móveis claros. Também notou que várias consumidoras entravam, perguntavam algo ao atendente no balcão e iam embora. Ele descobriu que elas provavelmente estariam gripadas e que precisavam de uma injeção, mas ficavam constrangidas de serem atendidas por um homem. Foi quando ele contratou atendentes femininas, chegando a criar cursos para balconistas (BRANDÃO, 2008).

Em 2009, todos os pacientes internados no Instituto do Câncer do Estado de São Paulo Octavio Frias de Oliveira são acompanhados por um enfermeiro de referência, que alinha as condutas da equipe para propor cuidados focados nas necessidades individuais do paciente. Diz Wania Baia, diretora de assistência: "Implantamos esse programa porque temos pacientes de alta complexidade que precisam ser atendidos de acordo com sua particularidade. O enfermeiro será a pessoa que estabelecerá um elo de confiança com o paciente (...) Esse profissional também será a referência para a família (...) Ele conhece o paciente como um todo e isso torna o atendimento mais humanizado" (BASSETTE, 2009).

Fonte: Elaboração do autor.

Exercício interessante de liderança

Há vários anos, executivos do Shopping Iguatemy, escolhidos por sorteio, trabalharam por um dia em tarefas simples, como faxina ou bombeiro. Em 2009, Flávia Kujawski, gerente de relacionamento, foi uma das 28 pessoas que entrou nesse programa. Ela sugeriu um sistema mais eficiente para torcer os panos de limpeza, o que era feito manualmente. Alexandre Gabriel, *controller*, atuou como bombeiro e propôs um lugar para guardar as placas amarelas com o aviso "Cuidado, piso molhado", pois ficavam acondicionadas atrás dos extintores (PADILLA, 2009).

Consumidor de serviços

Os clientes costumam selecionar um prestador de serviços segundo alguns critérios:

- Disponibilidade: o serviço deve ser acessível, e as empresas devem se preocupar em encontrar soluções cada vez mais facilitadoras e convenientes para os consumidores.
- Conveniência: a localização define a conveniência para os clientes que precisam se deslocar. Postos de gasolina e redes de *fast-food* são exemplos de serviços que devem priorizar a localização para serem bem-sucedidos.
- Confiabilidade: a empresa prestadora de serviços deve ganhar a confiança do cliente.
- Personalização: clientes gostam de ser tratados como indivíduo. O grau de personalização permitido na prestação do serviço, por menor que seja, pode ser percebido como mais marcante.
- Preço: competir em preço não é tão eficaz em serviços quanto em produtos, pela dificuldade de comparar os custos dos serviços de forma objetiva. Pode ser fácil comparar custos no atendimento de serviços rotineiros, como troca de óleo, mas em serviços profissionais, a competição em preços pode ser considerada contraproducente porque, muitas vezes, é vista como substituta da qualidade.
- Qualidade: ocorre em função das expectativas dos clientes e suas percepções durante e após o serviço. Ao contrário da qualidade de um produto, a qualidade de um serviço é julgada pelo processo de atendimento e pelos resultados.
- Tradição: a incerteza na escolha de um prestador de serviços é, muitas vezes, resolvida em conversa com outras pessoas a respeito de

suas experiências antes de a decisão ser tomada. Ao contrário do que ocorre com produtos, uma experiência negativa com serviços não pode ser devolvida ou trocada. Assim, o consumidor fica com a impressão de ter sido mal atendido em seus desejos e necessidades.
- Segurança: bem-estar e segurança são considerações importantes, pois em muitos serviços, como em viagens aéreas e na medicina, os clientes estão colocando suas vidas nas mãos do prestador de serviços.

7.1 O TRIÂNGULO NA PRESTAÇÃO DE SERVIÇOS

Segundo Carlzon, (1994: 66), existem três características importantes que fazem parte de todas as empresas excelentes em atendimento, o triângulo do serviço:

1. Uma visão, ou estratégia de serviço.
2. Pessoal de linha de frente orientado para o cliente.
3. Sistemas voltados para o cliente.

O triângulo do serviço é uma maneira de representar graficamente a interação desses três elementos críticos, que devem atuar harmoniosamente, para que se mantenha um nível mínimo de qualidade do serviço. Esse conceito de estratégia de serviço orienta toda a empresa no sentido de atender às prioridades do cliente e se tornar uma missão da empresa.

Exigências para essa prática:

A) Orientar o pessoal de linha de frente para o cliente. O pessoal de linha de frente deve ser totalmente focado para a necessidade do cliente, em todos os momentos da verdade. Essa atenção para as necessidades do cliente faz o consumidor sentir que a qualidade do serviço é de alto nível, o que o estimula a voltar e comprar mais.

B) Sistemas voltados para o cliente. O sistema de produção e de entrega do serviço deve estar voltado para atender às necessidades do cliente, e não às conveniências da organização. As instalações, as políticas, os procedimentos, os métodos e os processos devem estar prontos para atender a qualquer desejo ou necessidade do cliente. Também cabe considerar que existe um componente difícil de definir, mas que é bastante real: a qualidade do atendimento não é algo objetivo ou visto da mesma forma por todas as pessoas. Em outras palavras, um serviço terá sua qualidade avaliada conforme as percepções de cada cliente. É desnecessário acrescentar que cada pessoa possui percepções diferentes de algo que é bastante subjetivo, como um sorriso, uma pequena espera ou temas complexos: cortesia, amabilidade. Finalmente, essa percepção, em grande parte, ocorre em função das expectativas que esse cliente havia formado em relação ao serviço. Para esclarecer: uma pessoa que tem medo de avião e que tem que passar longas 12 horas em um voo internacional, sem se levantar nem para ir ao toalete, não vai reparar na qualidade da comida, na limpeza ou no atendimento impecável das aeromoças. Simplesmente, essa pessoa não tem condições de avaliar essas coisas, pois, para ela, a experiência de voar é péssima, independentemente da qualidade do serviço. Portanto, deve ser uma preocupação de qualquer prestador de serviços fornecer um atendimento de nível superior, em relação aos da mesma categoria. Além disso, é preciso saber como superar as expectativas do consumidor – que está cada vez mais exigente. Pequenos detalhes podem fazer a diferença: basicamente, o perigo é quando o consumidor espera muito do prestador de serviço, assim, nada como saber trazê-lo de volta à realidade, para evitar esse perigo. Por exemplo, se o médico prevê que o paciente deve ficar 15 dias em recuperação, sem sair de casa, e depois da consulta de avaliação esse período cai para 10 dias, o paciente tem a sensação que ganhou cinco dias, e, por outro lado, sua autoestima sai fortalecida, já que ele vê sua saúde melhor do que esperava.

Sinais de um serviço bem prestado

- Interessar-se pelos serviços que foram prestados por um produto ou serviço já vendido.
- Usar a imaginação para reduzir os problemas causados por um incidente na relação comercial.
- Evitar vender algo que seja inconveniente para o consumidor. Recusar o lucro imediato para ganhar no longo prazo, fruto da lealdade.
- Considerar o cliente o motivo pelo qual a empresa existe.
- Exigir que todos na empresa encarem o consumidor como a pessoa mais importante. Evitar atitudes como deixar as reclamações do cliente para o departamento responsável por isso.
- Entender que a empresa vive para deixar os clientes satisfeitos. É o primeiro passo para que sejam leais.
- Recusar pedidos que estejam muito acima da capacidade produtiva. É uma ação que respeita o consumidor, fazendo-o ter uma imagem positiva da companhia.

Uma pessoa que queira comprar um automóvel sabe que algo como um MP3 é relativamente desprezível se comparado com o que ele está gastando. Embora todo mundo goste de ganhar presentes, o consumidor não voltará se o carro não o tiver agradado. Por outro lado, outros compradores, e não apenas de automóveis, não precisaram ganhar brindes para voltar a adquirir a marca que uma vez os agradou. A questão mais importante, portanto, é o que significa agradar ao consumidor e em que grau isso poderá gerar sua fidelidade. A resposta cabe a cada empresa (MINADEO, 2008a).

7.2 MARKETING DE RELACIONAMENTO

Diante da multiplicidade de informações disponíveis e da dificuldade para a manutenção de uma base de consumidores fiéis, as empresas passaram a investir em atividades de relacionamento com seus consumidores – que são, normalmente, conhecidas como Marketing de Relacionamento – que pode ser entendido como o conjunto de atividades que visa integrar o cliente à empresa. Essa atividade busca enfatizar o relacionamento com os consumidores e as atividades de pós-venda, procurando criar ferramentas para observar e medir a satisfação dos clientes. Algumas dessas ferramentas são:

- Sistemas diversos de pontuação, que premiam as compras repetidas dos clientes, como os programas de milhagem das companhias aéreas, ou os restaurantes que concedem uma refeição grátis após o preenchimento de um cartão que comprove que tenha feito certo número de refeições no local, normalmente em torno de 10.
- Sistema de Reclamações e Sugestões: constitui o meio ideal para iniciar um verdadeiro processo de fidelização, que facilita a apresentação de queixas e sugestões, ajudando as empresas a agir mais rapidamente e permitindo que recebam ideias que possam aperfeiçoar seus produtos e serviços. Pesquisas apontam que apenas 5% dos clientes fazem reclamações formais às empresas mas aceitam retornar uma segunda vez. Os demais 95% são clientes silenciosos que simplesmente mudam de marca.
- Pesquisas sobre a Satisfação dos Clientes: fornecem um padrão de medida direta que visa complementar o Sistema de Reclamações e Sugestões, visto que a maioria dos clientes não tem iniciativa de fornecer informações.
- Análise do Cliente Perdido: trata-se do contato com clientes que pararam de comprar ou mudaram para outro fornecedor, para saber o que ocorreu.

O marketing de relacionamento se apoia em: a) interatividade (canais de comunicação de mão dupla); b) conectividade (sistemas interligados on-line); e c) criatividade (usar essas ferramentas para gerar valor). Esse tripé possibilita: a) gerir o relacionamento com os clientes; b) estabelecer novas formas de comunicação com a base de clientes, em função do seu perfil; c) monitorar a concorrência; d) integrar o cliente à empresa no projeto de novos produtos e serviços; e e) colher e analisar dados sobre o mercado. Desse modo, o marketing de relacionamento influencia todos os elementos do marketing mix: a) resulta em produtos projetados juntamente com os consumidores; b) o preço já emergiu do projeto, no qual o cliente esteve envolvido desde o início; c) ponto de distribuição: a distribuição é concebida como a melhor forma de atingir o consumidor – que precisa ter sua necessidade atendida conforme as próprias conveniências; e d) promoção: a comunicação do consumidor com a empresa, de certa forma, já se iniciou desde o projeto do produto, permitindo conhecer as melhores ferramentas de se abordar o público-alvo (VILHA; DI AGUSTINI, 2002).

Finalidades do marketing de relacionamento

- Criar valor para os consumidores.
- Realizar um esforço colaborativo e permanente entre a empresa e seus clientes.
- Reconhecer o papel dos clientes individuais na definição do valor que desejam.
- Levar a estratégia da empresa a planejar seus processos de marketing focados no cliente.
- Construir uma rede de relacionamento na empresa para criar o valor desejado pelo cliente (BORBA, 2007).

O mesmo autor ainda aponta os seguintes pré-requisitos à prática do marketing de relacionamento: a) aprimoramento da equipe; b) criação e manutenção de um programa de mensuração da satisfação do consumidor; c) melhoria da eficácia da organização; d) oferecer diferenciais competitivos; e) oferta de serviços de qualidade – o que exige o envolvimento de toda a equipe; e f) fazer com que a empresa seja um ambiente agradável em todos os sentidos.

Importância da criação e satisfação das expectativas

"O hospital tende a se tornar um lava-rápido humano – um lugar que processa pessoas através das instalações, em vez de criar uma experiência total de valor. Os tipos de reclamação que as pessoas fazem a respeito de hospitais dão claras indicações de que a mentalidade de lava-rápido opera com muita frequência: a) tratam as pessoas como objeto; b) não respeitam sua privacidade; c) falam como se você tivesse 4 anos; d) fazem você passar por todo tipo de procedimentos sem dizer o que estão fazendo ou por quê; e e) não se importam se você está perturbado, amedrontado ou sentindo dores; limitam-se a fazer o que precisam e o empurram para outra pessoa" (ALBRECHT, 1991: 30).

Sistemas de relacionamento

A rede de lojas Kenyon identificou três objetivos como atributos-chave dos produtos para sua proposta de valor ao consumidor: preço, modernidade e qualidade. Além disso, priorizou os seguintes atributos como importantes à experiência de compra: a) lojas com boa aparência e estilo moderno; b) clientes recebidos com funcionários simpáticos, bem vestidos e de boa aparência; c) divulgação clara das promoções; d) funcionários que conhecem bem os produtos; e) funcionários capazes de atender aos clientes pelo nome; e f) agradecimento sincero e convite para retornar à loja. Para atingir esses objetivos, identificou cinco processos críticos: a) gestão da marca; b) liderança em estilo; c) liderança em fornecedores; d) disponibilidade de produtos; e e) experiência de compra superior.

A revenda Longo, que atua com as marcas Toyota e Lexus, faz mais de 40 mil chamadas telefônicas a clientes ao ano para acompanhar a compra e a manutenção dos automóveis; três dias depois da venda de um carro novo, um vendedor liga para o cliente (BERRY, 1992; KAPLAN; NORTON, 1997).

Fonte: <http://commons.wikimedia.org/wiki/File:Lexus_Billboard_02.JPG>. Acesso em 12 de março de 2010.

Uma ideia simples

Em 1994, o *chef* de um restaurante de Petrópolis, Dânio Braga, teve a iniciativa de lançar a Associação dos Restaurantes da Boa Lembrança, com a adesão de 14 restaurantes – número que subiu para 93, espalhados por 16 estados mais o Distrito Federal. O Beijupirá, de Porto de Galinhas, Pernambuco, é o que mais vende os pratos decorados, com até 8 mil unidades ao ano. Para ser sócio, o restaurante passa por uma criteriosa seleção, paga R$2 mil de adesão, mais R$160 de mensalidade. As imagens que ilustram os pratos são da artista Olga Maria de Salles Guerra, que elaborou quase 2 mil pratos diferentes decorados para a associação. Ao menos para um grupo de consumidores – há, inclusive, inúmeros colecionadores desses pratos –, os restaurantes associados passam a ser uma referência, embora sua margem de lucro seja relativamente baixa (REIS, 2008).

Programas de fidelização

A Localiza, locadora de automóveis, lançou seu programa de fidelidade no ano 2000. Em oito anos chegou a 1,5 milhão de clientes cadastrados – sendo 500 mil entre 2006 e 2007. A economia aquecida, novas agências e aumento da frota deram suporte ao sistema de pontos: a cada R$300 em aluguel, o cliente ganha um ponto; com 10 pontos, obtém uma diária grátis. Desde o lançamento do programa, cerca de 200 mil diárias haviam sido concedidas (KLINKE, 2008).

Veja em www.elsevier.com.br/marketingparaservicosdesaude
Líder mundial no varejo de móveis a partir do redesenho do papel do consumidor

7.3 ENDOMARKETING

A importância crescente do setor de serviços enseja uma gestão distinta daquela que é realizada com produtos. Entre outras características dessa gestão está a maior importância dada ao pessoal, que realiza a prestação do serviço, diferentemente da produção, que pode ser baseada em equipamento e ter sua qualidade mais facilmente padronizada e controlada. Dessa forma, ganha importância o tema do endomarketing ou marketing voltado para o público interno, para disseminar valores e assegurar que todos na organização estão focados em agregar valor aos serviços prestados aos consumidores. Endomarketing é, portanto, um tema interdisciplinar, ligado a Recursos Humanos, Marketing e à própria Gestão Empresarial. Objetivos do endomarketing (MINADEO, 2008a):

- Facilitar aos empregados o acesso aos gerentes.
- Tornar mais claro e transparente o processo de comunicação interna.
- Fazer todos conhecerem os objetivos da organização.
- Atrair e reter os melhores funcionários, além de diminuir a rotatividade do pessoal.
- Ampliar a participação de todos, propiciando condições para que todo o pessoal possa exercer suas tarefas com orgulho.
- Ampliar a motivação do pessoal, fazendo a empresa valorizar o esforço, a criatividade e a iniciativa de cada um.
- Dotar os empregados de maior liberdade para expor e implementar suas ideias. Mesmo havendo erros – que são inevitáveis –, ocorre crescimento e desenvolvimento pessoal e do trabalho em equipe.
- Integrar a noção de cliente nos processos internos da estrutura organizacional, propiciando melhoria na qualidade de produtos e serviços com produtividade pessoal e de processos.
- Eliminar a burocracia – em especial a falta de comprometimento com a qualidade e a falta de iniciativa. Os processos que não agregam valor, nem ao produto nem aos serviços prestados, devem ser eliminados deixando o pessoal livre para se dedicar à resolução dos problemas dos consumidores.

Sewell e Brown (1993) falam da importância de se contar com conselheiros externos independentes para temas como contratações ou demissões de altos executivos, vendas ou aquisições de empresas ou mesmo para situações de demissões de pessoas que atuam há muitos anos na empresa. Nem sempre esses conselhos são seguidos na íntegra, porém formam um importante norte e auxiliam o tomador de decisões – que, nunca se pode esquecer, nessas horas está sempre sozinho e com toda a responsabilidade nas mãos. Além do mais, situações de crise o farão ter que decidir sob elevado grau de tensão.

Causas frequentes de desmotivação do pessoal:

A) Falta de informação em relação à empresa em que se atua.
B) Desconhecimento da própria performance, por falta de *feedback* da liderança.

C) Impossibilidade de utilizar corretamente as próprias habilidades no trabalho.
D) Desapontamento em função de injustiças na aplicação de premiações ou sanções.

Dificuldades do trabalho em equipe

O trabalho em equipe é apregoado pelas organizações, porém, com frequência, elementos básicos são negligenciados: por exemplo, uma equipe necessita de insumos, e muitas vezes, para manter os custos sob controle, as equipes ficam sem o mínimo para realizar a contento suas tarefas. As premiações por desempenho individual também não funcionam a favor do crescimento dos grupos – que se formam quando existem fortes laços entre seus membros. As boas equipes oferecem cobertura uns aos outros, fixam metas, coordenam ações, trocam mensagens com frequência e se adaptam às mudanças. Isso tudo exige um complexo aprendizado, ou seja, não basta agregar pessoas nem mesmo individualmente talentosas (KOZLOWSKI, 2007).

7.4 SATISFAÇÃO, VALOR E RETENÇÃO DO CLIENTE

A) Uma necessidade é um déficit, uma situação na qual o indivíduo se encontra em um estado de privação de algo. Existe um componente subjetivo: assim, em situações extremas, como em guerras, a busca pela sobrevivência não leva em conta fatos graves de total desconforto. Porém, no cotidiano, o indivíduo está em busca de elementos que representam a entrada em cena de uma possível compra, além de dispor dos recursos. Isso varia desde o ato mais simples, como ir de um lugar a outro, e, portanto, precisar de transporte, ao mais complexo, como um jogador de futebol que apresentou um péssimo desempenho em uma Copa do Mundo e foi considerado "frouxo" por milhões de brasileiros. Para compensar, "cuidou" de sua autoestima com a aquisição de duas Ferraris.
B) Poder-se-ia dizer que ninguém precisa de duas Ferraris, porém o jogador em questão sequer possuía a necessidade de transporte – pelo que representava para o clube, poderia adicionar uma cláusula em seu contrato que incluísse ser buscado em casa. Ademais, uma Ferrari não é simplesmente um "meio de transporte" como o mais comum dos mortais possui, para ir de casa ao trabalho ou buscar

os filhos na escola; trata-se de um produto hedônico, um símbolo de status. Com outras importantes medidas, o desempenho desse mesmo jogador, na Copa do Mundo seguinte, foi fantástico – pode-se perfeitamente admitir que, para sua autoestima, a aquisição dos carros foi uma necessidade ou a realização bem-sucedida de um déficit, e que seu sucesso no campeonato mundial deixou aqueles mesmos torcedores que o haviam xingado extremamente entusiasmados.

É fundamental tratar do elemento humano, base da atividade mercadológica: o que é a autoestima e como ela pode influenciar o ato de comprar, que, às vezes, envolve o gasto de centenas de milhares de dólares? Uma definição completa não cabe aqui, ficando mais fácil compreender seu significado por meio do exemplo apontado: ora, o jogador pode ser jovem, rico, famoso, ter tido importantes realizações, porém, ser julgado como o responsável pela derrota de uma seleção em uma Copa do Mundo, por milhões de pessoas para quem esse evento é muito importante, é o suficiente para derrubar a autoestima, levando a outras sérias consequências na vida profissional, pessoal, familiar e social.

Uma carência é algo que ainda não chegou ao ponto de se materializar, como uma necessidade. Uma demanda é uma carência unida ao poder de compra e à habilidade de realizar a transação.

Produtos, Serviços e Ideias: o ser humano é bombardeado continuamente por ofertas dos mais diversos tipos. Pode-se ver o outro lado da questão: indivíduos que precisam trabalhar e que se esforçam por buscar nichos de mercado não atendidos e que podem satisfazer necessidades reais de grupos de consumidores. Cabe um breve destaque ao fato de que a importância dos serviços é cada vez maior, em função de fatores diversos, como menor tempo livre do consumidor para compras ou preparo de alimentos, o que abre um imenso leque de novas oportunidades, como alimentos pré-preparados. Os serviços possuem menor capacidade de padronização e dependem mais fortemente do caráter dos prestadores de serviços – dos indivíduos – que atuam nas empresas do setor. No campo das ideias, a associação mais simples está na área das eleições, em que, em tese, existem partidos com propostas diferentes para a condução do país pelos próximos anos. Na prática, há limitações rígidas ao governante eleito para impor o que prometeu, em qualquer regime democrático. Porém, grande parte da evolução social e cultural da sociedade consiste em uma troca ou aperfeiçoamento de ideias que fazem parte do patrimônio comum da humanidade – e que não são divulgadas apenas de forma inocente, ou seja, existem em numerosos casos atividades mercadológicas para difundi-las.

Porém, esquecendo o lado da oferta, o consumidor recebe os *inputs* mais variados e que superam sua capacidade de renda, se fossem atendidos em um percentual ainda que mínimo – basta ver os efeitos do crédito fácil nos Estados Unidos e a forte crise provocada pelo fato de que no setor imobiliário os consumidores estavam mais endividados do que poderiam (ao lado de outros fatores que não cabe detalhar aqui). Porém, as necessidades humanas existem, as carências podem ser transformadas em necessidades, e, nesse ponto, entram em jogo os produtos, os serviços e as ideias. Então, para instruir-se melhor e disputar um mercado de trabalho cada vez mais competitivo, entram em cena inúmeros produtos e serviços, como: livros, serviços on-line, cursos de idiomas, convênios com instituições de ensino de outros países, estágios e bolsas para monitoria. E todo esse conjunto para algo ligado a uma única necessidade – e existem muitas. Além disso, o natural desenvolvimento humano faz surgirem novos padrões de vida, que facilitam e permitem a prática de numerosas outras atividades, basta pensar no microcomputador, hoje indispensável. Assim, existe uma situação de natural troca: o consumidor de hoje não é o mesmo de ontem, e usa produtos e serviços que ontem não existiam.

C) Custo, Valor e Transação: essas necessidades, para serem satisfeitas, representam um custo e provavelmente disputarão espaço com outras necessidades, a não ser em casos que envolvam rendas elevadas. Assim, há quem diga que o consumidor considera, ao menos implicitamente, se o custo vai ser compensador. Porém, o consumidor continua sendo humano ao comprar, ou seja, existe uma falsa premissa de que sempre atua com base na análise do custo-benefício em cada compra, visando maximizar sua riqueza. Essa análise pode existir em alguns casos, em alguns consumidores, em algumas compras de maior vulto, porém, muitas situações que fogem a esse padrão – habitualmente rotuladas de "compras por impulso" – ocorrem na vida de praticamente todas as pessoas. Aliás, tornou-se lugar-comum muitos autores atribuírem tais "compras por impulso" apenas às mulheres, como se os homens fossem mais objetivos em seus gastos.

As duas Ferraris citadas anteriormente apontam que a igualdade é completa nesse quesito.

O valor representa algo diverso do custo: esse é objetivo, numericamente deduzido da conta bancária, da carteira ou acumulado no extrato do cartão de crédito. Porém, o valor está mais ligado às duas Ferraris adquiridas naquela penosa situação pela qual passava aquele jogador – ainda que milionário – do que ao custo propriamente incorrido em sua compra. Assim, o valor está relacionado com a satisfação obtida com a compra. Dado que inúmeras características subjetivas incidem sobre o ser humano, não é difícil perceber que a escala de valores é pessoal, varia ao longo do tempo no mesmo indivíduo e ocorre em função de sua renda.

A transação também apresenta custos: tempo para selecionar marca, local de compra, ida à loja, estacionamento, escolha da loja, escolha do produto e eventual prova (no caso de uma peça de vestuário) e o inevitável pagamento. Existem pessoas às quais tudo isso não representa qualquer inconveniente, porém, para outras, nem que seja pelo aspecto do tempo incorrido, esses custos podem impedir certas operações – ou ocorrer em momentos de especial apuro pessoal. Assim, o comércio eletrônico encontrou importante necessidade humana para satisfazer, facilitando a transação para inúmeras categorias de produtos.

A satisfação de um ser humano que teve uma necessidade realizada também não é linear. Uma pessoa com medo de voar pode fazer uma viagem internacional perfeita: avião novo, excelente serviço de bordo; porém, 12 horas com medo, sem sequer se levantar para ir ao toalete, pode representar uma experiência desastrosa. Ora, a companhia aérea dificilmente poderia ter diminuído o medo desse consumidor. Além disso, é fácil imaginar que, em seu lugar, inúmeras outras pessoas teriam sido satisfeitas, ante os mesmos serviços prestados.

D) A retenção do cliente é uma variável complexa. Um consumidor pode ter julgado fantástica uma viagem aérea, porém aquela companhia talvez não esteja nas rotas que ele costuma percorrer ou nos horários mais convenientes para ele. Desse modo, ainda que seja sua companhia preferida, pode ser a menos utilizada. Da mesma forma, um hotel pode ter satisfeito sobremaneira a alguém, porém esse indivíduo pode não voltar a esse local porque esse hotel pode ser membro de uma rede que talvez não possua unidades nas cidades que ele costuma visitar ou estas podem não ser as mais bem localizadas.

Assim, a retenção envolve fatores complexos, inclusive nos produtos: a GM lançou a linha Saturn, nos anos 1980, para combater a hegemonia japonesa dos compactos. Porém, apesar da satisfação dos consumidores, ao retornar, algum tempo depois, para a troca, a marca não oferecia uma linha completa e, desse modo, perdia muitos clientes, que não mais queriam um compacto, mas, por exemplo, um *sport-utility*. O fato de colocar sua linha de produtos de baixa qualidade já feitos por outras unidades da GM simplesmente corroeu o valor de sua marca – que já foi oficialmente declarada para ser descontinuada ou vendida até 2012. Ou seja, apesar do bem-sucedido esforço inicial, por diversas razões a Saturn simplesmente não conseguiu reter seus clientes, que estiveram bastante satisfeitos com os produtos utilizados.

A retenção também sofre de uma variável humana bastante simples: a curiosidade. Ora, o cliente pode estar satisfeito com determinada marca, mas tem vontade de experimentar um lançamento – o que será em função do tipo de produto, de sua renda e da campanha de marketing que trata da novidade. Afinal, o lançamento possui um apelo, e existe a esperança de um produto ainda superior ao que já vem utilizando e com o qual está satisfeito.

Inúmeros textos apresentam dados que mostram ser mais barato reter os atuais clientes do que conquistar outros. Ora, desse modo, a ênfase não pode estar alocada em algum elemento solto, como se fosse o único suficiente para obter tal efeito. Já se viu que um dos objetivos de toda empresa é contribuir para o crescimento de seu pessoal; assim, uma companhia que não esteja procurando isso, no que dependa da boa vontade de seus funcionários para aquele famoso "algo mais" no atendimento, pode esquecer.

Pode-se dizer que um fabricante de *commodities* depende menos dessa variável, e é verdade: possui contratos de longo prazo, de milhões de toneladas ao ano, de produtos feitos mediante processos rigidamente padronizados e automatizados, enfim, o fator atendimento pesa menos. Porém, não é desprezível, e bastaria citar uma situação que ocorreu com executivos da Rio Tinto, mineradora australiana concorrente da Vale do Rio Doce, acusados, em 2009, pela China de espionagem nos últimos seis anos. Ora, caso as acusações cheguem a ser julgadas verídicas nos tribunais, processos automatizados, máquinas, contratos de longo prazo... tudo pode perfeitamente ir por água abaixo, inclusive porque a China está ampliando fortemente sua capacidade interna de produção de minério de ferro, e a Rio Tinto pode não mais ser uma importante fornecedora para sustentar o crescimento chinês. A própria satisfação da China com as milhões de toneladas adquiridas da Rio Tinto nos últimos anos passou a ser um fator de secundária importância.

Assim, a Rio Tinto colocou a perder um de seus maiores clientes – senão o maior – e o que apresenta as maiores possibilidades de crescimento. Isso não foi o efeito apenas de "atividades mercadológicas", ou seja, a empresa é um organismo vivo, na qual aquelas quatro atividades apresentadas anteriormente se integram de modo vital para sua operação. Dado que a situação não está encerrada, não se podem adiantar resultados a respeito da questão, porém, seguramente, mesmo sendo uma produtora de *commodities*, a imagem da empresa saiu arranhada – o que a prejudica na obtenção de novas licenças, em aumentos de capital, enfim, na boa vontade de todos os seus *stakeholders* para continuar operando.

O que pode contribuir para a retenção dos clientes é formado por numerosos pequenos detalhes. Nos produtos industrializados, mais ligados a cumprimento de prazos e itens de conformidade técnica, trata-se mais da confiabilidade do produto, dando-se por suposto a lisura das negociações, como o exemplo da Rio Tinto ilustra. Na prestação de serviços, a gama é imensa e muito mais ligada à qualidade e atenção do atendimento feito de pessoas para outras pessoas, ou seja, levando-se em conta o difícil conceito de empatia. Ora, isso pode significar que uma farmacêutica se adiante e, de acordo com as normas e com a prescrição que tem em mãos, aponte um medicamento genérico, feito por um fabricante confiável e que seja sensivelmente mais barato. A concorrência entre drogarias é imensa, porém, com medidas como essa, aliada à estrutura logística que permita a prática de preços baixos e uma rede de lojas convenientemente próxima dos clientes, a retenção seria um efeito mais fácil, ainda que em compras emergenciais seja inevitável que ocorram compras em lojas concorrentes.

Em outras palavras, a retenção é função, em grande medida, da qualidade da empresa como um todo: da seleção e formação de seus talentos humanos, dos esforços por mantê-los motivados, das inovações em produtos e serviços para procurar surpreender e encantar o consumidor – para não incorrer no erro da Saturn. Além disso, não se podem abandonar os esforços relativos em controlar os preços, manter o produto acessível aos consumidores e buscar continuamente novas e mais baratas fontes de suprimentos com qualidade compatível.

Em todo o tema da retenção dos clientes, existem muitas ferramentas ligadas à Tecnologia da Informação. Sem dúvida, podem ser úteis, porém não se podem esperar milagres, ou seja, para companhias prestadoras de serviços, a qualidade do atendimento possui importância preponderante em relação a receber ofertas personalizadas a respeito dos produtos preferidos. E, como dito anteriormente, esse atendimento é fruto da qualidade da gestão empresarial.

E) Em relação à prestação de serviços, é inevitável a existência de pequenos problemas no relacionamento, como informações desencontradas. Enfim, o consumidor sabe que é um ser humano que será atendido por outros iguais a ele, e tem isso em conta, porém, como consumidor, ele deseja ver os problemas resolvidos e tem direito a isso. Essa pode ser considerada uma das famosas "hora da verdade", nas quais a empresa necessita conceder poder ao pessoal de linha de frente para atender a contento essas rusgas e manter o cliente satisfeito.

F) Assim, a retenção de clientes pode ser considerada um importante coroamento de todo o processo, não apenas mercadológico, mas verdadeiramente empresarial, pois envolve esforços coordenados de todos na empresa, na busca de levar ao mercado produtos e serviços de elevada qualidade, realizando atendimento superior e resolvendo os pequenos problemas que possam surgir no relacionamento.

Referências

ALBRECHT, K. *A única coisa que importa*. São Paulo: Pioneira. 1991.
_____. *Revolução nos serviços*. São Paulo: Pioneira, 1992.
BASSETTE, F. "Paciente com câncer tem enfermeiro de referência em SP". Folha Online, 29 jul. 2009.
BERRY, L. L. *Serviços de satisfação máxima*. Rio de Janeiro: Campus/Elsevier, 1992.
BORBA, V. R. (Org). *Marketing de relacionamento para organizações de saúde*. São Paulo: Atlas, 2007.
BRANDÃO, I. L. "Thomaz e Eunice – uma evocação". São Paulo: Drogaria São Paulo, 2009.
CARLZON, I. *A hora da verdade*. Rio de Janeiro: COP, 1994.
CONNELLAN, T. *Nos bastidores da Disney*. São Paulo: Futura, 1998.
KAPLAN, R. S.; NORTON, D. P. *A estratégia em ação – balanced scorecard*. Rio de Janeiro: Campus/Elsevier, 1997.
KLINKE, A. "Fidelidade 1.0". Valor Online, 18 set. 2008.
KOZLOWSKI, S. W.; ILGEN, D. R. FUCHS, T. "Um por todos, todos por um". *Mente & Cérebro*, v. 15, n. 177, p. 46-51, out. 2007.
MINADEO, R. *Gestão de marketing: fundamentos e aplicações*. São Paulo: Atlas, 2008a.
_____. "Internacionalização da Ikea". *Revista Alcance – Eletrônica*, v. 15, n. 3, p. 378-396 – ISSN 1983-716X, UNIVALI, set/dez. 2008b.
MÜLLER, A. "Orientadas pela educação". *Amanhã*, v. 22, n. 252, p. 16-18, abr. 2009.
PADILLA, I. "Faxineira por um dia". *Época Negócios*, v. 3, n. 31, p. 42, set. 2009.
REIS, G. "Para ficar na lembrança". *O Estado de S.Paulo*, São Paulo, 9 nov. 2008. Caderno Economia, p. 6.
SEWELL, C.; BROWN, P. *Clientes para sempre*. São Paulo: Harbra, 1993.
VILHA, A. M.; DI AGUSTINI, C. A. *E-marketing para bens de consumo durável*. Rio de Janeiro: FGV Editora, 2002.

CAPÍTULO 8

ATIVIDADES PUBLICITÁRIAS NO SETOR

8.1 PROPAGANDA

Uma pequena regra pode ser útil: a comunicação deve ser pensada com a cabeça do público-alvo, ou seja, com suas limitações, temores e restrições quanto ao uso de serviços médicos, além do que, muito naturalmente, ele gostaria de utilizar seus recursos em uma viagem ou em um novo automóvel. Desse modo, por exemplo, o uso de argumentos racionais pode não ser a melhor forma de comunicar algo, embora, uma boa maneira de chegar às emoções das pessoas talvez represente uma tática eficaz de comunicação.

Borba (2007) aponta os seguintes métodos para a divulgação de hospitais, que também podem ser adaptados para clínicas ou outros prestadores de serviços na área:

- Criação de eventos científicos, culturais ou sociais.
- Palestras sobre assuntos de interesse público.
- Publicações de assuntos técnicos e científicos.
- Participação de programas na imprensa.
- Envio de matérias técnicas à imprensa.
- Criação de programas de visitação ao hospital.
- Comemorar datas como o Dia do Médico.
- Promover almoço ou café da manhã com autoridades.
- Elaborar prospectos focados no público-alvo.
- Patrocinar eventos da área.

Em 2004, a Anvisa proibiu a propaganda de remédios que exijam prescrição médica, favorecendo as revistas editadas pelas empresas farmacêuticas (GAZETA MERCANTIL, 6/11/2004). O Laboratório Catarinense – focado em fitoterápicos – publica anualmente o *Almanaque Sadol* desde 1946. Chegou a um pico de 5,5 milhões de exemplares e estava com cerca de 1,3 milhões de exemplares ao ano (GAZETA MERCANTIL, 11/3/2003); desse modo, alcançou uma mídia própria e exclusiva e não foi, portanto, prejudicado por essa norma da Anvisa. As novas regras que regulamentam a propaganda médica aprovadas em 2008 limitam as ações dos propagandistas perante os médicos e se devem ao provimento de informações científicas e às características do medicamento registradas na Anvisa (VIEIRA, 2009).

Outdoor da cerveja japonesa Kirin
Fonte: <http://commons.wikimedia.org/wiki/File:KIRIN_Beer_billboard.jpg>.
Acesso em 12 de março de 2010.

Na crise, faça mais propaganda... pode funcionar

Os hospitais de Chicago fizeram investimentos recordes em propaganda no ano de 2008, em meio à crise iniciada no final de 2007: US$32,4 milhões, com 16% de crescimento sobre o ano anterior. Além disso, houve investimentos em novas unidades, acirrando o clima competitivo. Enquanto isso, em Boston, 99 hospitais gastaram US$18,3 milhões em propaganda em 2008, enquanto os 88 hospitais de Los Angeles gastaram US$27,5 milhões – dados que não incluem a internet.

Algumas situações de alguns *players* de Chicago: a) o Alexian Brothers ampliou seus investimentos em 70%, chegando perto de US$1 milhão, com ênfase no programa de cirurgias de redução de peso; b) a Central DuPage Hospital gastou US$5,5 milhões, o maior investimento local, necessário após ter investido centenas de milhões de dólares em seu campus em Winfield, algo que os consumidores desconheciam; adotou o *slogan* "Always thinking, always caring", alocando US$2,8 milhões em televisão e US$1,6 milhão em rádio, com ênfase em seu programa nacional de cirurgias ortopédicas e a promoção da marca; e c) o Adventist Midwest Health quase dobrou seus gastos, chegando a US$429 mil, em parte pela abertura de sua unidade em Bolingbrooky, o primeiro novo hospital de Chicago dos últimos 30 anos (COLIAS, 2009).

A ética e a propaganda

Em 2009, a FDA ordenou que 14 fabricantes de remédios deixassem de usar o que foi considerado propaganda enganosa em ferramentas de busca na internet, em função de não identificar os nomes dos produtos e de não ser apontados os efeitos colaterais (14..., 2009). Também nesse ano, a agência advertiu a Abott sobre um DVD que estava utilizando, com falas de "Magic" Johnson que minimizavam os sérios riscos do medicamento Kaletra e exageravam sua eficácia. O fabricante Abbott cessou o uso do DVD (FDA..., 2009).

A ética e o apoio aos médicos

A indústria farmacêutica no Brasil, em uma revisão de seu código de ética, decidiu limitar os brindes aos médicos a um terço do salário mínimo, além de vetar viagens em primeira classe e financiamentos de congressos científicos em locais turísticos. Criaram-se penalidades de até R$1,6 milhão para infrações a essas normas. O novo código de ética se encontra no site da Interfarma.

A Anvisa realiza, desde 2005, uma consulta pública para regular a propaganda de remédios que também pode vir a limitar relações abusivas entre médicos e laboratórios.

Nos Estados Unidos, paralelamente, os laboratórios chegaram a um consenso: a partir de 2009, não mais presentearão os médicos com brindes; Diane Bieri, da Pharmaceutical Research and Manufacturers of America, disse que as novas regras não representam uma admissão de que os presentes poderiam influenciar a prescrição dos médicos, porém, significam apenas uma ênfase na natureza educacional da relação entre a indústria e os médicos. Mas diversos críticos ainda julgam que a mudança não foi suficientemente profunda (LEITE, 2008; SINGER, 2008).

Quando a ética é deixada de lado... pode sair caro...

Em 2009, veio à tona, mediante investigação do Senado dos Estados Unidos, que o Forest Laboratories realizou um plano de ação em 2004 para promover seu antidepressivo Lexapro mediante rebates dos psiquiatras que o prescreviam – devolvendo a eles parte da diferença sobre o tratamento mais barato da concorrência. Igual procedimento teria sido feito com o Celexa – para depressão infantil. O Lexapro apresentou US$2,3 bilhões em receita em 2008, sendo bem mais caro que os genéricos já consagrados no mercado: tratamento ao consumidor de US$87,99 ao mês contra US$14,99 do Prozac (HARRIS, 2009). Além da completa falta de ética do laboratório, caso a investigação se mostre correta, os médicos também não estão isentos de serem acusados de atitude fortemente antiética, e, portanto, podem perder, ao menos parcialmente a confiança de seus pascientes.

Em 2009, a Pfizer concordou em pagar US$2,3 bilhões para encerrar alegações de estar comercializando ilegalmente seu analgésico Bextra, que foi retirado do mercado, e outros medicamentos. Foi o maior acordo do tipo na área da saúde e a maior pena de qualquer tipo em acordos de todos os tempos; além disso foi o quarto acordo desse fabricante desde 2002 – o que motivou o elevado valor da penalização. O acordo foi possível em função de que vários funcionários foram à Justiça denunciar as práticas ilegais, e, com as penas, foram beneficiados financeiramente. O Bextra fora aprovado em 2001 pelo FDA para tratar artrite e cólicas menstruais; mas a Pfizer instruiu seus vendedores a dizer aos médicos para o prescreverem como analgésico em casos de dores agudas e cirúrgicas. Em 2005, o medicamento foi retirado.

Entre outras ações, a Pfizer levava os médicos a encontros em caros *resorts*, com as despesas pagas, e um adicional apenas por comparecerem aos eventos.

Em janeiro de 2009, a Eli Lilly concordara em pagar US$1,4 bilhão em situação semelhante, por seu medicamento Zyprexa – um antipsicótico (HARRIS, 2009a; HARRIS, 2009b).

A crise leva a mudar o tom, visando sintonia fina no processo de comunicação

Com a crise de 2007-2008, muitos anunciantes perceberam a necessidade de alterar o tom de suas mensagens publicitárias, pois o consumidor também mudou: busca economizar, acima de quaisquer outros apelos. Assim, deixou-se de alardear produtos por meio de uma linguagem utilizada para falar com os ricos, já que agora esses produtos podem ser adquiridos pela classe média, e passou-se a enfatizar as inúmeras categorias dos produtos e as vantagens econômicas intrínsecas a ele (CLIFFORD; ELLIOTT, 2008).

Simplicidade: arma letal para enfrentar a concorrência

"Ao dizer a verdade, da maneira como você a vê, há mais chances de as pessoas concordarem com você", diz Peter Souter, do conselho de criação da agência BBDO. Essa simplicidade contraria os apelos que enaltecem as marcas, que nem sempre correspondem à realidade. Souter ajudou a acumular, para a AMV BBDO, mais de 500 prêmios de criação, em 17 anos. Disse que a publicidade se fortalece quando dá boas razões para comprar: "É preciso oferecer algo tão bom quanto se promete, não enfatizar maus comportamentos, não usar linguagem rude e ser espirituoso." Para ele, intuição e experiência pessoal são mais confiáveis do que estatísticas e pesquisas, embora alguns números não possam ser ignorados (MADUREIRA, 2008).

Credibilidade na propaganda

O publicitário Alex Periscinoto foi chamado para fazer um anúncio de sabão em pó e escolheu a atriz Tônia Carrero. O produto não vendeu porque o perfil da Tônia não combina com o de uma mulher que lava roupas. Faltou identificação: é preciso passar credibilidade, não soar falso e evitar que as pessoas comentem: "Eu não acredito que a Tônia Carrero lave roupa." Alex foi procurado para assistir a um audiovisual sobre crianças excepcionais, e decidiu ajudar. Fizeram as primeiras campanhas para uma feira da bondade que tinha o tema "Ajude os excepcionais. Deus está vendo". Erro: ninguém queria ajudar por ajudar, mas descobriram que poderiam motivar as pessoas a comprarem, por exemplo, uma calça *jeans* pela metade do preço. Então por que não unir as duas coisas e anunciar produtos mais baratos que os do mercado, à venda na feira da bondade? Ao comprar, as pessoas na verdade estão fazendo um donativo para as crianças da Apae (PERISCINOTO, 1996). O pior: alguns anos depois, o sabão em pó Ariel foi lançado no Brasil com uma importante jornalista como garota-propaganda. Os efeitos foram os mesmos. Enfim, parece que é preciso errar pessoalmente, ou seja, é muito difícil aprender com os erros dos demais – como se intitula o livro do publicitário em questão.

O poder contraproducente da propaganda negativa nos cigarros

As advertências sobre o uso do cigarro não só fracassam em desestimular o fumo mas encorajam os fumantes a manter o hábito, segundo o publicitário Martin Lindstrom (SARAIVA, 2009). Além disso, o governo não apresenta a menor preocupação com dezenas de fábricas de cigarros clandestinos nos países vizinhos, que enviam produtos de qualidade criminosa e burlam os pesados impostos que os fabricantes nacionais recolhem no momento que o produto sai da fábrica. Em outras palavras, se a tão alardeada pirataria de CDs e DVDs é crime, aquela referente aos cigarros adulterados é um pouco pior, pois atinge um produto com uma imensa faixa tributária, além de apresentar efeitos colaterais extremamente graves. Assim, parte importante do esforço do governo em coibir o tabagismo deveria ser aplicada em uma eficaz proibição da venda desses produtos clandestinos.

Propaganda inserida em filmes ou novelas – vulgarmente denominada *merchandising*

O cineasta Steven Spielberg vendeu anúncios dos doces Hershey no roteiro de "ET – O Extraterrestre". Para que o personagem-título saísse de um esconderijo, o garoto Elliot usa bombons da marca para atrair o ET. As vendas do produto triplicaram na semana após o lançamento do filme (SARAIVA, 2009).

8.2 POSICIONAMENTO

O posicionamento surgiu como resposta à necessidade de se obter maior eficácia no processo de comunicação, porém, sendo a comunicação uma importante atividade mercadológica, o conceito extrapolou a comunicação, servindo de guia muitas vezes para todo o composto mercadológico (OLIVEIRA; CAMPOMAR, 2007). Para a construção de uma forte marca, é necessário apresentar ao consumidor uma proposta que contemple: a) um posicionamento amplo; b) um posicionamento específico; e c) um posicionamento de valor. Esses elementos devem possuir sintonia, no sentido de poder ser reunidos para o desenvolvimento de uma proposta total de valor. Além disso, é preciso investir propriamente na construção de marca, através de ferramentas como nome, associações e promessas fortes e administração de todos os contatos dos clientes com a marca (MINADEO, 2008).

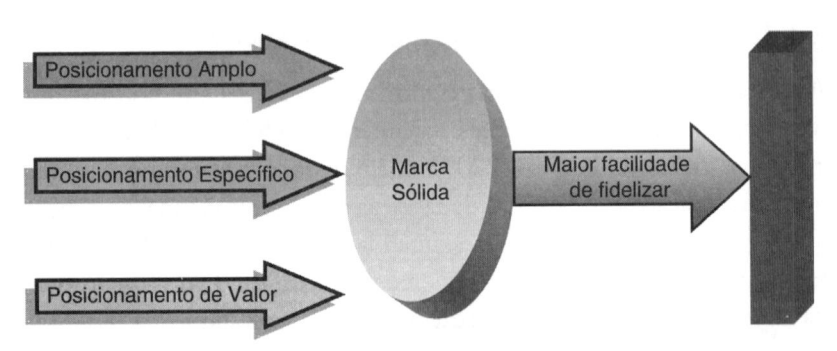

Figura 1 – Elementos necessários para a construção de uma forte marca. Fonte: Minadeo, 2008.

Bridges, Keller e Sood (2000) afirmam que as marcas se posicionam de duas formas: baseadas ou não baseadas em associações com atributos. Apesar de as marcas poderem ter associações dos dois tipos, a maior parte delas, segundo os autores, segue um desses dois padrões. Assim, em relógios, a Swatch se posiciona de acordo com a adequação de seus usuários em relação à moda. Apontam que os concorrentes Fossil e Timex são posicionados, respectivamente, em relação à aparência de "relógio com aparência de pedra" e de confiabilidade.

8.3 RELAÇÕES PÚBLICAS

O setor de prestação de serviços de saúde é formado por numerosas pequenas e médias companhias que apresentam condições limitadas de investir em publicidade, procurando normalmente dirigir esses recursos a mídias específicas que atingem seus públicos-alvo. Porém, para qualquer porte de companhia, a atuação na área de Relações Públicas – ainda mais no campo da saúde – não pode ser negligenciada e pode ser desenvolvida com recursos modestos.

As empresas e as organizações em geral estão inseridas na sociedade e possuem, portanto, diversos públicos aos quais precisam atender, como: governo e diversas agências governamentais, consumidores, investidores de diversos tipos, comunidades, vizinhos, fábricas e escritórios, concorrentes distribuidoras ou varejistas e organizações não governamentais. Desse modo, a empresa necessita de boa vontade desses diversos públicos para continuar exercendo suas atividades.

Alguns temas são especialmente condizentes, como aqueles ligados ao meio ambiente, de modo especial a matéria-prima de origem florestal ou companhia que utiliza recursos materiais. A atividade de relações públicas, portanto, visa promover e proteger a imagem da organização, baseando-se em atitudes transparentes perante seus públicos. De modo especial, nos momentos de crise, a atividade de relações publicas mostra sua importância. Um exemplo foi o acidente da Gol, de 2006, em que a companhia disponibilizou cerca de 300 funcionários para lidar com os assuntos ligados à crise, de tal modo que sua imagem não saiu arranhada com o episódio, dado que a empresa atua com total transparência. O que o episódio ilustra é o fato de que os consumidores esperam das organizações uma atitude humana, que respondam, com total franqueza, às dúvidas que surjam a respeito de sua conduta ou relacionada com diversos tipos de crise.

Assim, a atividade de relações públicas vem a ser a ciência e a arte de adequar-se ao clima das relações entre as pessoas e as instituições da sociedade, compreendendo-o e influenciando-o. Realiza a comunicação da empresa com seus acionistas, empregados, distribuidores, fornecedores, órgãos do governo. A empresa necessita dizer a esses públicos o que está fazendo, de que modo e com que finalidade, procurando criar opinião e atitude positiva para seu trabalho. Essa atividade utiliza as ferramentas da comunicação de massa, bem como o relacionamento interpessoal, escolhendo personalidades influentes da sociedade.

Um princípio importante para nortear a atividade de relações públicas – especialmente realçado depois dos problemas recentes das empresas norte-americanas lideradas por Enron e Arthur Andersen – é que a verdade deve ser dita mesmo que seja dolorosa. Ou seja, traz mais confiança a transmissão de uma verdade dura do que a de uma gostosa mentira.

A atividade de relações públicas pode transcender o que habitualmente se entende como ligado a essa área:

- O empresário Mário Amato obteve a marca Drury's e passou a produzir esse uísque no Brasil. No início, a marca tinha que enfrentar a tendência da época que era apenas valorizar o uísque importado. Amato convenceu diversas pessoas influentes a pedirem apenas Drury´s nos lugares mais importantes da noite paulista, para que a marca viesse a ganhar status. Essas pessoas, inclusive, se recusavam tomar uísque se não houvesse Drury's na casa.
- Depois de a Coca-Cola sair da Índia, a Pepsi ofereceu ajuda para as exportações de produtos agrícolas do país (em volume superior ao da compra do seu xarope), o desenvolvimento rural, a transferência de tecnologia de processamento de alimentos e o tratamento de água. Enfim, a Pepsi visou, com todas essas medidas, à obtenção do apoio de grupos diversos, para criar uma opinião pública favorável em um momento crítico – justamente a saída de uma empresa de seu ramo de atuação.

Ações de relações públicas em saúde

1) Mediante pesquisas, o profissional será capaz de diagnosticar a situação da organização e propor ações preventivas e/ou corretivas. Exemplos: pesquisa e auditoria de opinião, pesquisa e auditoria institucional, auditoria de imagem, auditoria da comunicação organizacional etc.

2) Comunicação dirigida escrita: publicações (revistas, manuais e boletins), folhetos, cartazes, *folders*, *banners*, jornal mural, comunicação visual, mala direta que agilizem a circulação de informações entre gestores, profissionais, funcionários e usuários, integrando esses públicos no cotidiano da instituição.

3) Realização de eventos: a) socioculturais, para integrar pacientes e funcionários aos acontecimentos sociais; culturais e educativos externos à organização; b) técnico-científicos: congressos ou simpósios; c) administrativos: posses e inaugurações; e d) campanhas educativas, exposições, mostras e programas de visita à instituição (DIAS, 2008).

Diferenciando um serviço de maternidade

Uma rede hospitalar da capital federal possui um serviço diferenciado que atrai muitos clientes, em especial gestantes: a transmissão simultânea do parto. Ocorre da seguinte forma: o familiar, que normalmente aguarda do lado de fora do centro obstétrico a chegada de um novo integrante da família, pode, em tempo real, assistir ao parto pela televisão do apartamento onde a futura mamãe está internada.

O hospital coloca à disposição esse serviço para os familiares previamente autorizados pela parturiente. Enquanto a mamãe está na sala de parto, normalmente acompanhada pelo companheiro, os avós, por exemplo, podem assistir pela televisão ao nascimento do neto. Esse recurso, que não deixa de ser uma estratégia de marketing empresarial, atrai muitas gestantes.

Outro fato interessante é que, após uma hora do término do parto, um vídeo compacto é postado na internet para que familiares e amigos distantes possam também participar desse momento. Os pais do bebê que acaba de chegar é que fornecem o login e a senha para quem lhes for conveniente (Juliana Wolff Bueno Maddarena – mestranda de Administração da Unieuro).

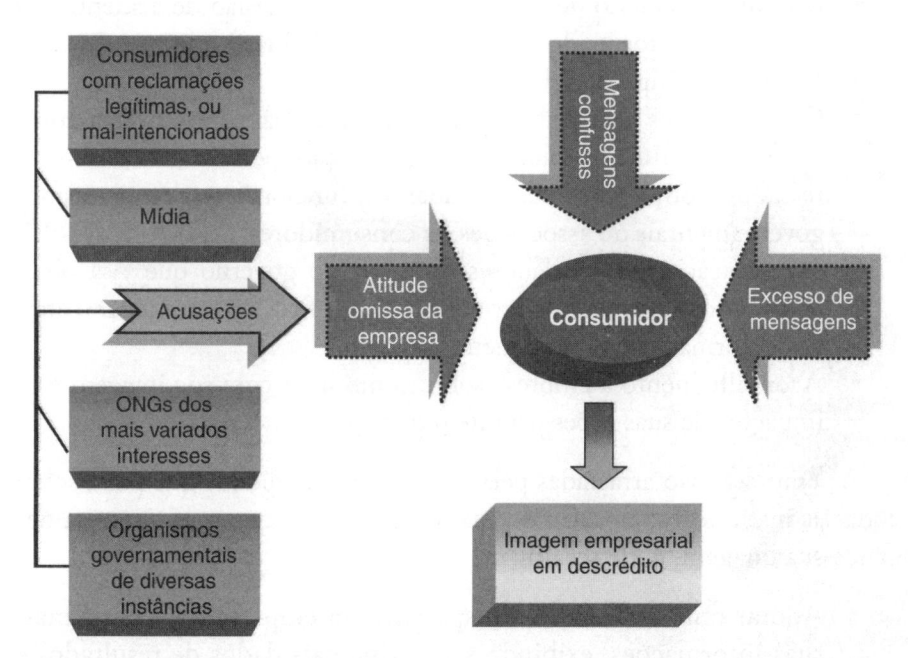

Figura 2 – Fatos que levam ao desgaste da imagem empresarial. Fonte: Minadeo (2008).

Objetivo da atividade de relações públicas

Criar uma atitude de boa vontade nos diversos públicos com quem a organização se relaciona. Não tem por finalidade controlar o público, mas ajudar as organizações a se comunicarem com ele. Em especial, nota-se o valor das relações públicas para solucionar um mal-entendido, atenuar preconceitos, antecipar-se a possíveis ataques, relacionar-se com organizações diversas que se opõem às atividades empresariais e obter um tratamento justo por parte de órgãos do governo. Kuazaqui e Tanaka (2008) acrescentam que a atividade de relações públicas ajuda a criar uma imagem favorável, com o que: a) promove uma imagem de qualidade que atrai novos consumidores; b) mantém os atuais consumidores; e c) sensibiliza o público formado por patrocinadores diversos, que não podem ser negligenciados pelas instituições de saúde.

Principais atividades de relações públicas

- Relacionamento com a imprensa: significa repassar informações de interesse público.
- Atrair a atenção sobre a organização e seus produtos.
- Minimizar o efeito de críticas surgidas por ocasião de acidentes ou comportamentos inadequados de pessoas ligadas à empresa.
- Enfrentar campanhas difamatórias.
- Comunicações corporativas: criar informes para promover a compreensão do funcionamento da organização, perante todos os interessados, como jornalistas, estudantes, funcionários de organismos governamentais ou associações de consumidores.
- *Lobby*: ação com legisladores e órgãos do governo que visa obter apoio a novos projetos, criar normas específicas ou minimizar o efeito de normas que prejudiquem o setor.
- Aconselhamento à empresa sobre como lidar com sua imagem e os impactos de suas ações perante o público.

As empresas são arrastadas pela onda de incredulidade que paira sobre todas as instituições, ameaçando sua imagem. Para que uma empresa defenda sua imagem, pode ser útil:

- Adotar uma atitude de transparência: a empresa deve abrir mais suas informações, exibindo seus principais dados de resultados e fazendo análises da conjuntura. Dado que é difícil saber onde está

a informação verdadeira, é aconselhável a franqueza e disposição para uma conversa sincera com a imprensa e organismos governamentais, tendo-se em conta que a informação verdadeira acaba por prevalecer.
- Utilizar uma linguagem centrada em torno da exibição de seus produtos: a quantidade de produtos que fabrica e sua tradição constituem pontos importantes numa programação de transparência.
- Estar de prontidão e ser ágil: as empresas devem ser rápidas nas respostas, prontas para atender às demandas jornalísticas e sociais – especialmente em momentos de crise.
- Acompanhar as tendências: permite que a empresa use uma linguagem adequada e direta a seu público-alvo, portanto mais clara e transparente.

Outras ações ligadas à atividade de relações públicas

- Apoio a causas sociais.
- Envolvimento com ações de preservação do meio ambiente.
- Patrocínio ao esporte.
- Criação de eventos exclusivos das empresas dirigidos a seus clientes atuais ou potenciais.
- Os projetos que envolvem a comunidade são cada vez mais importantes.

Princípios que orientam as ações de relações públicas

Uma empresa atua inserida em uma determinada sociedade, influenciando-a pelas ações que promove. Desse modo, cabe à sociedade estar informada sobre as ações da empresa e cabe a esta assumir com responsabilidade seu papel nesse grupo de pessoas, sabendo que não pode omitir-se em relação aos anseios legítimos do grupo.

A transparência das ações empresariais gera credibilidade. É cada vez mais claro que em uma sociedade na qual a imprensa atua livremente, em que milhões de pessoas conhecem os fatos, é necessário atuar de forma transparente, inclusive com coragem para apontar as próprias falhas, bem como as soluções que estão sendo implementadas. Por exemplo, muitas vezes, a contabilidade – ainda que auditada por companhias especializadas – não mostra as contas da empresa a seus acionistas ou credores.

Principais públicos-alvo das atividades de relações públicas

- Líderes de opinião, nacionais ou locais.
- Funcionários e seus familiares.
- Comunidades locais.
- Órgãos do governo, incluindo parlamentares e organismos administrativos.
- Meios de comunicação social.
- Clientes atuais e potenciais.
- Círculos empresariais, financeiros e fornecedores.
- Universidades e centros de pesquisa.

Meios para atingir os próprios funcionários e familiares

- Publicações internas: muitas companhias editam periódicos focados nesse público.
- Atividades destinadas às esposas dos executivos: nada mais natural do que realizar eventos dirigidos a elas, dado que esse público é intensamente influenciado pela vida da companhia.
- Programação de dias de visita dos familiares dos empregados às instalações da companhia.

Fatos que levam ao desgaste da imagem de uma empresa

- Emitir muitas mensagens, sobretudo se vão de encontro aos produtos que vende.
- Emitir mensagens que não se coadunam com os produtos e serviços prestados.
- Não responder claramente a insinuações de conduta irregular nos negócios, permitindo, dessa forma, algum tipo de desgaste na credibilidade.

Veja em www.elsevier.com.br/marketingparaservicosdesaude

Quando as relações públicas substituem a propaganda
A Kellogg faz as pazes com a FTC
Saudável acordo para restringir a publicidade infantil
A Anvisa cancela o registro de um medicamento

Princípios no relacionamento com a imprensa

- Compreender a função do jornalista.
- Não recorrer à imprensa demasiadamente cedo.
- Não gravar a imagem errada.
- Aprontar a infraestrutura.
- Reunir-se com um jornalista de cada vez.
- Olhar para além dos produtos.
- Ser honesto com relação a notícias ruins.
- Utilizar a alta direção.
- Instruir a mídia (MC KENNA, 1989).

8.4 APOIO A CAUSAS SOCIAIS

É cada vez mais comum e necessário que as empresas apoiem causas sociais. O governo possui suas naturais limitações. Organizações não governamentais se multiplicam e contam com a imensa boa vontade de muitos cidadãos. As empresas, por outro lado, não podem ficar passivas ante os problemas das comunidades em que vivem e das quais são provenientes seus recursos humanos e seus consumidores.

Ao apoiar as causas sociais, as empresas precisam identificar os problemas mais prementes da comunidade local. Nunca faltarão problemas: fome, habitação, idosos mal-assistidos, poluição, educação para crianças carentes etc. A empresa precisa decidir que causas apoiar. Isso significa que muitas não serão apoiadas. Não há outro remédio. É preciso saber dizer não a diversas solicitações que não são prioridades da empresa. Em seguida, é necessário escolher as instituições que cuidam dessas causas e que possuem credibilidade suficiente para receber apoio institucional. Caso não haja instituições com essas características, talvez seja o caso de criar uma nova, junto com outras pessoas da comunidade.

Programas sociais apoiados por empresas

- A Reebok fez uma campanha com a Anistia Internacional em 1988 para comemorar os 40 anos da Declaração Universal dos Direitos Humanos, investindo cerca de US$10 milhões em uma turnê de astros do rock em vários países (PRINGH; THOMPSON, 2000).
- Entre 1992 e 2002, a Avon arrecadou cerca de US$250 milhões para aplicar em programas de prevenção, diagnóstico precoce e tratamento

do câncer de mama, em todo o mundo. Essa ação é consistente com seu público-alvo e teve importante impacto na promoção de sua marca.

Patrocínio de eventos, atividades culturais e esportivas: o papel do patrocínio de eventos

- Proporcionar algo diferente a um grupo de interesse da companhia.
- Causar impacto positivo da mídia.
- O patrocínio de eventos é mais bem recebido pelo público do que os simples anúncios de produtos ou serviços.
- Gerar algum retorno de cunho social à comunidade em que a companhia atua.
- Aproveitar incentivos proporcionados pela legislação.

Objetivos no patrocínio a projetos culturais (REIS, 2003)

- Estabelecer comunicação direta com o público-alvo.
- Atrair, manter e treinar recursos humanos.
- Estabelecer relações duradouras com a comunidade.
- Reforçar ou aprimorar a imagem corporativa ou da marca.
- Manter ou incrementar o conhecimento da marca ou da empresa.
- Potencializar o composto de comunicação.

Destaques no apoio à cultura

- O Laboratório Cannone, detentor da marca Pastilhas Valda, patrocinou o FestValda entre 1991 e 1999, chegando a reunir cerca de cem bandas do país. No período, a receita da empresa subiu de US$2 milhões anuais para quase dez vezes isso (GAZETA MERCANTIL, 8/11/2000).

Riscos do patrocínio de eventos

- Os organizadores do evento permitem a participação de não patrocinadores, reduzindo o impacto dos investimentos realizados.
- Um evento pode ter uma verdadeira multidão de patrocinadores, ficando difícil comunicar algo ao consumidor.
- Dificuldade de ser mensurada a cobertura ou o retorno de um evento.
- Riscos diversos derivados de organização deficiente.

8.5 PROMOÇÕES

A promoção de vendas consta de ferramentas de incentivo de curto prazo para estimular o consumidor a comprar um produto. A propaganda oferece razões para comprá-lo, a promoção força a que se compre já – dado que inúmeras decisões de compra de produtos são feitas no ponto de venda. Assim, a promoção complementa a ação da propaganda, para catalisar a decisão de compra. Um importante pré-requisito para o sucesso das promoções de vendas é obter apoio dos distribuidores e revendedores.

O consumidor não se move apenas pela lógica. A decisão de compra não é uma análise fria entre os diversos atributos de cada produto ou serviço. Isso apenas ocorre nas compras realizadas pelas pessoas jurídicas; porém, mesmo nesses casos, há espaço para um componente pessoal: confiança, simpatia do representante de vendas, tradição da marca, relacionamento entre o fornecedor e comprador. A promoção de vendas é útil para levar os consumidores a experimentar, mas não é suficiente para que haja a adoção do produto, substituindo-se a marca anterior. Depois de conhecer o produto, a troca apenas se dará caso seus atributos sejam superiores aos concorrentes, no mesmo nível de preços (MINADEO, 2008).

Para orientar o paciente cardíaco a ter uma vida mais saudável, a Sanofi-Aventis lançou o livro *Comida que cuida 3 – receitas e histórias para você fazer as pazes com o seu coração*. Trata-se do terceiro livro da coleção Comida que Cuida e procura abordar os temas mais complexos: estresse, sedentarismo, tabagismo e o excesso de sal e de gorduras. Ao todo apresenta mais de cem receitas. Hospitais com programas de atendimento ao cardíaco podem solicitar exemplares gratuitamente (SANOFI..., 2009).

Em junho de 2009, a Anvisa suspendeu em todo o país a veiculação de campanhas publicitárias que realizavam concursos culturais para promover os medicamentos Anador e Aspirina, de venda livre. (ANVISA..., 2009; BASSETTE, 2009).

Referências

"14 drug makers told to stop using some internet ads". The New York Times Online, 3 abr. 2009.
"ACORDO aumenta restrição à publicidade para crianças". O Estado de S.Paulo Online, 25 ago. 2009.
"ANVISA faz Danone mudar marketing do Actimel". Valor Online, 12 jul. 2009.
"ANVISA proíbe a venda e propaganda do Atroveran Plus". Folha Online, 24 ago. 2009.
BASSETTE, F. "Anvisa veta campanhas de remédios que dão prêmios". Folha Online, 10 jun. 2009.
BORBA, V. R. (Org). *Marketing de relacionamento para organizações de saúde*. São Paulo: Atlas, 2007.
BRIDGES, S.; KELLER, K. L.; SOOD, S. "Communication strategies for brand extensions: enhancing perceived fit by establishing explanatory links". *Journal of Advertising*, v. 29, n. 4, p. 1-11, Winter/2000.
CLIFFORD, S.; ELLIOT, S. "Goodbye seduction, hello coupons". The New York Times Online, 9 nov. 2008.

COLIAS, M. "Recession fuels hospital ad blitz". Chicago Tribune Online, 15 ago. 2009.
DIAS, P. R. M. O relações-públicas no processo de humanização da assistência em saúde: o caso do Hospital Universitário da Universidade Federal do Maranhão. Congresso Brasileiro de Ciências da Comunicação, 31. Natal, 2008. Intercom – Sociedade Brasileira de Estudos Interdisciplinares da Comunicação.
"FDA dunks Abbott DVD". Chicago Tribune Online, 23 jul. 2009.
HARRIS, G. "Pfizer pays $2.3 billion to settle marketing case". The New York Times Online, 3 set. 2009.
HARRIS, G. "Document details plan to promote costly drug". The New York Times Online, 1 set. 2009.
"KELLOGG to settle FTC charges of false advertising". Los Angeles Times Online, 20 abr. 2009.
KUAZAQUI, E.; TANAKA, L. C. T. *Marketing e gestão estratégica de serviços em saúde*. São Paulo: Thomson, 2008.
LEITE, F. "Resorts e viagens de 1ª classe são vetados". *O Estado de S.Paulo,* São Paulo, 26 out. 2008, Caderno Vida&, p. A 16.
MADUREIRA, D. "Verdade e leveza vendem, diz Souter, da BBDO". Valor Online, 22 ago. 2008.
MC KENNA, R. *Estratégias de marketing em tempos de crise.* Rio de Janeiro: Campus/Elsevier. 1989.
MINADEO, R. *Gestão de marketing: fundamentos e aplicações.* São Paulo: Atlas, 2008.
OLIVEIRA, B.; CAMPOMAR, M. C. "Revisitando o posicionamento em marketing". – *Revista de Gestão*, São Paulo: USP, REGE, v. 14, n. 1, p. 41-52, jan.-mar. 2007.
PERISCINOTO, A. *Mais vale o que se aprende que o que te ensinam.* São Paulo: Edit. Best Seller. 1996.
PRINGH, H.; THOMPSON, M. *Marketing social.* São Paulo: Makron. 2000.
REIS, A. C. F. *Marketing cultural.* São Paulo: Thomson. 2003.
"SANOFI-Aventis orienta cardíacos". Monitor Mercantil Online, 4 fev. 2009.
SARAIVA, J. "Anúncio com apelo sexual pode não ser uma boa ideia". Valor Online, 28 mai. 2009.
SINGER, N. "No mug? Drug makers cut out goodies for doctors". The New York Times Online, 30 dez. 2008.
VIEIRA, A. "'Há estudos com boa resposta', diz laboratório no país". Valor Online, 16 jan. 2009.

CAPÍTULO 9

IMPORTÂNCIA DA CONSTRUÇÃO DA MARCA

9.1 INTRODUÇÃO

Keegan e Green (1999) e Aaker (1984) relatam que a Matsushita foi a pioneira no Japão em adotar marca para seus produtos, no caso, a National, diferente do próprio nome institucional da empresa. Além disso, criou uma rede de lojas próprias no Japão, com a bandeira National, que foi uma estratégia de distribuição pioneira; com 25 mil lojas National, a rede vende as marcas Panasonic, Technics e Quasar. Metade das vendas nacionais da Matsushita é oriunda dessa rede, que tem de 50% a 80% de seu estoque de marcas da Matsushita. Outros produtores japoneses de eletrônicos de consumo, como Toshiba e Hitachi, possuem alianças semelhantes, porém a rede de lojas da Sony é bem mais fraca.

Segundo Basu (2006), as duas dimensões que determinam uma estratégia de marca dos produtos de uma empresa são: sua oferta e sua mensagem. A oferta significa o produto ou serviço em questão. Pode ser um produto ou serviço singular, uma linha diferenciada ou com alguma qualidade especial. A oferta envolve uma opção para a empresa: escolher o mesmo produto para todos os segmentos ou criar itens diferentes, de acordo com os diversos segmentos. A mensagem significa a posição de mercado dos produtos que a empresa deseja atingir, levando em consideração os benefícios oferecidos ao consumidor e a diferenciação em relação à concorrência. Também existe uma alternativa: utilizar a mesma mensagem para todos os públicos ou diferenciar conforme o segmento escolhido.

Berthon e Hoolbrook (2003) afirmam que para cada marca existe um padrão de associações que constituem sua herança. Apresentam o exemplo da cervejaria Guinness, que, ao buscar consumidores jovens por todo o mundo, ajudou a criar uma rede mundial de dois mil *pubs*, que procuram replicar a experiência do *pub* irlandês.

Para Aaker (2002), o valor da marca está ligado ao quanto as pessoas pagam por seus produtos – sendo, portanto, preciso considerar o valor na mente dos consumidores. Ele defende que os elementos vinculados a um nome ou símbolo são agrupados em quatro dimensões: a) reconhecimento ou visibilidade; b) qualidade percebida; c) associações da marca na mente do consumidor; e d) fidelidade do consumidor. Martins (2004) afirma que a construção da imagem da empresa é formada por vários fatores, entre eles a construção da imagem promocional pela propaganda. Porém, a criação da identidade corporativa (representada pela marca da organização e pelas aplicações em sua identidade visual) cabe ao *design*.

John F. Sherry Jr. cunhou a expressão "retromarketing", querendo significar o esforço de relançamento e de reencontro do significado para o público de marcas que estiveram por algum tempo fora do mercado. Aponta o exemplo do New Beetle, um produto completamente novo que se apoia na garantia da nostalgia da marca, que fora de grande sucesso, de tal modo que se pode afirmar que o sucesso do Fusca fez da marca um verdadeiro ícone, e, portanto, um ativo capaz de ser relançado.

Alguns especialistas em estudos ligados à memória – Kathy LaTour, Elizabeth Loftus e Rhiannon Ellis – perceberam a possibilidade de que campanhas publicitárias apoiadas em elementos nostálgicos façam o consumidor exaltar o passado de tal forma que atribua a certas marcas algumas características às quais jamais aspiraram (WALKER, 2008). A momentânea descontinuidade da marca Varig em nosso país teve essa conotação: inúmeros consumidores – que normalmente jamais haviam voado com essa empresa – falavam dela como uma excelente prestadora de serviços, pois, na verdade, estavam exaltando qualidades fictícias ou, ainda, julgando fraco o atendimento das companhias reais, mas que cobravam baixos preços. Em consequência, essas empresas não comunicavam às suas marcas qualquer *glamour* – algo que alguns consumidores sonham.

Shocker, Srivastava e Ruekert (1994) apontam os seguintes desafios na gestão de marcas: a) evolução das necessidades dos consumidores; b) acirramento da concorrência pela presença de *players* globais; c) abertura de novos mercados territoriais; d) crescente desregulamentação dos mercados;

e) redução dos custos; f) aceleração das mudanças tecnológicas; g) papel crescente e independência dos canais de distribuição; e h) pressão dos investidores por aumento de receitas e lucros.

Vallaster e Chernatony (2005) afirmam que a construção de marcas em serviços implica comprometimento dos funcionários, mais do que qualidades funcionais intrínsecas; e que o sucesso das marcas de serviços depende, de modo crítico, do constante reforço dos valores da empresa por parte do corpo de funcionários e da liderança. Também afirmam que para garantir um comportamento consistente do funcionário, é necessário que este possua um aprendizado sobre os diferentes papéis exercidos pelos demais membros da organização. Além disso, apontam que o comportamento dos funcionários, alinhado aos valores da empresa, permite uma transferência das promessas da marca aos consumidores, nos pontos de contato ou nas "horas da verdade" – conforme Carlzon (1992) apontara.

Doutorando e garoto-propaganda

Segundo o Ibope, os dentistas são os profissionais mais valorizados pela população, apenas atrás dos bombeiros. Assim, Ricardo Horliana, de 37 anos, aluno do doutorado em Ortodontia da USP, participou de programas de auditório para falar de prevenção a problemas bucais e da vantagem de certa marca, da qual ele é garoto-propaganda. O presidente do Conselho Federal de Odontologia, Miguel Nobre, diz que um profissional pode fazer propaganda, desde que ela seja verdadeira (LEITE, 2008).

Veja em www.elsevier.com.br/marketingparaservicosdesaude
Construção da marca pela internet

9.2 MARCA: DEFINIÇÃO DA IDENTIDADE EMPRESARIAL

Em 2009, a Petrobras renomeou sua filial da Argentina: saiu o nome Petrobras Energia e entrou Petrobras Argentina, para evitar confusões com os acionistas, que julgavam comprar ações da Petrobras ao adquirir papéis de sua filial do país vizinho, pois há empresas de petróleo em que energia faz parte de suas identidades corportivas (MOREIRA, 2009). Desse modo, a marca possui um papel inicial de comunicar ao público quem a empresa é – e, se possível, facilitar ao público-alvo a identificação sobre suas atividades e ativos-chave.

9.3 PROCESSOS DE CONSTRUÇÃO DA MARCA

Dois exemplos da indústria automobilística são representativos:

A) A Hyundai enfrentou dificuldades nos Estados Unidos por ser percebida como marca de produtos baratos, após sua introdução nesse mercado, em 1986. Um estudo da Brand Keys Loyalty Index aponta a marca como a décima entre 13 montadoras, no quesito lealdade, apenas à frente de Ford, GM e da sua subsidiária Kia. Assim, a empresa não possui problemas de produtos, mas de marca, ou seja, não se faz presente nas aspirações dos consumidores – independentemente, portanto, da própria qualidade do que produz. Em função desse quadro, houve uma campanha publicitária de US$150 milhões centrada na valorização institucional da marca (ELLIOTT, 2007).

B) O sucesso do Toyota Prius entre os automóveis híbridos se deve ao fato de que é um modelo feito, desde o início, como um híbrido, e não apenas uma versão de outros automóveis, como seus concorrentes Honda Civic, Ford Escape ou Saturn Vue. A Toyota comemorou a marca de 400 mil unidades do Prius vendidas nos Estados Unidos e um milhão em todo o mundo. Segundo um estudo da CNW Marketing Research, mais da metade dos entrevistados que possuem esse automóvel afirmam que ele significa uma afirmação sobre as próprias pessoas. Além disso, essa empresa de pesquisa defende que apenas a terça parte dos proprietários desse veículo apontava essa razão três anos atrás. Ou seja, segundo a pesquisa, metade dos possuidores desse modelo gosta de ser identificado como possuidor de um automóvel ambientalmente correto, enquanto os outros modelos apenas possuem um pequeno distintivo que mostra que essa versão se trata de um híbrido. O Prius teve sua terceira geração lançada em meados de 2009 e foi um sucesso instantâneo. Sua fábrica trabalha em três turnos e há listas de espera em diversos países; no Japão, os pedidos antes do lançamento somavam 80 mil unidades, e em um mês após o lançamento, a montadora já contava com impressionantes 180 mil pedidos. Nesse país, o novo Prius tem seu preço de venda a partir dos US$20.900 – ou cerca de US$3.100 a menos que os modelos da geração anterior. Assim, a Honda reavaliou sua estratégia, decidindo não mais produzir híbridos derivados de seus modelos, como o Civic, e lançar apenas modelos puramente híbridos (KAGEYAMA, 2009; TABUCHI, 2009; MAYNARD, 2007; GARRETT, 2008; KILEY, 2008).

Referências

AAKER, D. *Strategic market management*. Nova York: John Wiley & Sons. 1984.
AAKER, D. "O ABC do valor da marca". *HSM Management*, mar.-abr. 2002.
BASU, K. "Merging brands after mergers". *California Management Review*, v. 48, n. 4, p. 28-40, Summer/2006.
BERTHON, P.; HOOLBROOK, M. B. "Understanding and managing the brand space". *MIT Sloan Management Review*, p. 49-54, Winter/2003.
CARLZON, J. *A hora da verdade*. Rio de Janeiro: COP, 1992.
ELLIOTT, S. "A brand tries to invite thought". The New York Times Online, 7 set. 2007.
GARRETT, J. "Honda rolls out a hybrid to challenge Toyota". The New York Times Online, 2 out. 2008.
KAGEYAMA, Y. "Toyota racks up 180,000 Japan orders for new Prius hybrid despite hard times". Chicago Tribune Online, 19 jun. 2009.
KILEY, D. "The diesels are coming. But will anyone want them?" Business Week Online, 22 jul. 2008.
LEITE, F. "Dentista vira vendedor de marca na TV". *O Estado de S.Paulo,* São Paulo, 26 out. 2008. Caderno Vida&, p. A 17.
MARTINS, R. F. F. A gestão de design como estratégia organizacional: um modelo de integração do design em organizações. 202f. Tese (Doutorado em Engenharia de Produção). Santa Catarina: UFSC, Florianópolis, 2004.
MAYNARD, M. "Say hibrid and many people will hear Prius". The New York Times Online, 4 jul. 2007.
MOREIRA, A. "Confusão leva Petrobras a mudar nome na Argentina". Valor Online, 4 mar. 2009.
SHOCKER, A. D.; SRIVASTAVA, R. K.; RUEKERT, R. W. "Challenges and opportunities facing brand management: an introduction to the special issue". *Journal of Marketing Research*, v. 31, p. 149-158.
May 1994.
TABUCHI, H. "Even as industry slumps, Prius inspires waiting list". The New York Times Online, 12 jun. 2009.
TEIXEIRA, R. S.; MINADEO, R. Construção da marca através da Internet – estudo de caso do lançamento do Fiat Punto. In: ENANGRAD, 19, Curitiba, 2008.
VALLASTER, C.; CHERNATONY, L. "Internationalisation of service brands: the role of leadership during the internal brand building process". *Journal of Marketing Management*, v. 21, p. 149-158. 2005.
WALKER, B. "Can a dead brand live again?" The New York Times online, 18 mai. 2008.

CAPÍTULO 10

PRECIFICAÇÃO EM SERVIÇOS DE SAÚDE

10.1 INTRODUÇÃO

Existe grande dificuldade em atribuir diretamente os custos de cada procedimento médico, assim, da mesma forma, a fixação de preços se torna uma tarefa relativamente complexa.

No campo da fixação de preços, também é preciso considerar os aspectos ligados à imagem do serviço. Assim, os preços do hospital ou do cirurgião mais conhecido podem não ter relação alguma com os custos mais determinado percentual de margem, mas apenas se trata do preço da liderança – que deve ser adequado ao mercado, para o público das classes de maior poder aquisitivo – e pelo valor que atribuem a esses serviços. Por outro lado, sendo um serviço superior, deve atender e – na medida do possível – superar as expectativas dos consumidores. Outra consideração importante a respeito dos serviços superiores diz respeito ao caráter de raridade ou de algo único, que não apenas permite, mas que até exige a prática de um preço superior, para comunicar ao mercado essa característica em relação aos concorrentes. Assim, a BMW adquiriu a Rover e manteve apenas um ativo, o Mini, cuja versão original (ao lado) foi reestilizada e se tornou um grande sucesso, com vendas de 200 mil unidades ao ano na primeira geração.

Fonte: <http://commons.wikimedia.org/wiki/File:Austin_Mini,_Baujahr_2000_-_2005-09-17.jpg>. Acesso em 12 de março de 2010.

Ao lado da qualidade intrínseca do produto, o preço é um importante componente mercadológico: com 25 anos de mercado, o Uno é o terceiro modelo mais vendido no Brasil: 141,8 mil unidades vendidas em 2008, atrás do Gol (285,9 mil) e do Palio (197,2 mil). Sem aparecer na mídia desde 2004, quando recebeu pequenas modificações estéticas, retornou à televisão em meados de 2008, em uma campanha de varejo que mostrava também outros carros. Outro caso é o da cinquentona Kombi – líder de seu segmento, sem a necessidade de propaganda. O Classic, versão sedã do Corsa antigo, vendeu 103,8 mil unidades em 2008, e não recebe investimentos publicitários desde 2002 (SILVA, 2009).

Os prestadores de serviços de saúde enfrentam um dilema: focar no atendimento ao público em geral, recebendo o ressarcimento pelo SUS, buscar os consumidores de maior poder aquisitivo, mediante acordos com planos de saúde, ou focar no consumidor final de elevado poder aquisitivo, que pode arcar diretamente com os custos do tratamento. A alternativa de atuar apenas com o governo apresenta diversos riscos: os preços são muito baixos, costumam ocorrer atrasos e existe possibilidade de ingerência política. Assim, para os prestadores de serviços de natureza privada, uma concentração exclusiva no atendimento ao SUS, além de arriscada, significa a prestação de serviços de qualidade duvidosa – se forem proporcionais aos preços pagos pelo governo.

Segundo Kuazaqui e Tanaka (2008), a formação de preços hospitalares é um tema complexo, pois os serviços envolvem inúmeras variáveis que interferem na análise: a) custos operacionais ligados diretamente ao serviço em questão a ser cobrado; b) custos não operacionais: não são ligados ao serviço, mas interferem nas receitas auferidas com ele, como os gastos publicitários, que devem ser rateados por todos os serviços prestados; c) custos fixos: aqueles que ocorrem independentemente da prestação de serviços e que, portanto, também precisam ser por eles rateados; e d) custos variáveis: são os que mudam em função da quantidade de serviços efetivamente prestados.

Na verdade, a tentativa de descobrir o custo exato de um serviço é quase impossível, pois, entre outros fatores, depende do número total de serviços de um determinado período, que vai receber o rateio dos custos fixos e dos não operacionais. Assim, a fixação de preços deve levar em conta uma prudente margem, além de procurar acompanhar os concorrentes mais diretos. Porém, o ideal é que o prestador de serviços construa uma imagem superior, a ponto de atrair os consumidores de melhor poder aquisitivo, e, dessa forma, praticar preços acima da média – condizentes com o padrão de serviços ofertados.

Outra forma interessante de escapar da competição à base de preço é a oferta de serviços inovadores. Ou seja, o caráter de se oferecer algo que seja único proporciona preço superior, o que é justo. Além disso, o primeiro a ocupar um novo nicho possui maiores chances de continuar na liderança – desde que acompanhe a evolução tecnológica.

> **Spas – segmento que permite a oferta de serviços de alto nível e preços *premium***
>
> No Brasil, existem mais de 2.300 estabelecimentos, e 95% deles são de pequeno e médio portes, cerca de mil deles estão em São Paulo. O crescimento se deve ao aumento do número de pessoas preocupadas com o bem-estar. De 2006 a 2007, o setor teve aumento de 24,5% do número de redes franqueadas, que passou de 170 a 212 bandeiras; o faturamento subiu 10,5% (PORTUGAL, 2008).

Critérios da qualidade percebida do serviço

Esses atributos influem na possibilidade de praticar preços superiores. Segundo Groonros (2001), são eles:

a) Profissionalismo e Habilidades: os clientes compreendem que o prestador de serviços, seus empregados, os sistemas operacionais e os recursos físicos possuem o conhecimento e as habilidades necessárias para solucionar seus problemas de forma profissional (critérios relacionados aos resultados).

b) Atitudes e Comportamento: os clientes sentem que os funcionários de serviços (pessoas de contato) estão preocupados com eles e se interessam por solucionar seus problemas de uma forma espontânea e amigável (critérios relacionados ao processo).

c) Facilidade de Acesso e Flexibilidade: os clientes sentem que o prestador de serviços, sua localização, suas horas de operação, seus empregados e os sistemas operacionais são projetados e operam de forma a facilitar os acessos aos serviços e estão preparados para ajustar-se às demandas e aos desejos dos clientes de maneira flexível (critérios relacionados ao processo).

d) Confiabilidade e Honestidade: os clientes sabem que qualquer coisa que aconteça ou sobre a qual se concorde será cumprida pela empresa, seus empregados e sistemas, para manter as promessas e ter um desempenho coerente com os melhores interesses dos clientes (critérios relacionados a processos).

e) Recuperação: os clientes compreendem que sempre que algo der errado ou alguma coisa imprevisível e inesperada acontecer, o prestador de serviços tomará de imediato e ativamente ações para mantê-los no controle da situação e para encontrar uma nova e aceitável solução (critérios relacionados a processos).

f) Reputação e Credibilidade: os clientes acreditam que as operações do prestador de serviço merecem sua confiança, valem o dinheiro pago e que representam bom nível de desempenho e valores que podem ser compartilhados entre os clientes e o prestador de serviços (critérios relacionados à imagem).

Um serviço odontológico de baixo custo, mas sem perder a excelência e a clientela em plena crise

A clínica odontológica Dr. J. Orleans, em São Paulo, iniciou seus trabalhos com atendimento popular. Possuía, no início, poucos clientes e um singelo consultório na periferia de São Paulo. A clínica cresceu, foi ampliada e melhorou suas instalações, sem nunca perder o foco na popularização de seu atendimento.

J. Orleans, o grande pensador de seu negócio, observou que no início da crise do fim de 2008 a inadimplência cresceu e houve várias desistências do tratamento, apesar de a clínica praticar preços populares. E qual foi a estratégia para driblar a crise sem reduzir sua clientela? Decidiu promover descontos especiais para clientes que eram estudantes (que, em sua maioria, vivem da mesada dos pais) e possuem sempre dinheiro contado e pagam contas em dia. Além disso, passou apenas a cobrar a manutenção preventiva dos aparelhos ortodônticos em vez de cobrar pela venda do aparelho + instalação + manutenção.

Essa foi uma forma rápida e inteligente de fidelização, sem reduzir o número de sua carteira de clientes e ainda driblar a crise (Juliana Wolff Bueno Maddarena – mestranda de Administração da Unieuro).

10.2 VARIÁVEIS QUE INFLUEM NA PRECIFICAÇÃO

- Características derivadas do ambiente: concorrência, custos de material e de profissionais.
- Peculiaridades do prestador de serviço: necessidades derivadas de seu porte, ciclo de vida ou modelo de negócios.
- Natureza do próprio serviço: características do procedimento em questão são importantes componentes do preço (KUAZAQUI; TANAKA, 2008). Assim, os serviços que exigem maior acompanhamento por parte da equipe médica são necessariamente mais caros.

Possíveis elementos de diferenciação em serviços de saúde

- Gastronomia: o paciente já se encontra com limitação de movimentos, afastado das pessoas com as quais costuma conviver. É natural que valorize um diferencial na alimentação – desde que seja condizente com seu tratamento.
- Hotelaria hospitalar: trata-se de um complemento de serviços necessários à prestação de serviços hospitalares, e que pode proporcionar uma sensação de conforto, que atenue as contrariedades de qualquer internação.
- Há um consenso de que a instituição de saúde deve conceder um tratamento diferenciado, informativo e de apoio às pessoas ligadas ao processo. Mais do que uma técnica mercadológica, a oferta de serviços customizados visa manter e ampliar os relacionamentos. (KUAZAQUI; TANAKA, 2008).

> *Veja em www.elsevier.com.br/ marketingparaservicosdesaude*
> Em épocas de crise, nada como lançar versões de custo mais acessível
> A FMU reduz os preços em 25% e cresce

Preço salgado demais ataca o coração... que procura a concorrência...

Em 1994, a J&J lança o *stent* – uma minúscula rede de tubos espiralados que mantém as artérias entupidas abertas. A empresa manteve seu preço inicial de US$1.595 e alcançou US$1 bilhão em vendas e 91% de participação de mercado ao final de 1996. Porém, quando os concorrentes lançaram produtos mais baratos, a participação da J&J despencou para 8%

em 1998. Um estudo publicado em fevereiro de 2009 no *New England Journal of Medicine* comparou pacientes que receberam *stents* com aqueles submetidos às operações tradicionais; foram estudados 1.800 pacientes de 85 centros médicos dos Estados Unidos e da Europa, todos com graves problemas cardíacos. Os pacientes com *stents* apresentaram 17,8% de resultados adversos, contra 12,4% daqueles que foram operados; porém, 2,2% dos operados tiveram um infarto, contra apenas 0,6% dos que receberam *stents*; além disso, 13,5% do grupo que recebeu *stents* necessitou de um novo procedimento de revascularização, contra apenas 5,9% dos que foram operados (BERKOWITZ et al., 2003; RABIN, 2009).

Inovação tecnológica perde para produto mais caro, porém, mais simples

Nos anos 1980, a Eli Lilly lançou o Humulin – insulina artificial, idêntica à produzida pelo corpo humano – que se constitui na maior novidade contra o diabetes desde os anos 1920. O Humulin é o primeiro produto voltado para a saúde humana que usa a tecnologia de DNA recombinante. Apesar da melhoria da qualidade das insulinas animais, cerca de 1% dos pacientes desenvolvia resistência em seus sistemas imunológicos. A Eli Lilly contratara, em 1978, a Genentech – que tinha apenas dois anos de vida – para a criação de uma bactéria geneticamente alterada que produzisse proteínas de insulina com a equivalência estrutural das proteínas da insulina humana e 100% pura. O projeto foi bem-sucedido, ao custo aproximado de US$1 bilhão, e nos anos 1980 foi lançada a Humulin no mercado, cerca de 25% mais cara que a insulina tradicional. Porém, esse produto chegou ao mercado junto com um lançamento da dinamarquesa Novo, que consistia em um cartucho com insulina para cerca de duas semanas, bem mais prático do que as injeções habituais. Apesar de o produto da Novo ser mais caro, teve maior sucesso, e essa empresa ampliou sua fatia no mercado mundial (CHRISTENSEN, 2001).

Referências

BERKOWITZ et al. *Marketing – vol. II*. Rio de Janeiro: LTC, 2003, 6ª ed.
CHEAPER "Tide laundry detergent gets a tryout". Chicago Tribune Online, 2 jul. 2009.
CHRISTENSEN, C. M. *O dilema da inovação*. São Paulo: Makron, 2001.
"FMU reduz mensalidades em 25% e cresce". Valor Online, 9 set. 2009.
GRONROOS, C. *Marketing: gerenciamento e serviços: a competição por serviços na hora da verdade*. Rio de Janeiro: Campus/Elsevier, 2001.
KUAZAQUI, E.; TANAKA, L. C. T. *Marketing e gestão estratégica de serviços em saúde*. São Paulo: Thomson, 2008.
PORTUGAL, J. "Spas: bom momento para virar franquia". *O Estado de S.Paulo*, São Paulo, 16 nov. 2008. Caderno Oportunidades, p. 4.
RABIN, R. C. "Heart stents found as effective as bypass for many patients". The New York Times Online, 19 fev. 2009.
SILVA, C. "Carros 'sem publicidade' são sucesso de vendas". O Estado de S.Paulo Online, 2 mar. 2009.

CAPÍTULO 11

IMPORTÂNCIA DA REDE DE DISTRIBUIÇÃO

O SISTEMA DE CANAIS de distribuição compreende todas as atividades envolvidas na venda de mercadorias e serviços diretamente ao usuário final, para propósitos pessoais e não comerciais. Visa fornecer mercadorias e serviços que vão satisfazer as necessidades dos consumidores, em locais cuja compra lhes seja conveniente. O varejo pode ser definido como "o processo de compra de produtos em quantidade relativamente grande dos produtos atacadistas e outros fornecedores e posterior venda em quantidades menores ao consumidor final".

11.1 PANORAMA DO SETOR VAREJISTA

O varejo, em função de sua proximidade com o consumidor: a) oferece mercadorias e serviços específicos; b) atende a necessidades sociais dos mais diversos tipos; c) oferece opções de entretenimento, cada vez mais importantes no ritmo de vida da sociedade; d) a evolução do varejo tem sido no sentido de propiciar maior segurança e outras facilidades, em relação ao tradicional varejo de rua; e e) diversas lojas oferecem conveniência: aceitam cartões de crédito e débito, permanecem abertas durante um período maior do dia, oferecem mercadorias com a própria marca, proporcionando melhores preços e zelando pela qualidade.

Para atender às necessidades do consumidor, o varejista se preocupa, principalmente, em ter os produtos e serviços adequados, em agradar as pessoas, em atendê-las bem e atraí-las pelo visual, apresentando um ambiente limpo, moderno, aconchegante e atraente.

Algumas prestadoras de serviços de saúde nos Estados Unidos passaram a atender durante um período maior de horas, de modo a ampliar sua receita e enfrentar a crise que também atingira o setor. Assim, a Loyola University Medical

Center, depois de 440 demissões, em março de 2009, ampliou seu horário de atendimento aos pacientes, passando a atender aos sábados em mais de duas dúzias de clínicas de Chicago. Já nesse mês, 250 médicos ampliaram suas horas, gerando 11% de crescimento no número de pacientes atendidos, enquanto no país o quadro era de diminuição do número de atendimentos (JAPSEN, 2009a).

Evolução da Drogasil

Em 1996, a Latin America and Enterprise Fund adquiriu 31,9% da rede Drogasil, que pertencia à holandesa Vendex (EXAME, 9/10/1996). Nesse mesmo ano, a Drogasil adquiriu 26 lojas da rede concorrente Drogão, passando a ter 117 farmácias. (GAZETA MERCANTIL, 11/3/1996). Em 2002, a YRG Investments adquiriu 25,08% das ações ordinárias da Drogasil. Essa *holding* mais os acionistas Carlos Pires Oliveira e a Regimar Comercial S.A. passaram a deter o controle, com 53,8% das ordinárias. As ações adquiridas pertenciam à Elaborate Corp. (GAZETA MERCANTIL, 12/8/2002). Em 2007, a Drogasil vendeu ações na bolsa por R$392,7 milhões. Desse total, R$235,4 milhões foram correspondentes a uma emissão primária. Na oferta pública inicial de ações, foi avaliada em R$1,5 bilhão pelos investidores (VALOR ONLINE, 3/9/2007). Em 2008, a Drogasil, segunda maior rede de farmácias de São Paulo e quarta no *ranking* brasileiro, comprou 100% do capital da Drogaria Vison, cadeia de 24 drogarias de Brasília. Com a aquisição, a Drogasil entra no Distrito Federal. A Drogasil possuía 19 unidades em Goiás: 14 na capital e 5 no interior, tendo sido criada em 1986, em Brasília (VALOR ONLINE, 14/2/2008). A Drogasil, segunda maior rede em São Paulo e a quarta no país, lucrou R$20,795 milhões em 2006, 114% a mais que o obtido em 2005. As receitas brutas foram de R$817,5 milhões, 24% a mais que em 2005. Em três anos, as receitas subiram 91%. Foram abertas 16 lojas em 2006, 2 na cidade de São Paulo, 9 no interior do estado e o restante em Minas e Goiás (VALOR ONLINE, 6/3/2007).

Ingresso de grupos estrangeiros no varejo de medicamentos

Em 2008, o mexicano Casa Saba adquiriu a Drogasmil, com mais de 50 pontos nos estados de São Paulo, Rio de Janeiro e Paraná, por cerca de R$185 milhões. A adquirente é a maior distribuidora de remédios e perfumarias do México, com receita de US$2,3 bilhões em 2007 – ano em que a Drogasmil tivera receita de R$270 milhões (CUNHA, 2008).

Buscando pontos de venda mais nobres para serviços mais sofisticados

Em 2008, a Diagnósticos da América S.A. (Dasa) adquiriu a Maximagem, com sete unidades em pontos nobres de São Paulo, por R$36,2 milhões. O interesse da Dasa foi motivado pelo fato de a Maximagem ser focada em exames por imagem, como radiologia e ultrassom, pois cerca de 40% do faturamento da rede é proveniente de diagnósticos por imagem e 60% vem de procedimentos de análises clínicas; sua meta é inverter

> essa proporção – pois os exames clínicos possuem menores preços. Outro atrativo para a compra foram os pontos em que estão situados os laboratórios da Maximagem, como a região da Av. Paulista, da Av. Rebouças e o bairro do Tatuapé. Além disso, a adquirida tem unidades no Hospital São Luiz (Itaim e Morumbi) e no Hospital Brasil, em Santo André, no ABC. Fundada em 1998 por um grupo de 13 médicos, a Maximagem faturou R$20,5 milhões de janeiro a agosto de 2008 (KOIKE, 2008).

> *Veja em www.elsevier.com.br/marketingparaservicosdesaude*
> O Fleury se aproxima dos clientes

Empresas criam clínicas para se aproximarem dos consumidores

Em 2009, a rede norte-americana de serviços médicos CVS Caremark Corp. fechou 89 clínicas, mantendo, porém, 460 em operação. No país havia cerca de 1.100 unidades operadas pela CVS, Walmart e Walgreens, que abriu mais de 200 unidades em 2008. Essas clínicas operam sete dias por semana, contando com enfermeiras profissionais. Planos de saúde e alguns empregadores financiavam essas clínicas, em função do aumento do número de pessoas sem cobertura. Como resposta aos grupos varejistas, alguns hospitais a eles se aliaram, e assim a Cleveland Clinic passou a estar presente em 25 lojas da Walmart e a Clínica Mayo abriu uma unidade Express Care em um supermercado e outra em um shopping center.

Lançadas em 2005, essas unidades eram inicialmente focadas em doenças rotineiras; aos poucos passaram a prestar tratamentos ligeiramente mais complexos – como osteoporose e asma –, além de tratamentos para pele. Assim, em vez de ampliar a rede de clínicas, essas empresas resolveram explorar mais o potencial das clínicas já existentes. Essas redes oferecem tratamentos mais baratos – normalmente de US$55 a US$75 – contra os US$100 cobrados por um médico em uma primeira visita. Também em 2009, a CVS e a Walgreens começaram a criar *spas* dentro de algumas de suas unidades, oferecendo tratamentos acessíveis (JAPSEN, 2009b; JONES, 2009).

Referências

CUNHA, L. "Grupo mexicano compra rede Drogasmil". Valor online, 19 Maio 2008.
JAPSEN, B. "Loyola medical clinics see growth after adding hours". Chicago Tribune Online, 14 Mai. 2009a.
_____. "Walgreen, CVS add healthcare services to in-store clinics". Los Angeles Times Online, 5 jun. 2009b.
JONES, S. M. "CVS and Walgreens are offering spa-like boutiques as a lower-cost alternative to department stores". Los Angeles Times Online, 13 ago. 2009.
KOIKE, B. "Dasa volta às compras e paga R$36,2 milhões por rede Maximagem". Valor Online, 22 out. 2008.
SORIMA NETO, J. "Rapidez. Ou morte". *Época*, São Paulo: Editora Globo, n. 412, p. 62-63, 10 abr. 2006.

CAPÍTULO 12

IMPORTÂNCIA DAS ALIANÇAS ESTRATÉGICAS

12.1 ALGUNS CONCEITOS BÁSICOS DE ESTRATÉGIA EMPRESARIAL

Fontes das diferenças de estratégias entre empresas (OSTER, 1999):

- Os investimentos feitos no início de uma empresa criam um conjunto de ativos estratégicos que condicionam suas posteriores escolhas.
- As crises enfrentadas pelas empresas levam a novas ondas de investimentos que podem acentuar essas diferenças.
- A estratégia é afetada pela estrutura inicial.
- Visão ideológica dos fundadores.
- Presença de pessoas vindas de fora entre os diretores.

Mintzberg (1987a) mostra uma forma didática de entender a estratégia: apoiando-se nos famosos 4Ps do composto mercadológico, ele cria os 5Ps da estratégia: plano, pretexto, padrão, posição e perspectiva. Assim, para ele, a estratégia é: a) um plano – no sentido de curso de ação para o futuro – aplicado com a necessária flexibilidade ante as mudanças ambientais; b) um padrão, isto é, consistência em uma forma de comportamento ao longo do tempo; c) uma posição – no sentido de espaço ocupado em determinado mercado; d) uma perspectiva, a maneira de uma empresa encarar o mercado; e e) um pretexto, uma atitude ou manobra para superar um obstáculo e enfrentar a concorrência.

Mintzberg (1987b) apresenta algumas ideias sobre estratégia: a) é fundamental para as empresas possuírem uma estratégia, sendo usual que entre empresas concorrentes aquela que estiver sem nenhuma estratégia – ainda que com maiores recursos – normalmente será derrotada; b) a estratégia é necessária para focalizar a aplicação dos recursos e propiciar a coordenação das atividades; c) reduzir a incerteza e proporcionar consistência; e d) a estratégia chega a definir a organização, e o autor exemplifica com a bem-sucedida atuação da General Electric dos anos 1980. A respeito da General Electric, Welch e Byrne (2001) afirmam que Jack Welch assumiu a presidência em 1981 e definiu uma estratégia clara, focada em três partes: *core business*, alta tecnologia e serviços. Dentro dessa linha de atuação, foram vendidos ativos, como os eletrodomésticos portáteis, e adquiridos inúmeros outros, procurando focar a empresa em setores nos quais pudesse vir a ser a primeira ou a segunda maior, em termos globais.

Porter (1986) apresenta três tipos de estratégia genérica: a) liderança em custo: a empresa visa ser o produtor de menor custo do setor. Essa estratégia exige investimentos em instalações para produção e comercialização em grande escala; b) diferenciação: envolve o desenvolvimento de produtos ou serviços únicos, com base em dimensões valorizadas pelos compradores; a diferenciação pode ser obtida através de fatores como o próprio produto ou serviço, o sistema de canais de distribuição que visa atingir o consumidor, o método de comercialização; e c) enfoque: seleciona um segmento ou um grupo de segmentos em seu setor de atuação e se orienta para atendê-los de modo superior, excluindo os outros segmentos.

Rue e Holland (1986) *apud* Cronshaw, Davis e Kay (1994) ilustram a estratégia de liderança em custo, ao afirmar que a norte-americana Timex atingiu a liderança no mercado de relógios usando uma estratégia de produção de baixo custo, pela introdução de um relógio completamente produzido em massa, um mérito que atribuem ao engenheiro norueguês Joakim Lehmkahl.

Ainda a respeito das três estratégias genéricas de Porter (1986), Cronshaw, Davis e Kay (1994) mostram os riscos de uma estratégia intermediária (*stuck in the middle*), que se poderia denominar popularmente nem barro nem tijolo, pela qual a empresa não apresenta liderança em custos e nem diferenciação de produto. Apresentam três definições para alertar quanto aos riscos dessa estratégia: a) é preciso enfatizar baixo preço ou elevada qualidade, a posição intermediária não é atraente nem lucrativa; b) os objetivos estratégicos precisam ser claros e as empresas com objetivos múltiplos são menos bem-sucedidas do que aquelas com metas claras; e c) as empresas que não criam custos menores ou produtos melhores ou diferenciados raramente são bem-sucedidas.

Oster (1999) aponta as seguintes fontes das diferenças de estratégias entre empresas: a) os investimentos feitos no início de uma empresa criam um conjunto de ativos estratégicos, que condicionam suas posteriores escolhas; b) as crises enfrentadas pelas empresas levam a novas ondas de investimentos que podem acentuar essas diferenças; e c) a estratégia é afetada pela estrutura inicial, visão ideológica dos fundadores, e presença de pessoas vindas de fora da empresa entre os diretores. A Xerox exercia um monopólio até meados dos anos 1970; assim, não vendia suas máquinas, mas as arrendava, além de lucrar com a venda de papel e toner. Porém, os clientes reclamavam dos elevados índices de defeitos. Em vez de aprimorar o projeto, a empresa permitiu a compra das máquinas e criou uma equipe de assistência técnica, para obter nova fonte de receitas. Porém, quando vieram os concorrentes, com máquinas que não quebravam e menores preços, conquistaram os clientes insatisfeitos e infiéis da Xerox, que beirou a falência (KAPLAN; FOSTER, 1997).

Uma cadeia de valor genérica serve de modelo para os processos internos, integrando: a) inovação; b) operações; e c) serviços pós-venda (KAPLAN; FOSTER, 1997).

12.2 AS ALIANÇAS NO CONTEXTO DA ESTRATÉGIA DE UMA EMPRESA

Em função das condições de acirramento da concorrência, uma alternativa a ser considerada pelas empresas é a realização de alianças. Kanter (1997) aponta os seguintes atrativos nas alianças entre empresas: a) esses relacionamentos podem ajudar pequenas empresas a competir com as grandes; b) oferecem flexibilidade e velocidade de acesso a novas capacidades; e c) permitem obter os benefícios oferecidos por outra organização sem os riscos e as responsabilidades do investimento acionário.

Segundo Minadeo (2005), as alianças são o que delas fizerem os parceiros, sendo submetidos às alterações do ambiente. Elas fornecem meios para o crescimento das partes envolvidas, mas não criam forças fixas. As alterações dos mercados, a evolução tecnológica e a própria formação de parcerias alteram as estratégias. Assim, as alianças têm de ser revigoradas pelos parceiros, sob pena de ruírem.

Porter (1993) aponta as seguintes vantagens quando se realizam alianças empresariais: a) a busca de economias de aprendizado ou de escala, obtidas pela união de forças na comercialização, produção ou montagem; b) o acesso aos mercados locais, ou as tecnologias necessárias; c) para atender a exigências governamentais; d) diluição de riscos, como é o caso da indústria farmacêutica, que apresenta investimentos muito elevados em novas substâncias, podendo os mesmos vir a se mostrar infrutíferos; e) para condicionar a natureza da competição em um setor, licenciando, por exemplo, uma tecnologia, visando padronizar o setor. Afirma que a aliança da GM com a Toyota significou para a GM acesso ao conhecimento de manufatura.

Kanter (1997) aponta três categorias de parcerias: alianças de serviços multiorganizacionais, alianças oportunistas e alianças entre os envolvidos.

1. Nas alianças de serviços, um grupo de organizações com necessidades semelhantes, geralmente do mesmo setor do mercado, une-se para criar uma nova entidade que atenda àquela necessidade comum a todas. Esse serviço é muito caro ou muito difícil para uma única organização bancar sozinha, e não pode ser comprado no mercado. Então, diversas organizações se aliam para estabelecer uma nova organização, que é controlada em conjunto por todas para suprir essa necessidade. O consórcio resultante exige dos parceiros o menor nível de mudanças, pois a interdependência entre eles é pouca. Ao mesmo tempo, a dificuldade de fazer esses diversos parceiros concordarem sobre o serviço adequado a todos pode fazer essas entidades se tornarem difíceis de gerenciar, podendo surgir a perda do interesse ou do comprometimento. O propósito limitado da aliança torna possível até mesmo a aliança de concorrentes (tanto estratégica quanto legalmente) para garantir que um serviço esteja disponível para todos os membros do grupo.
2. Nas parcerias oportunistas, as organizações vislumbram a oportunidade de ganhar uma vantagem competitiva imediata, ainda que temporária, ingressando em um novo negócio ou ampliando o antigo. A aliança abre possibilidades que não existiriam para um parceiro sozinho. Uma vez explorada essa oportunidade, nem sempre é claro se existem bases para continuar o relacionamento. A soma das competências dos parceiros é a resposta à pergunta de por que as organizações iriam buscar uma oportunidade de negócios com parceiros experientes, em vez de empréstimos ou investidores passivos. A capacidade de alcançar escalas maiores é outro fator motivador. Porém, quando um dos parceiros já ganhou experiência com a competência do outro, a aliança fica vulnerável. Muitas *joint-ventures* se formam porque um parceiro está ansioso para ganhar algo com o outro. Esta é uma forma de se preparar para as novas disputas globais.
3. As alianças complementares tendem a ser movidas pela qualidade e pela inovação. Assim, para cortar custos e melhorar a qualidade, muitas empresas estabelecem relacionamentos mais estreitos com seus fornecedores. Além de tornar possíveis os investimentos conjuntos

em tecnologia e sistemas compatíveis que melhorem a qualidade e reduzam os desperdícios, a colocação do fornecedor na elaboração do produto pode gerar inovação ao tirar vantagem da habilidade do fornecedor no potencial de suas tecnologias. Ao mesmo tempo, é compensador ajudar os fornecedores a gerenciar melhor. Além disso, podem existir parcerias entre organizações trabalhistas e a gerência para fixar políticas conjuntamente ou administrar uma área de operações da empresa.

Junior e Ribeiro (2001) apontam três tipos de aliança:

1. Complementaridade: a aliança busca algo em que uma complementa a outra, como a GM e a Toyota na criação da NUMMI. A GM necessitava da tecnologia de produção enxuta, da qual a Toyota fora das líderes em sua concepção. A Toyota necessitava de acesso ao mercado norte-americano.
2. Cointegração: forma-se uma aliança para desenvolver a mesma atividade da cadeia de valor, para obter economias de escala. Por exemplo, diversos bancos se uniram na criação do Banco 24 Horas. Trata-se de um empreendimento que nenhum dos associados individualmente teria tido condições de realizar, e do qual todos necessitavam para poder enfrentar os elevados investimentos em Tecnologia da Informação que os líderes Bradesco e Itaú estavam aplicando.
3. Aditiva: algumas empresas se aliam de modo a integrar todas as atividades da cadeia produtiva. Um exemplo é o caso dos consórcios formados entre diversas organizações para participar dos leilões de privatização da telefonia no Brasil.

Kanter (1997) aponta as seguintes características das parcerias bem-sucedidas:

1. O relacionamento recebe os recursos adequados, a atenção da gerência e o patrocínio; não há por que entrar numa parceria se ela não tem significado estratégico.
2. Há um acordo para *Investimento* a longo prazo.
3. Os parceiros são *Interdependentes*, o que ajuda a manter o equilíbrio do poder.
4. As organizações são *Integradas* de tal modo que os pontos de comunicação sejam administrados.
5. Cada um recebe *Informações* sobre os planos e as diretrizes do outro.

6. A parceria é *Institucionalizada* – sustentada por uma estrutura de mecanismos de apoio, que inclui desde exigências legais a vínculos sociais, a valores compartilhados, gerando confiança.

Inkpen e Ross (2001) apontam os seguintes fatores para minimizar a chance de insucesso de uma aliança:

Antes da aliança:

- Em primeiro lugar, definir uma meta realista de sucesso.
- Dar tangibilidade aos aspectos intangíveis, como o aprendizado organizacional ou o ganho de reputação.
- Conceber as alianças como uma ferramenta, e não como um objetivo.

Durante a aliança:

- Não confiar na outra parte para solucionar os problemas.
- Provisionar para resolução eficiente de possíveis conflitos.

Robert (1998) aponta algumas situações ideais para a realização de alianças:

1. Aliar-se para explorar um ponto forte singular, com alguma outra empresa que também detenha algum ponto forte singular.
2. Fazer uma aliança quando nenhuma das partes deseja adquirir o ponto forte singular da outra parte. O autor exemplifica com uma aliança entre a 3M e a Squibb. A primeira entrou com tecnologia de química de polímeros que pode ser aplicada ao desenvolvimento de medicamentos, e a Squibb entrou com um sistema de distribuição para médicos e farmácias, sendo que nenhuma das duas queria deter o ponto forte da outra.
3. Formar alianças em torno de capacitações.

Evolução natural de uma aliança

Em 2008, o Grupo Fleury adquiriu o Campana, com 10 unidades em São Paulo e que realiza 3 milhões de atendimentos por ano e passa a atuar também nas classes C e D e fazer frente à concorrente Diagnósticos da América. O Campana proporcionará um aumento estimado de R$43 milhões à receita do Fleury, que em 2007 somou R$581 milhões. A parceria do Fleury com o Campana, empresa familiar criada em 1943, existe desde 2004, quando os resultados dos exames passaram a ser efetuados pelo Fleury, como um serviço terceirizado. Em 2007, o Fleury passou a gerir o Campana, ampliando o escopo da aliança (KOIKE, 2008a).

Fusões entre hospitais

Em 2000, a Maternidade S. Joana adquiriu a Pró-Matre Paulista. Ambas são da capital paulista. A S. Joana foi criada em 1948. Após a compra, o número de leitos da Pró-Matre dobrou para cem, motivo pelo qual foi adquirido um prédio anexo, e a identidade foi mantida, por se tratar de uma verdadeira grife. Em 2007, inaugurou o Centro Médico Pro Matre, com 14 andares, em frente ao Shopping Paulista. Foi construída uma academia gratuita para os médicos e uma piscina para as parturientes – que contam com um curso de hidroginástica. Com mil nascimentos ao mês, é a maior maternidade da capital paulista, contando com 1,1 mil funcionários, 210 leitos comuns, 66 leitos de UTI neonatal, 4 mil ginecologistas e obstetras cadastrados. (FRANÇA, 2008).

Veja em www.elsevier.com.br/marketingparaservicosdesaude

Aliança para propiciar alegria

A Zona da Mata aumenta a produção de leite

Em 1988, foi criado o Programa de Desenvolvimento da Pecuária Leiteira, para beneficiar pequenos produtores da Zona da Mata, um acordo entre a Universidade Federal de Viçosa e a Nestlé. Em 20 anos, 280 propriedades e 2.166 alunos foram beneficiados. A média de produção subiu de 3 a 4 litros/dia por vaca, atingindo o volume de 14 litros (CIDADANIA..., 2008).

Referências

"CIDADANIA ao leite". *Estado de Minas*, Minas Gerais, 25 nov. 2008. Caderno Prazer em Ajudar, p. 30-31.
CRONSHAW, M.; DAVIS, E.; KAY, J. "On being stuck in the middle or good food costs less at Sainsbury´s". *British Journal of Management*, v. 5, p. 19-32, 1994.
FRANÇA, E. "O médico que comanda uma fábrica de bebês". O Estado de S.Paulo Online, 8 jun. 2008.
INKPEN, A. C.; ROSS, J. Why "Do some strategic alliances persist beyond their useful life?" *California Management Review*, v. 44, n. 1, p. 132-148, Fall/2001.
JUNIOR, A. B. S.; RIBEIRO, Á. H. P. Parcerias e alianças estratégicas. In: BARROS, B. T. (org.). Fusões, Aquisições & Parcerias. São Paulo: Edit. Atlas/FDC. 2001, p. 89-101.
KANTER, R. M. *Quando os gigantes aprendem a dançar*. Rio de Janeiro: Campus/Elsevier, 1997.
KAPLAN, R. S.; FOSTER, D. P. *A estratégia em ação – balanced scorecard*. Rio de Janeiro: Campus/Elsevier, 1997.
KOIKE, B. "Fleury compra o Laboratório Campana". Valor Online, 10 set. 2008a.
_____. "Doutores da Alegria chega ao varejo". Valor Online, 16 set. 2008b.
MINADEO, R. *Mil perguntas marketing*. Rio de Janeiro: Editora Rio. 2005.
MINTZBERG, H. "The strategy concept I: five P's for strategy". *California Management Review*, v. 30, n. 1, p. 11-24, Fall/1987a.
_____. "The strategy concept II: another look at why organizations need strategies". *California Management Review*, v. 30, n. 1, p. 25-32, Fall/1987b.
OSTER, S. M. *Modern competitive analysis*. New York: Oxford University Press, 1999.
PORTER, M. E. *Estratégia competitiva: técnicas para análise de indústrias e da concorrência*. 7 ed. Rio de Janeiro: Campus/Elsevier, 1986.
PORTER, M. *A vantagem competitiva das nações*. Rio de Janeiro: Campus/Elsevier, 1993.
_____. *Estratégia: como empresas vencedoras dominam seus concorrentes*. São Paulo: Negócio, 1998.
RUE, L. W.; HOLLAND, P. G. Strategic Management. McGraw Hill, 1986. Apud CRONSHAW, M.; DAVIS, E.; KAY, J. "On being stuck in the middle or good food costs less at Sainsbury´s". *British Journal of Management*, Londres, v. 5, p. 19-32, 1994.
WELCH, J.; BYRNE, J. A. *Jack definitivo – segredos do executivo do século*. Rio de Janeiro: Campus/Elsevier, 2001.

CAPÍTULO 13

MARKETING PESSOAL E CARREIRA

13.1 CARACTERÍSTICAS E OBJETIVOS

O marketing pessoal funciona como um mecanismo de geração e manutenção de uma imagem pessoal consistente, que possibilita transformações nas relações e comunicação interpessoais, no comportamento e no bem-estar pessoal. Visa reunir o maior número de dados e informações possíveis, para dirigir comunicações às pessoas certas.

As variáveis internas são ligadas aos fatores pessoais, sobre as quais se pode exercer influência direta. As variáveis externas estão ligadas a fatores sobre os quais a influência não é exercida de forma direta e que dependem, diretamente, dos conceitos que terceiros estabeleceram sobre a conduta pessoal.

Conhecer os pontos fortes, utilizando-os como vantagem competitiva; conhecer os pontos fracos, para minimizá-los, e, finalmente, identificar e controlar as ameaças externas e internas é o início do processo de construção de comportamentos que favoreçam a trajetória pessoal.

O marketing por parte dos profissionais da área médica ainda é visto com reserva – havendo certa discriminação social contra o seu uso. Porém, o desenvolvimento do setor tem acirrado a competição, realçando a importância da prática correta das atividades mercadológicas. Nada substitui a competência profissional nem a construção de relacionamentos duradouros com os pacientes – estando sempre disponível em suas necessidades (BORBA, 2007). Ou seja, nada substitui o reconhecimento, que ajuda a criar, nos clientes atuais e potenciais, a percepção de que o profissional é único na entrega de resultados de valor, esperados e combinados.

O marketing pessoal é uma ferramenta para conduzir com sucesso um profissional no competitivo mundo empresarial. Na dose certa e de modo planejado, permite criar e desenvolver uma imagem consistente, envolta em associações psicológicas positivas que deem visibilidade necessária para que uma pessoa se transforme em uma referência em seu ambiente e possa fazer parte dos projetos de vida das outras pessoas. Acima de tudo, o marketing pessoal é um processo de desenvolvimento para atingir todo o potencial do ser humano. Assim, é preciso criatividade e coragem para criar motivos para interagir com as pessoas e ganhar a visibilidade adequada – tendo em conta fazer o profissional vir a ser escolhido pelas organizações às quais se está preparado para prestar bons serviços (DOIN, 2008).

O marketing pessoal é uma ferramenta que ajuda a conduzir com sucesso uma carreira; trata-se de um conjunto de ações estratégicas, atitudes e comportamentos que conduzem a trajetória pessoal e profissional para resultados bem-sucedidos, mediante o uso e aprimoramento das qualidades e habilidades pessoais.

Existe uma visão distorcida do marketing pessoal, que enfatiza a aparência física. É claro que esta influi na postura profissional, mas o marketing pessoal visa projetar a competência profissional através de trabalhos criativos e inovadores dentro e fora das organizações. Isso se faz mediante duas frentes: a) com dedicação, entusiasmo e investimentos na carreira; e b) exposição adequada ao público desejado.

As atividades de marketing pessoal são facilitadoras para a divulgação das ações e competências dos profissionais, dentro e fora das organizações. Cabe definir os objetivos e enfrentar os desafios – pois o reconhecimento chega à medida que se trabalha com seriedade, competência e respeito às normas da convivência social.

Esse último campo exige criatividade, iniciativa e coragem – visando não apenas interagir com as pessoas, mas fazê-lo da forma correta e para buscar novos relacionamentos construtivos. Cada área de atividade pode permitir uma série de ações planejadas que, na essência, criarão uma rede de relacionamentos. Importa criar fatos que virem notícias e divulgá-las, de modo a estar presente, visível e acessível e "ligado" com o mundo, com as pessoas, sem se esquecer de tudo que deve ser feito com moderação e bom-senso, os exageros no mundo da fama cansam muito rapidamente, o ganho está na sinergia e consistência das ações.

13.2 DESENVOLVIMENTO DO MARKETING PESSOAL

Todo profissional deve construir uma marca pessoal no campo em que atua, sendo essa a sua principal ferramenta para se posicionar diante dos desafios. A inércia custa caro e pode afetar inclusive as atividades do dia a dia. Para que haja um desenvolvimento do marketing pessoal, o profissional deve traçar seu perfil e definir seus objetivos, para que comece o processo de construir sua imagem, difundir suas ideias e, principalmente, sua competência mediante premissas básicas e situações adequadas que propiciam correto direcionamento dos esforços e resultados coerentes aos investimentos realizados.

Alavancar a carreira

A conquista de um espaço no mercado de trabalho e a melhoria nos relacionamentos pessoais estão diretamente ligadas ao autoconhecimento e à capacidade de explorar o próprio potencial. É preciso criar uma constante atitude de não se tornar preso a velhas e rotineiras formas de trabalhar, mas, pelo contrário, buscar novas possibilidades de contatos, sinergias e melhorias pessoais. É preciso viver intensamente o presente, tendo aproveitado as experiências obtidas, e ter sempre muitos projetos para o futuro. Um profissional sem projetos está acomodado, e, com inúmeros concorrentes, isso é imediatamente notado.

Formas simples e importantes de ação

O humor é uma grande arma contra todos os percalços do dia a dia. Com ele se fazem mais amigos, se é lembrado com carinho e afeição e os problemas tornam-se mais fáceis de serem resolvidos. Um ar antipático afasta as pessoas. Outras estratégias interessantes:

- Construir uma imagem positiva, baseada na competência, no cumprimento da palavra dada e em pequenos detalhes – como a pontualidade e o asseio pessoal.
- Evitar comentários negativos, cada elemento comunicado deve conter algo de positivo e construtivo para todos.
- Procurar estar presente em eventos significativos e, na medida do possível, publicá-los.
- Falar sempre com um enfoque positivo.
- Agir com entusiasmo.
- Sorrir sempre.
- Evitar julgamentos precipitados.
- Evitar promessas: as ações falam por si sós.
- Saber trabalhar em equipe, o que chega ao ponto de preparar sucessores e compartilhar o sucesso.
- Valorizar a ética e a cidadania.

Segundo Borba (2007), o profissional se destaca também mediante publicações, palestras, participação em eventos, construção e manutenção de uma rede de contatos e a difusão do material promocional que seja cabível. Pode-se acrescentar na área médica a importância da participação em eventos e a afiliação a associações – tanto com o intuito de divulgar as próprias ideias quanto com a finalidade de ampliar a rede de relacionamentos.

> *Veja em www.elsevier.com.br/marketingparaservicosdesaude*
> Ações de marketing pessoal

Elemento da imagem

Imagem é tudo, principalmente a imagem que se projeta de si. É de extrema importância ter uma imagem positiva e saber comunicá-la adequadamente, sem estridências, e, o mais importante, no momento e do modo mais oportuno possível. Os profissionais desempenham vários papéis na vida, e para cada um deles deve-se assumir comportamento mais ajustado e que seja visto como tal; ou seja, uma pessoa madura não faz as coisas corretas para serem vistas, porém sabe que vive em um mundo de intrigas, em que qualquer "pisada na bola" será impiedosamente comentada por fofoqueiros e invejosos de plantão. Gastamos tanta energia e tanto tempo que ao longo do tempo temos que descobrir quem realmente somos. Venda corretamente sua imagem: ser competente é parecer competente. Independentemente de qualquer outro fator, conta muito seu estilo, o tipo de roupa com a qual você se sente à vontade. Com pequenas adaptações à sua atividade profissional, à época em que vive e ao hábito de se vestir, use roupas com as quais se sinta bem; faça prevalecer seu estilo, com o qual terá muito mais segurança e com certeza projetará uma personalidade mais marcante.

O que é imagem?

É uma apreciação de valor construída através de ideias, convicções e sensações resultantes da comunicação dos atributos de quem pretende criar seu diferencial e buscar sua visibilidade. É uma decorrência, a consequência de uma construção pessoal sólida e elegante, cuja base é a identificação das aptidões naturais, das capacitações a serem adquiridas e da pesquisa e reconhecimento das condições do mercado. É de extrema importância ter uma imagem positiva, porque atuamos vários papéis, assumindo comportamentos diversos como facilidade para se adaptar às mudanças.

Networking (rede de relacionamento)

Para obter bons resultados positivos, é fundamental cultivar uma sadia rede de relacionamento, por meio de correio eletrônico, envio de *curriculum vitae*, empresas de *outplacement*. Também pode ser interessante a construção de um *blog* ou de uma *home-page*. Desse modo, é possível estar sintonizado para novas oportunidades, adotando o conceito de *networking* para facilitar a divulgação de seus serviços de modo econômico. O cuidado com a *networking* não visa apenas ampliar a empregabilidade, mas é uma forma de praticar um grau adequado de sociabilidade. Fazer *networking* é saber cultivar bons relacionamentos.

Referências

BARNES, B. "Angelina Jolie's carefully orchestrated image". The New York Times Online, 20 nov. 2008.
BORBA, V. R. (Org). *Marketing de relacionamento para organizações de Saúde*. São Paulo: Atlas, 2007.
DOIN, E. "O marketing pessoal na sua trajetória profissional". *Panorama do Turismo*, v. 4, n. 43, p. 22, nov. 2008.
LAGE, A. "Quero manter o sonho de tocar com 1 ou 2 dedos". *Folha de S.Paulo*, São Paulo, 21 dez. 2008. Caderno Saúde, p. C9.
MURTA, A. "Paul Newman morre de câncer aos 83". *Folha de S.Paulo*, São Paulo, 28 set. 2008. Primeiro Caderno, p. A24.

ÍNDICE

Academia Americana de Neurologia, 137
Academias, 133-134
Acidentes com bicicleta, 28
Acomplia, 58
Adams, Christopher, 6
"adultescentes", 91
Adventist Midwest Health, 172
AES, 39
Aetna Inc., 110
Agência Nacional de Saúde, 113
Agência Nacional de Saúde Suplementar (ANS), 113
Agência Nacional de Transportes Terrestres (ANTT), 55
Agência Nacional de Vigilância Sanitária (Anvisa), 21, 42, 44, 56
Albertson's, 42
Albrecht, K.A., 152, 153
Aleitamento materno, 11
Alencar, José, 14
Alexian Brothers, 172
Alfred P. Sloan Foundation, 84
Alianças estratégicas, 201-207
Alianças no contexto da estratégia de uma empresa, 203
Alimentos funcionais, 43
Amamentação, 64
Ambiente mercadológico do setor de saúde, 46
    ambiente cultural, 76-77
    ambiente demográfico, 62-66
    ambiente econômico, 59-62
    ambiente governamental, 48-51
    ambiente legal, 52-59
    ambiente tecnológico, 67-76
    serviço diferenciado de maternidade, 179
Ambiguidade, 76
Amdur, Mark, 54
American College of Sports Medicine, 63
American Dental Association, 44
American Journal of Epidemiology, 62, 86, 138
American Journal of Obstetrics & Gynecology, 64
Amil, 39
Análise do Cliente Perdido, 159
Andersen, 7
AngelMed, 44
Anhanguera, 66
Anistia Internacional, 183
Annals of Internal Medicine, 110
Anomalia de Ebstein, 145
Ansiedade, 73
Anthropos Consulting, 150
Anvisa, 21, 42, 44, 56
Apoio aos médicos, ética e o, 173
Aprovação social, 83
Apsen Farmacêutica, 42
Archives of General Psychiatry, 69, 76
Archives of Neurology, 140
ArcLigth, 42
Arcoxia, 57
Arieta, Carlos Leite, 124
Arthur Andersen, 178
Asda, 63
Assistência médica administrada versus planos convencionais, 112-113
Associação Brasileira de Academias (ACAD), 134

Associação Brasileira de Cirurgia da Mão (ABCM), 52
Associação Medica Americana, 17, 140
Associação Nacional de Farmacêuticos Magistrais (Anfarmag), 58
Atendimento, 150
Atendimento, inovações no, 155
Atendimento público, 119
Atitudes, 194
Atividades de pesquisa & desenvolvimento, 135
Aumento abusivo nas mensalidades dos planos de saúde, 115
Autoconceito, 83
Automedicação, 24
AVC (acidente vascular cerebral), 11, 13
Aviação comercial do Brasil, 3
Avon, 183

Baia, Wania, 155
Barbatimão, 42
Barghini, Alessandro, 43, 125
Baystate Medical Center, 8
Becton Dickinson do Brasil, 130
Beer, Louis Glunz, 88
BenQ Mobile, 39
Benson, Herbert, 138
Berning, Carol, 92
Beth Israel Deaconess Medical Center, 68
Bio-Manguinhos, 22
Block, James, 137
Blue Cross Shield, 112
Bolthouse Farms, 43
BR Distribuidora, 39
Braga, Danio, 162
Brain Pathology, 142
British Airways, 89
British Journal of Cancer, 19
British Medical Journal, 18
Brown, P., 154, 155, 163
Bulas de remédios mais acessíveis, 56

Cafeína, 43
Camargo, Antonio Carlos Martins de, 136
Campanha Nacional de Vacinação, 11
Câncer, 13
    diagnostico do, 14
    quimioterapia, 14
Câncer de pele, 19
Cancer Epidemiology Biomarkers & Prevention, 18
Cardinal, 42
Cardoso, Carlos Eduardo Ribeiro, 133-134
Cargill, 43
Caritas Christi Health Care, 112
Carne vermelha e carnes processadas, consumo de, 17
Carrero, Tonia, 175
Carvalho, Thomaz de, 155
Catarata, cirurgia de 123, 124
Causas sociais, apoio a, 183
Cedazo-Minguez, Angel, 142
Cell Stem Cell, 68
Central de Material Esterilizado (CME), 56
Central DuPage Hospital, 172
Centro de Apoio Psicossocial (Caps), 51
Centro de Políticas da FGV, 24

Centro de Toxinologia Aplicada do Instituto Butantã, 136
Challenger, Gray & Christmas Inc., 41
Checklist, 19
Chest, 6
Christensen, Clayton, 32
Christensen, Kathleen, 84
Cia. de Tecnologia de Saneamento Ambiental
    (Cetesb), 50
Cigna Corp., 110
Cipriani, Andrea, 71
Cisco, 89
Cleveland Clinic, 68
Cleverley, W. O., 33
Clínica Duque de Caxias, 51
Clínica Mayo, 32
Clínica odontológica Dr. J. Orleans, 195
Clínicas para dependentes, 127
Coca-Cola, 178
Código de Defesa do Consumidor, 52
Color Kinetics, 9
Columbia Intitution for the Instruction of de Deaf and
    the Dumb and the Blind, 33
Columbia University, 73
Combinação de medicamentos para tratar doenças
    mentais, 76
Comcast, 73
Comissão de Pneumopediatria da Sociedade Brasileira de
    Pneumologia e Tisiologia, 7
Comportamento, 194
Comportamento do consumidor, 81-83
Composto mercadológico em serviços, 100-105
Comprador compulsivo, 97-98
ConAgra, 25
Conceder responsabilidade ao pessoal, 151
Confiabilidade, 156, 195
Conselho Regional de Medicina (Cremesp-SP), 24, 53
Construção da marca,
    importância da, 187
    processos de, 190
Consumer Watch, 98
Consumidor de serviços de saúde, 81
    comportamento do, 81-83
    de serviços, 156
    esforço para compreender as necessidades do, 95
    perfil do, 90
Consumismo, 97-98
Consumo de água, 87
Consumo de sódio, 17
Controle da qualidade, 105
Conveniência, 156
Costa, Celia Lidia da, 70
Credibilidade, 195
    na propaganda, 175
Criação e satisfação das expectativas, 160-161
Crise econômica de 2007-2008, 174
Cuidados paliativos, 10
Cultura, apoio à, 184
Curves, 134
Custo, 166
CVS Caremark Corp, 42, 200

Daslu, 39
Deficiência auditiva, 33
Degarelix, 56
Demanda de medicamentos, 132
Demência, 138
    precoce associada às condições de menor
    escolaridade, 141
Denver Health, 110
Departamento de Alergia e Imunologia da Sociedade
    Brasileira de Pediatria, 7

Departamento Nacional de Produção Mineral (DNPM),
    87
Depressão, 69, 70, 71
    dificuldade para o clínico geral diagnosticar, 72
Derrame, 11
Desgaste da imagem de uma empresa, 182
Desmotivação do pessoal, 163
Diabetes, 19-20
Diálise, 21-22
Diferenciação, 104
Diferenciação em serviços de saúde, 196
Dilemas éticos na saúde, 7-8
Disney, 151, 152
Disponibilidade, 156
Distância do poder, 77
Distimia, 72-73
Distribuição desigual da riqueza, 91
Ditadura da moda e da magreza, 93
Dodge, Irmãos, 2
Doença celíaca, 23
Doença de Alzheimer, 138-143
    área do cérebro na qual se origina a, 141
Doença de Parkinson, 143
Doenças ligadas à circulação, 11
Dor de cabeça, 20
Dor nas costas, 20
Drogaria Araújo, 42
Drogaria São Paulo, 155
Drogasil, 199
Drucker, Peter, 31, 32, 37, 43, 55

Elisaf, Moses, 17
Ellenbogen, Jeffrey, 89
Elliot, Ricard, 98
Ellis, Rhiannon, 188
Ely Lilly, 69
Emea, 58
Emory University, 72
Endomarketing, 150, 162-163
Engle, Randy, 33
Enron, 7, 178
Epidemiology, 18
Equipamentos que profissionalizam o diagnóstico, 44
Erros médicos, 53, 54
Erva-mate, consumo de, 18
Esclerose múltipla, 145
Esporte e qualidade de vida da terceira idade, 63
Esquizofrenia, 144
Estratégia empresarial, conceitos básicos de, 201
Estratégias de gestão de serviços, 104
Estratégias de instituições de saúde, 33, 38
Ética e
    propaganda, 173
    apoio aos médicos, 173
Eurofarma, 75
Exercício de liderança, 156

Fabricantes de medicamentos, 128-131
Facilidade de acesso, 194
Faculdade de Medicina da Universidade de Ribeirão
    Preto, 42
Faculdade de Saúde Pública da Universidade de São
    Paulo, 17, 43
Falência dos rins, 22
Farias, L.O., 46
Farmácia Popular, 133
Farmácias populares, 133
FDA, 24-26, 56, 57
Febre amarela, 22
Ferrari, Ângelo, 68
Ferring Pharmaceuticals, 56

ÍNDICE

Ferrioli, Eduardo, 137
FID (Federação Internacional de Diabetes), 20
Financiamento governamental dos programas de residência, 50
Fiocruz da Bahia, 16
Fleury, rede de laboratórios, 39
Flexibilidade, 194
Focalização, 105
Foco no cliente, 1
Folten, Rudiger, 86
Food and Drugs Administration (FDA), 24-26, 56, 57
Força de trabalho da terceira idade, 63
Ford, 2
Ford,Henry, 2
Formalismo, 77
Fornazari, Denise, 123, 124
Funai, 9
Fundação Oswaldo Cruz (Fiocruz), 126
Fusca, 86

G Philips LCD, 9
Gabriel, Alexandre, 156
Galeno, 35
Gallaudet, Thomas, 33
Garotinho, Anthony, 3
Geisinger Health System, 113
General Electric, 202
Genlyte, 9
Genzyme, 126
Georgia Institute of Technology, 34
Gerar lucro, 2
Gerber Products, 7
Gestão de marcas, desafios na, 188
Gestão de um departamento de enfermagem, 37
Gestão do atendimento, 154
Gestão hospitalar, estratégias de, 33
Gilberto Barbosa, 146
Glaucoma, 124
GlaxoSmithKline (GSK), 8, 127
GM, 168
Gol Linhas aéreas, 1, 61
Google, 68, 89
Gravidez na adolescência, 64
Grinberg, Lea, 139
Gripe, 126
Gripe A H1N1, 26
Gripe aviária, 26, 27
Gripe suína (Influenza H1N1), 7, 26
Guia, Marcos Luiz dos Mares, 130
Guimarães, Benjamim, 118

Habilidades, 194
Hábitos, introdução de novos, 92
Hábitos nutricionais de risco, 17
Håkansson, Krister, 138
Hamer Nastasy Palhares, 21
Hammond, William Alexander, 75
Harvard Medical School, 89, 90
Harvey, Marc, 88
Harvey,R.K., 33
HCV (vírus da hepatite C), 16
Hepatite B, 16
Hepatite C, 16
Hilleman, Maurice, 27
Hirsch, dr. Alan, 6
Hitachi, 187
Hobbies, 83
Hofmann, Albert, 36
Home Care, 114
Honestidade, 195
Hospitais, 117

Hospital A. C. Camargo, 14, 17, 70
Hospital Albert Einstein, 21, 38, 39, 118
Hospital da Baleia, 42, 118
Hospital da Universidade de Chicago, 40
Hospital da Universidade Federal de Minas Gerais, 127
Hospital das Clinicas de São Paulo, 4, 10, 21, 37
Hospital de Câncer de Barretos, 120
Hospital do Coração (HCor), 117, 146
Hospital do Rim e da Hipertensão de São Paulo, 138
Hospital Edmundo Vasconcellos, 21
Hospital Estadual Cândido Fontoura, 40
Hospital Mãe de Deus, 155
Hospital Oswaldo Cruz, 117
Hospital Samaritano, 7
Hospital Santa Bárbara, 68
Hospital São Luiz, 39
Hospital Sírio-Libanês, 39, 117
Hyundai, 190

IBGE, 4, 13, 17, 34, 48, 61, 65, 91
IBM, 128
Ibope, 20
Ideias, 165
Identidade empresarial, definição da, 189
Illinois Department of Financial and Professional Regulation, 54
Imagem, 211
Imbra S.A., 42
Implante dentário sem corte na gengiva, 67
Inca (Instituto Nacional do Câncer), 18, 19
Índice remissivo
Índices de escolaridade, 66
Infarto do miocárdio, 11, 13, 18
Infecção por microbactéria, 56
Influência da iluminação pública na transmissão de doenças, 125
Influenza (gripe), 126
Inovações no atendimento, 155
Instituto Brasileiro de Geografia e Estatística, 4, 13, 17, 34, 48, 61, 65, 91
Instituto Dante Pazzanese, 44
Instituto de Medicina dos Estados Unidos, 108
Instituto Karolinska, 63, 86, 88, 137, 142
Instituto Nacional de Câncer (Inca), 18, 19
Interesse pessoal, 83
International Journal of Clinical Practice, 15, 17
International Stress Management Association, 73, 87
Izquierdo, Iván, 88

Jacob Filho, Wilson, 65
Jama, 17
Jatene, Marcelo, 146
Jones, Marcus, 7
José, Newton Kara, 123
Journal of the American College of Nutrition, 62
Jung-Beeman, Mark, 89

Kaiser Permanente, 68, 95
Kalache, Alexandre, 66
Kasting, Norman, 35
Keenan,Joseph, 43
Kellogg, 25
Kirchner, Cristina, 26
Kraft, 25
Krugman, Paul, 59
Kujawski, Flavia, 156

Laboratório Enila, 57
Laboratório Sanofi-Aventis, 58
Lakeland Regional Medical Center, 40
Lam, David, 66

Lancet, 71
Lange, Carl, 75
Las Casas, 103
LaTour, Kathy, 188
Leão, Rodrigo de Souza, 144
Lee, Sei J., 142
Leite, Gustavo, 39
Leucotomia pré-frontal, 36
LG Electronics, 9
Liderança em custos, 105
Lifeline, 9
Lightolier, 9
Lindstrom, Martin, 175
Lobotomia, 36
Localiza, 162
Loftus, Elizabeth, 188
Loverlock, 103
Loyola University Medical, 198
LSD, 36

Maddarena, Juliana Wolff Bueno, 179, 195
Makro, 39
Malária, 51
Marca, 189
Marketing,
    definição, 1
    dificuldades para a compreensão do conceito de, 2, 4
    e processo político, 3
    falsa identificação entre mkt e propaganda, 5
Marketing de relacionamento, 159
    finalidades do, 160
Marketing de serviços, 4, 103, 104
Marketing em instituições de saúde, 46
    ambiente cultural, 76-77
    ambiente demográfico, 62-66
    ambiente econômico, 59-62
    ambiente governamental, 48-51
    ambiente legal, 52-59
    ambiente tecnológico, 67-76
    serviço diferenciado de maternidade, 179
Marketing mix, 103, 104, 160
Marketing pessoal e carreira, 208-212
Marketing voltado para o público interno, 162
Mayberg, Helen, 72
Mayo Clinic, 68
Mayo, Irmãos, 31
McMaster University, 43
Medco Health Solutions, 111
Medeiros, Bruno, 43
Medicaid, 54, 109
Medicamentos
    demanda de, 132
    fabricantes de, 128-131
    varejo de, 131
Medicare, 90, 109
Medicina de grupo, 107
Medicina familiar, 128
Melamed, C., 46
Mensagem, 187
Mercado de genéricos, 133
Mercado em movimento, 1
Merchandising, 175
Merck Sharp & Dohme, 57
Merril Lynch, 39
Microsoft, 68
Modernização dos hospitais, 39
Moniz, Egas, 36
Monsanto, 39
Montejo, Laura Mateos, 142
Moreira, Fernando, 22

Mortes por complicações no atendimento médico, 12
Mudança, dificuldades ligadas à, 92
Munch, Edvard, 140
Musicoterapia, 140

Nascimentos prematuros, 10
Natal, Delsio, 43
National Hospice and Palliative Care Organization, 90
National Institute for Health and Clinical Excellence, 74, 88
National Institute on Drug Abuse, 92
National Suicide Prevention Lifeline, 85
National,187
NCHS (National Center for Health Statistics), 4
Necessidade de atividades mercadológicas ligadas aos serviços de saúde, 4
Necessidades do consumidor, esforço para compreender as, 95
Necessidades e desejos, 6
Nestlé, 26
Networking, 212
Neurology, 12, 137
New England Journal of Medicine, 19
New York Presbiterian Hospital, 68
Nielsen, 24
Nike, 89
Northwest Cardiovascular Institute, 15
Novartis, 36, 57
Núcleo Einstein de Álcool e Drogas, do Hospital Albert Einstein, 21

Obama, Michelle, 110
Obesidade, 4
Objetivos empresariais, 2
Obstetrics and Gynecology, 14
Obstrução arterial, 13
Oferta, 187
OMS (Organização Mundial da Saúde), 7, 10, 11, 16, 17
Oniomania, 97-98
Operações de serviço off-line, 106
Organização Internacional do Trabalho (OIT), 64
Organização Mundial da Saúde (OMS), 7, 10, 11, 16, 17
Organização para a Cooperação e Desenvolvimento Econômico (OCDE), 34
Orleans, J., 195

Pannuti, Cláudio Sérgio, 126
Panorama da saúde no brasil, 10
Pão de Açúcar, 39
Paranoia, 144
Partos por cesariana, 10
Patient-Focused University, 40
Patrocínio de eventos, 184
    riscos, 184
Peanut Corp. of America, 25
Pecoits-Filho, Roberto, 22
Pereira, Janaina Caldeira, 65
Perez, Gloria, 14, 144
Perfil do consumidor, 90
Periscinoto, Alex, 175
Personalidade humana, 83
Personalismo, 76
Personalização, 156
    do produto padrão, 104
Pesquisa de ancestralidade, 68
Pesquisa de mercado, 96
Pesquisa de Orçamentos Familiares (POF), 17
Pesquisa Nacional de Amostra Domiciliar (PNAD), 48
Pesquisas sobre a Satisfação dos Clientes, 159
Petrobras, 189
Pfizer, 20, 174

ÍNDICE

Philips, 9
Pizza Hut, 89
Planet Hospital, 41
Planos de saúde, 107
   no Brasil, 113-114
Plasticidade, 76
Ponte de safena, 118
Posicionamento, 176
Potasz, Clarisse, 40
Praça Esther Mesquita, 7
Precificação
   em serviços de saúde, 192-197
   variáveis que influem na, 196
Preço, 156
Preocupação com alimentos saudáveis, 62
Prestação de serviços, triângulo na, 157-159
Prestadores de serviços em saúde, profissionalização dos, 31-44
Prexige, 57
Pro Teste (Associação Brasileira de Defesa do Consumidor), 44
Problemas cardiovasculares, redução, 13
Proceedings of the National Academy of Sciences, 89
Processo de planejamento, características de um, 100-101
Procter & Gamble, 8, 89, 92, 93
Produtores de bens e serviços hospitalares/odontológicos, 133
Produtos, 165
Profissionalismo, 194
Profissionalização dos prestadores de serviços em saúde, 31-44
Programa da Mulher Dependente Química (Promud/Ipq), 20
Programa da ONU para o Desenvolvimento (Pnud), 64
Programa de combate ao HIV, 123
Programa Farmácia Popular, 122
Programa Nacional de Avaliação do Serviço Hospitalar do Ministério da Saúde, 51
Programa Saúde da Família – PSF, 121-122
Programas de distribuição de medicamentos, 122
Programas de fidelização, 162
Programas públicos de excelência, 120-121
Programas sociais apoiados por empresas, 183
Programas sociais que auxiliam na consolidação da imagem das organizações, 7
Projeto Eu Preciso de Você, 96
Promoções, 185
Propaganda, 171, 172
   credibilidade na, 175
   ética e a, 173
   falsa identificação entre marketing e, 5
   inserida em filmes ou novelas, 175
Prozac, 69
PUC-PR, 22
PUC-RJ, 21

Qualidade percebida do serviço, critérios da, 194
Qualidade, 156
Quimioterapia, 14

Recuperação, 195
Rede D'Or, 117
Rede de distribuição, 198-200
Rede de relacionamento, 212
Redução do risco percebido, 105
Reebok, 183
Refrigerante, ingestão exagerada, 17
Reinstein, Michael, 54
Relacionamento com a imprensa, 183

Relações públicas, 177
   desgaste da imagem de uma empresa, 182
   em saúde, 178
   meios para atingir os próprios funcionários e familiares, 182
   objetivo da atividade de, 180
   outras ações ligadas à atividade de, 181
   principais atividades de, 180
   principais públicos-alvo das atividades de, 182
   princípios que orientam as ações de, 181
   serviço de maternidade, diferenciando um, 179
Reputação, 195
Respironics, 9
Retenção do cliente, 164, 167
Retromarketing, 188
Revista de Saúde Pública, 17
Rio Tinto, 168, 169
Roche, 7
Rossi, Benedito Mauro, 17
Rousseff, Dilma, 14

Sá, Dirce de, 21
Sainsbury's, 63
Salluh, Jorge, 18
Salmond, Kimberlee, 93
Samcil, 39
Samu – Serviço de Atendimento Móvel de Urgência, 119
San Francisco Veterans Affairs Medical Center, 142
Sanabria, Marina, 70-71
Saneamento básico, 50
Saneamento do lixo, 50
Sanguessugas, uso de, 35
Sanofi-Aventis, 7
Santos, Denise, 39
Satisfação do cliente, 164
Satisfazer as necessidades reais dos consumidores, 2
Saúde, ambiente mercadológico do setor de, 46
   ambiente cultural, 76-77
   ambiente demográfico, 62-66
   ambiente econômico, 59-62
   ambiente governamental, 48-51
   ambiente legal, 52-59
   ambiente tecnológico, 67-76
SBN (Sociedade Brasileira de Nefrologia), 21
Schroeder-Sonnernstern, Friedrich, 140
Schumacher, Don, 90
Segurança, 83, 157
Sensa, 6
Serviço odontológico de baixo custo, 195
Serviços de saúde
   ambiente norte-americano, 107-111
   peculiaridades em
      Academias e spas, 133
      Atendimento público, 119
      Atividades de P&D – Pesquisa & Desenvolvimento, 135
      Fabricantes de medicamentos, 128
      Hospitais, 117
      Medicina familiar, 128
      Planos de saúde, 107
      Produtores de bens e serviços hospitalares/odontológicos, 133
      Varejo de medicamentos, 131
   precificação em, 192-197
Serviços, 165
Setor de serviços, definição, 101
Setor varejista, panorama do, 198
Setton Pistacchio of Terra Bella Inc., 25
Sewell, 154
ShandsHealthCare, 108
Sheena Iyengar, 73

Sherry Jr., John F., 188
Sicard, abade Roch-Ambroise, 33
Siemens, 39
Silva,José Pedro da, 145
Síndrome de burnout, 75, 85
Síndrome de Down, 126
Sinuplastia, 21
Sinusite, tratamento da, 21
Sistema de Reclamações e Sugestões, 159
Sistema Único de Saúde (SUS), 10
Sistemas de relacionamento, 161
Soares, Marcio, 18
Sociedade Americana de Pneumologistas, 6
Sociedade Brasileira de Cardiologia, 155
Sociedade Brasileira de Cirurgia Cardíaca, 12
Sociedade Brasileira de Hemodinâmica e Cardiologia Intervencionista, 12
Solidão, 96
Sony, 187
Souter, Peter, 174
Soutter, Louis, 140
Spas, 134
Starbucks, 73
State Children's Health Insurance Program, 109
Status, 83
Steven Craig, 85
Steven Spielberg, 175
Stueb, Alison, 64
Suplicy, Marta, 3
Suprema Corte de Michigan, 2

Tabagismo, redução do, 13
Talebe, Alexandre, 124
Talidomida, 54-55
Tamiflu, 7, 27
Tarnopolsky, Mark, 43
Taveira, Ana Claudia, 75
Taylor, Frederick William, 31
Técnica do Cone, 145, 146
Tecnologia da Informação, 31
Telefónica, 39
Temporão, José G., 123
Terapia ocupacional, 38
Terceira idade, 65
  esporte e qualidade de vida da, 63
  evitar males da, 137
  expectativa de vida, 65
  força de trabalho da, 63
  hábitos da, 88
Tesco, 63
Teste de DNA, 68
The Lancet, 67
Tornar tangível o intangível, 104
Toshiba, 187
Trabalho em equipe, dificuldades do, 164
Tradição, 156
Transação, 166
Transtorno bipolar, 75
Transtorno obsessivo-compulsivo, 144
Transtornos alimentares, 20-21
Tratamento mental, 51
Tratamento para pacientes terminais, 89-90
Turismo de saúde, 41
Turma da Monica, 58

Uniban, 66
Unidades de Terapia Intensiva (UTIs), 18
Unifesp, 138
Uninove, 66
UnitedHealth Group, 110
Universidade Cornell, 38
Universidade Corporativa em Saúde, 155
Universidade de Brasília, 42
Universidade de Chicago, 88
Universidade de Columbia, 76
Universidade de Harvard, 8, 32, 111
Universidade de Ioannina, 17
Universidade de Lancaster, 98
Universidade de Nova York, 71
Universidade de Stanford, 98
Universidade de Teerã, 18
Universidade de Toronto, 72
Universidade de Verona, 71
Universidade de Virginia, 88
Universidade de Yale, 33
Universidade do Vale do Paraíba, 40
Universidade Federal de São Paulo (Unifesp), 16
Universidade Feinberg, 142
Universidade Mackenzie, 66
Universidade of Minnesota, 43
Universidades Estácio de Sá, 66
University College London, 73, 87
University of California, 89
University of Kentucky, 112
University of South Caroline, 112
Univesidade de Chicago, 110
Urban Health Initiative, 110
USA Today, 86
Uso de células-tronco, 67

VADs (Ventricular Assist Devices – equipamentos de assistência ventricular), 18
Val Curtis, 92
Vale do Rio Doce, 168
Valor, 166
Valor do cliente, 164
Valorização do treinamento de pessoal, 105
van Gogh, Vincent, 140
Vanderbilt University, 92
Varejo de medicamentos, 131
Varíola, 36
Varizes, 22
Vassar, Robert, 142
Växjö University, 138
Vera Lucia Gaspar, 12
Viana, Luiz Antonio, 39
Vick Vaporub, 6
Vigilantes do Peso, 74
Vigitel – Sistema de Vigilancia de Fatores de Risco e Proteção para Doenças Crônicas por Inquérito Telefônico, 15
Volkow, Nora, 92

Wakefield, Jerome, 71
Walmart, 42, 66
Warwick University, 88
Weber, 42
Welch, Jack, 202
Wellington Borges, 7
WellPoint Inc., 110
Western Health Reform Institute, 135
White, Ellen G., 134
Wise, 42

Young & Rubicam, 90

Conheça outros livros da Alta Books

Resiliência

Quanto Custa Ficar Rico?

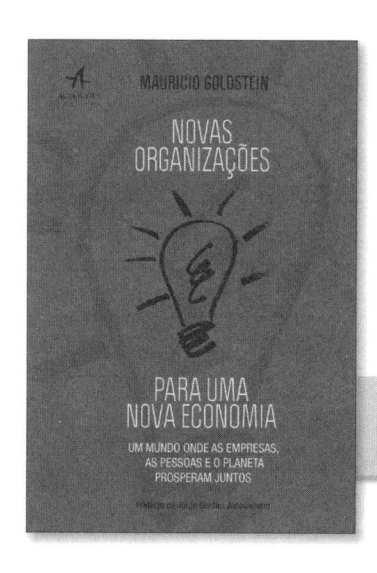

Novas Organizações para Uma Nova Economia

- O Coração da Mudança  
- Inteligência Financeira na Empresa 
- Conduza a Sua Carreira 
- Imunidade à Mudança